本书为

国家社科基金一般项目"人类命运共同体理念与全球传
播秩序重建研究"（编号：18BXW062）

浙江省社科规划专项课题"人类命运共同体思想研究"
（编号：18MYZX02YB）

研究成果

求是书系·传播学
Asian Communication Theory

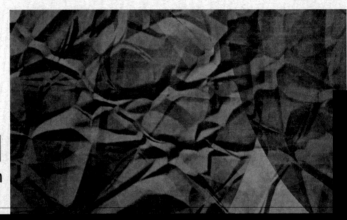

A Global
Communication Vision

全球传播愿景
——新世界主义媒介理论研究

邵　鹏　邵培仁　主编

ZHEJIANG UNIVERSITY PRESS
浙江大学出版社

目 录
CONTENTS

上 编

编首语 …………………………………………………………… (003)

第一章　人类命运共同体:构建全球传播新秩序的中国愿景 …… (005)

　　第一节　从国际传播到全球传播的研究转向 …………………… (005)

　　第二节　全球传播新秩序建构的中国机遇 …………………… (008)

　　第三节　人类命运共同体理念下的全球传播秩序重建 ……… (012)

第二章　新世界主义:全球传播的新视野、新视维与新进路 …… (017)

　　第一节　世界主义:重建全球传播的地理想象 ……………… (018)

　　第二节　"一带一路"的中国传媒角色:四种世界主义之
　　　　　　形构 ………………………………………………… (021)

　　第三节　新世界主义视野中的中国传媒新进路 …………… (025)

第三章　人类命运共同体:理念流变与新世界主义的媒体镜像 …… (031)

　　第一节　民族主义、世界主义与新世界主义 ……………… (033)

　　第二节　"命运共同体"理念的流变过程与传播机制 ……… (038)

　　第三节　"命运共同体"理念的新世界主义意涵 …………… (048)

第四章　人类命运共同体:超越性构想与共赢主义远景 ………… (051)

　　第一节　全球化的困境与人类世界秩序的迷思 　………… (052)

　　第二节　一种超越性的构想:人类命运共同体 ………… (054)

　　第三节　借力全球传媒平台为共同体发声 　………… (056)

　　第四节　新世界主义:从理想到实践的共赢主义 ………… (058)

第五章　全球议题:新世界主义和人类命运共同体 ………… (062)

　　第一节　"同心构建人类命运共同体":全球化世界新愿景 …… (062)

　　第二节　人类命运共同体:一种新思维 ………… (067)

　　第三节　开辟全球传播的新路径:以人类命运共同体议题为
　　　　　　核心 ………… (075)

第六章　穹顶模型:新世界主义与对外传播战略 ………… (080)

　　第一节　"传播与人类命运共同体"的穹顶模型 　………… (081)

　　第二节　新世界主义与对外传播的关系探讨 　………… (084)

　　第三节　新世界主义视野下中国对外传播战略的价值启示 …… (086)

第七章　新世界主义:国际传播的战略选择与行动方案 ………… (091)

　　第一节　新世界主义的内涵演变与传播镜像 　………… (092)

　　第二节　新世界主义理念的基本特点 　………… (097)

　　第三节　基于新世界主义的中国国际传播原则 　………… (100)

　　第四节　国际传播的新世界主义策略和进路 　………… (103)

第八章　适度是美:新世界主义的媒介尺度与传播张力 ………… (106)

　　第一节　文化传播中的本土性与全球性 　………… (107)

　　第二节　国际传播中的民族主义与世界主义 　………… (111)

　　第三节　特殊性与普遍性的媒介尺度 　………… (114)

第四节 新世界主义媒介尺度在全球版图中的多维应用 …(117)

第九章 共进共演:全球传播的新视野与新策略 …………(119)

第一节 新世界主义与传播的话语内核 ……………(120)

第二节 "大国形象"与传播主体的多元化 …………(121)

第三节 "软硬兼施"双重布局的传播战略 …………(122)

第四节 "新旧媒体"与传播渠道的分化组合 …………(123)

第五节 "讲好中国故事"与柔性化的传播策略 ………(124)

第六节 结语:建构共进共演的全球传播新图景………(125)

中 编

编首语 ……………………………………………(129)

第十章 新世界主义与国际话语权 ………………………(131)

第一节 新世界主义话语生成及其意义与价值 ………(131)

第二节 新世界主义国际话语体系的构成要素 ………(133)

第三节 中国国际传播的路径方略 …………………(137)

第十一章 新式路径:"一带一路"倡议全球传播话语构建 ………(142)

第一节 "一带一路"倡议学术话语的世界格局 …………(143)

第二节 "一带一路"倡议政治话语的中国特色 …………(146)

第三节 "一带一路"倡议民间话语的公共理念 …………(148)

第四节 "一带一路"倡议媒体话语的传播策略 …………(150)

第五节 "一带一路"倡议企业话语的在地创新 …………(153)

第十二章 世界想象:线上新闻报道中的全球地理图景 …………(156)

第一节 新闻生产的世界想象与地方性表达 ………(156)

第二节　作为文化地理的线上新闻流动 ·················· (158)

第三节　线上新闻的全球地理图景 ···················· (164)

第四节　反思线上新闻的多样性 ······················ (172)

第十三章　安全话语：中国中亚安全话语体系演变与创新 ········ (174)

第一节　中国中亚国际传播研究现状 ·················· (174)

第二节　中亚：大国博弈视角下的全球安全话语具象 ······· (175)

第三节　中国—中亚安全话语的演变分析 ·············· (177)

第四节　新世界主义对于构建中国国家安全话语体系的

启示 ·· (184)

第十四章　面向中亚：国际传播议题的拓展与深化 ············· (187)

第一节　中国中亚国际传播研究现状 ·················· (187)

第二节　现有针对中亚地区国际传播策略的研究 ········· (189)

第三节　以新世界主义理论框架重设中亚传播的核心议题 ····· (192)

第四节　以新世界主义的理念建构中国中亚国际传播共同体

新格局 ·· (197)

第十五章　网络"珍珠港"：全球传播视域中的网络安全 ········ (200)

第一节　网络治理所孕育的中国智慧与经验 ············ (201)

第二节　"共同体"的阐释：以全球传播构筑共识 ·········· (203)

第三节　"网络空间命运共同体"的逻辑基础 ············ (205)

第四节　"网络空间命运共同体"的传播价值 ············ (208)

第十六章　出海之路：新世界主义视域下的华莱坞电影国际化 ······ (213)

第一节　新世界主义：文明中心论的终结 ·············· (214)

第二节　跨文明对话：国际化电影的崛起 ·············· (214)

第三节　共处的世界：普遍性规范的构建 ·············· (215)

第四节　关系性平等:新世界主义影响下的华莱坞 ………… (217)

第五节　出海之路:华莱坞电影的国际化 ……………………… (218)

下　编

编首语 ………………………………………………………… (223)

第十七章　整体全球化与中国传媒的全球传播 ……………… (224)

第一节　整体全球化提出的时代背景 ……………………… (224)

第二节　全球传播中呈现的"中心主义" ………………… (225)

第三节　整体全球化范式的建构 …………………………… (232)

第四节　整体全球化的哲学逻辑 …………………………… (234)

第五节　整体全球化视角下的中国传媒的全球传播 ……… (237)

第十八章　整体全球化:"一带一路"的话语重构与历史超越 …… (240)

第一节　危机与悖论:全球化的迷思 ……………………… (241)

第二节　话语重构:打造"整体全球化"的再阐释 ………… (243)

第三节　范式创新:打造"整体全球化"的现实正当性 …… (246)

第四节　"第三种可能":打造"整体全球化"的历史超越 …… (251)

第十九章　人类整体传播学:人类命运共同体视域下的传播研究 …… (255)

第一节　成长的烦恼:传播研究的阈限焦虑 ……………… (256)

第二节　人类命运共同体:传播研究的价值坐标 ………… (259)

第三节　生成的整体:传播研究的范式重塑 ……………… (263)

第四节　人类整体传播学:传播研究的学科进路 ………… (266)

参考文献 …………………………………………………… (270)

后　记 ……………………………………………………… (295)

编 首 语

本书提出的新世界主义（New Cosmopolitanism）是指对世界和人类文明现状及其发展趋势所持有的创新性的系统性认识、论述、主张及其行动方案，是对当今世界局势和走向的深入洞察和准确把握，也是一种内涵丰富、思想深邃、系统完整的新型理论体系。新世界主义不是以民粹主义、孤立主义、利己主义为战略考量，也没有被旧"世界主义"乌托邦式的幻象所迷惑，而是以国家根本利益和人类命运共同体利益为考量，既植根于中国传统文化中"天人合一""协和万邦"的"大同""天下"思想，又继承和发扬了中国革命的优良传统和国际主义理念。

新世界主义致力于同国际接轨、与世界对话、同全球共命运，致力于与世界各国、各国际组织和区域组织互动互助、共进共演。新世界主义意味着包容性、发展性、层次性、策略性、弹性和张力，意味着需要用一种内外结合、上下互动、左右联通、多方呼应的统筹协调、包容互动、互利共赢的原则或理念来处理和应对世界变化和时局挑战。尽管美国总统特朗普上台后奉行"美国优先"战略，大打贸易战，采取敌视中国政策，导致中美关系恶化，但世界走向多极化、多元化和整体化的趋势不会改变，美国一极独霸的格局必定走向终结，"美好世界"一定能够建成。

从媒介记忆的角度进行分析，新世界主义理念及其方案的提出、论述和传播过程，呈现出的是由点到面、逐步深入、层层递进、不断探索和创新的思维特点和空间镜像。随着时间的推移和空间的演变，其内涵和外延必将继续变化和演进。但是，新世界主义话语中的"天下"并非指就一种狭隘意义而言的中国文化中心论，而是树立人类命运共同体、利益联结体的"天下一家"观念，是在世界变局和现代化转型进程中重新思考和治理全球政治经济文化新秩序的新理念。

在理论维度上，新世界主义突破了文化帝国主义的"中心—边缘"范式，传递出迈向地方性、区域性、全球性协调发展的命运共同体愿景；规避、调整了西方中心主义与东方中心主义的"二元对立"范式，将国际政治范式纳入一种全球多元平等主义的"整体互动"框架之下；在美式全球化日益式微、多元多极全球格局已经成形的态势下，也是为"整体全球化"①来临提前做好舆论和理论方面的准备。"整体全球化"是以"构建人类命运共同体"为核心理念，以"共商、共建、共享"为基本原则，不论东西，无论南北，不分中外，古今联通，反对单极全球化，坚持走和平发展、共同繁荣之路，着力构建相互尊重、公平正义、合作共赢、整体互动的新型国际关系。

在实践层面，新世界主义可以与区域全面经济伙伴关系（RCEP）、"一带一路"、亚投行等经济战略建设计划连贯起来，创造出实际互惠的交往内涵和发展宏图，体现出一种试图既要改变游戏规则又要留住玩家的思维特征。

新世界主义不仅给中国传媒发展和变革带来无穷的想象空间和前所未有的机遇与挑战，也对新世界主义媒介理论研究提出了新的更高的期待和要求。

新世界主义媒介理论建构与研究主要包括 8 个方面内容：（1）在时间层面进行建构与研究，但不能过多地纠结历史恩怨、死盯现实差异，而要着重放眼未来；（2）在空间层面进行建构与研究，但不能局限于集团、国家、区域传播，而应有世界的全球的传播理论视维；（3）在文化层面，要树立文化平等的观念，在促进全球传播过程中把握多元文化通约性和不通约性之间的平衡，认同和包容政治制度和学术研究范式的多样性；（4）在利益层面，可以从集团、国家、区域利益出发考虑问题，但要反对单边主义、主张多边主义，反对利己主义、主张共赢主义；（5）在规制方面，需要建立全球传播公约和全球媒体伦理，努力形成无害化的、良善性的、建设性的和安全可靠的全球绿色传播生态；（6）建构兼容本土性和全球性的话语体系，它不再是西方中心主义的，也不是东方中心主义的，而是以跨文化交流为基础的世界各国都能接受的包容性、开放性和对话性的新型体系；（7）构建科学有效、层次分明的传播结构和机制，这将是一项由浅入深、由内到外、由下到上的迭代交融的系统工程，也是一种你中有我、我中有你、合作共建、共传共享、互利共赢的新型市场运作模式；（8）最终建成全球信息传播命运共同体，搭建资源共用、技术共通、人员合作、渠道共享的传媒共同体平台，携手各国媒体共同推进新闻传播生态平衡，推动全球传播治理朝着更加公正合理的方向迈进。

---

① 邵培仁,陈江柳.整体全球化:"一带一路"的话语范式与创新路径——基于新世界主义视角的再阐释[J].暨南学报(哲学社会科学版),2018(11):13-23.

第一章　人类命运共同体：构建全球传播新秩序的中国愿景

　　信息技术的变革不但使传播冲破了国与国之间的地域障碍,也带来了传播主体、内容、渠道、受众和效果的变迁,引发了从国际传播到全球传播的研究转向,更将带来全球传播秩序变革的契机。语言传播使人类最基础的共同体得以存在,社群的历史、文化和精神得以传承;文字传播不仅将人类由"野蛮时代"带入了"文明时代",更使得城邦、帝国这样的大型共同体的建立成为可能;印刷传播则为人类社会带来了文明的曙光,不仅颠覆传播秩序,而且推动文艺复兴、工业革命的发生,并加速了封建社会制度的崩塌和资本主义的诞生;电子传播和网络传播则让人类社会迈入了国际传播、全球传播的时代,广播、电视、互联网和移动互联技术使得空间压缩后的"地球村"从想象成为现实,更使得未来社会构建人类命运共同体的愿景可能实现。人类命运共同体既是全球治理的中国方案,也是全球传播秩序重建中的中国方向。在推进全球传播新秩序构建的过程中,人类命运共同体理念既是理论武器,也是思想指导。

第一节　从国际传播到全球传播的研究转向

　　"国际传播"和"全球传播"虽然都被视为跨越全球地理空间范围的传播活动,但它们诞生于不同的时代和不同的技术背景之下。国际传播是以国家为核心单位的跨国传播,常被认为是国家、地区间的相互信息渗透、干涉、冲突的显现,甚至被视为敌对力量之间的攻击手段,带有较强的政治色彩;全球传播则是以信息化为基础的无中心的网状传播,常被认为是无国界、多主体、多元化、多维度的信息交流,强调自由、平等与和谐的传播观念。

一、以国家为核心,作为手段的"国际传播"

　　"国际传播"(international communication)在 20 世纪 20 年代作为专指概

念开始出现。虽然在二战以前,此概念都没有得到明确的界定,"但已被学者从国际关系、国家之间合作与竞争的角度进行界定和征用。尽管使用此概念的学者都承认在国际传播领域除去国家和政府之外,商业公司、国际组织同样是潜在传播主体,但是国家、政府被给予了更多关注和期望"①。二战之后,信息传播技术发展迅猛,新闻采集、图文编辑、信息交换、编辑出版及广播、电影、电视等大众传媒领域,都发生了翻天覆地的变革,尤其是计算机、电子光学、卫星通信等技术的出现,使得国际传播成为可能,并成为传播学研究领域中的一门显学。但由于并没有商业全球化的补充,国际传播依然被认为是"以国家为核心单位,包括国际机构、地区集团、跨国组织等主体在内的跨国界传播,多带有较强的政治色彩"②。国际传播的目的也多以塑造国家形象、对外政治宣传、增进外交关系的国家利益为核心展开。相关研究也更多地关注如何帮助国家利益的实现和对敌对国家的宣传、渗透乃至颠覆。冷战时期,国际传播则更成为东西方两大阵营重要的宣传武器,彼此都在通过有针对性的国际传播影响敌对国家民众的意识形态和价值观,其目的也是使对方陷入政治动荡和社会混乱的局面当中。

在国际剧烈冲突和矛盾斗争的背景下,对国际传播秩序的研究和探讨也被浓厚的政治色彩所包裹。发达国家与发展中国家对于国际传播新秩序的建构各执一词,而彼此最大的争议在于如何实现所谓的信息的"自由流通"。发达国家认为,国际传播秩序应该是完全不受干预的信息"自由流通",一切政府对于信息传播的干预都是对"自由流通"这一基本人权的侵犯。"20 世纪60 年代不结盟运动的发展壮大,发展中国家逐渐意识到信息传播对于一个国家乃至全球的政治、经济文化结构有着巨大的影响,于是第三世界国家开展了历时 40 多年的建立'世界信息传播新秩序'斗争。"③他们认为,单纯强调无干涉的"自由流通"是不现实和不公平的,富国与穷国之间不存在传播所必需的"双向流通",因而片面主张"自由流通"只能有利于强者而有损于弱者。只有各国传播设施方面的差距缩小了,"自由流通"对发展中国家的危害才能逐步消失,更为自由的传播才能实现。事实上,在冷战的时代背景下,"信息的自由流动是美国人的武器。新的世界信息与传播秩序是苏联人的路径,有许

① 崔远航. "国际传播"与"全球传播"概念使用变迁:回应"国际传播过时论"[J]. 国际新闻界,2013(6):55-56.
② 邵培仁. 传播学[M]. 3 版. 北京:高等教育出版社,2015:64.
③ 崔保国,孙平. 从世界信息与传播旧格局到网络空间新秩序[J]. 当代传播,2015(6):7-10.

多威权国家对于大众媒体赋予权力并不感兴趣。在美国媒体和美国政府之间有非常清楚的共同利益,他们拥有相同的战略目标,他们都想维持信息的自由流通,这意味着在实践中由大型的西方企业来主导(信息的流动)"[①]。但值得肯定的是,改变世界信息与传播格局的不平等、不平衡成为发展中国家数十年的诉求,虽然主权国家传媒产业悬殊的力量对比使得这一诉求很难实现,但互联网和国际传播秩序变革却带来新的挑战和契机。[②]

二、以全球化、信息化为基础的"全球传播"

冷战结束后,经济全球化的兴起和全球消费主义文化的盛行,国际传播呈现出批判和反思色彩,尤其是互联网等信息技术革命带来了全球范围信息的迅速流通,使得"全球传播"的概念在 20 世纪 90 年代开始迅速兴起。由于不同的时代背景和技术条件,"全球传播"的概念本身传达出更为强烈的跨越民主国家地理边界的信息自由、平等传播的理念,认为全球传播中没有单一的国家政权,广播电视、通信卫星、数据传输、电子信息等一切远距离感知方式都被不同原则、标准、规范以及决策制定者所宰制。[③] 而全球传播不应只关注民族国家与跨国企业,而应拥有更广阔的感知边界,它是囊括了个体、群体、组织、公众、政府以及信息传播机构等传播的一系列价值、态度、意见、信息与数据的集合。[④] 在概念的区分上,"国际传播"概念更侧重于主权国家界限之下政府之间的传播行为,其并不适用于个人、组织、机构等多元主体之间的传播情境;而"全球传播"概念的诞生本质就是其能够更大程度上阐释多元主体、无国界背景下信息的自由流通,其假设当前自由畅通的传播行为已经不受民族国家的束缚和影响。另外,"国际传播"指向的是一种内外有别的传播行为,国内的信息并不会被动地跨越国界,更多的是主动对外传播的结果;而"全球传播"则指向一种内外无差异的传播行为,国与国之间的信息壁垒被打破,任何国内信息可以瞬间传遍全球,国内传播与国际传播融为一体,以整

① 沈国麟.国际传播理论范式更替和全球传播秩序——与斯巴克斯教授的对话[J].新闻记者,2013(9):43-47.

② 崔保国,孙平.从世界信息与传播旧格局到网络空间新秩序[J].当代传播,2015(6):7-10.

③ Krasner, S. D. Global communications and national power: Life on the Pareto Frontier[J]. *World Politics*, 1991, 43(3):336-366.

④ Frederick, H. H. Global *Communication & International Relations* [M]. Belmont: Wadsworth, 1993.

个地球为传播范围。[①]

但置于全球传播秩序的维度去理解，"全球传播"所倡导的"无国界"更多是理想化的假设，任何信息背后都存在着民族和国家所带来的话语权差异，国与国之间的资源不对等和传播力的不平等直接导致"全球传播"并不可能实现真正的信息自由流通。正如邵培仁教授所指出的："(1)跨国界的传播者总是或多或少地承载着其自身的国家影响，成为国家的代言人；(2)全球传播的有效传播需要建立在不同国家、不同种族、不同文化之间彼此全面、正确了解的基础上；(3)信息流通不平衡，媒介地理不平坦，发达国家和媒介强国往往还是信息输出的大国；(4)西方媒介强国发起的文化侵略来势凶猛，媒介欠发达国家的民族文化(包括语言和风俗习惯等)受到威胁和破坏的危险依然存在；(5)全球传播的主要资源仍然集中在当前的或未来的精英和领导者手中。"[②]

事实上，"国际传播"向"全球传播"的研究转向，虽然呼应了全球化和互联网时代全球范围信息流通的基本趋向，指出了"在全球化的传播空间，不同文化、种族、群体之间的冲突和融合变得常规化，同时，跨文化语境亦使得权力与支配之间的关系变得多维化"[③]。但并不能消解全球传播中长期存在的不公平、不平等和不平衡，以及由此引发的对发展中国家的损害问题。全球传播所倡导的无政府、无国界，将传播新秩序与政府控制媒介相联系，消减了过往传播新秩序建构所做的努力。

第二节 全球传播新秩序建构的中国机遇

全球传播秩序被认为是信息资源在全球长期流通中形成的稳定的内在结构和良好的互动形态。同时，它还是一定时期内国际社会格局的逻辑延伸，体现了传播资源配置和行为规则的协调性、延伸性和确定性。[④] 也就是说，在探讨全球传播秩序中的中国机遇与策略时，必须要审视我们在全球体

① 崔远航."国际传播"与"全球传播"概念使用变迁：回应"国际传播过时论"[J].国际新闻界，2013(6)：55-56.
② 邵培仁.传播学[M].3版.北京：高等教育出版社，2015：64.
③ Gudykunst, W. B. & Mody, B. *Handbook of International and Intercultural Communication*[M]. London：Sage Publications Ltd. , 2002.
④ 范玉吉，王英鸽.论传播权在建构国际传播新秩序中的应用[J].西南政法大学学报(哲学社会科学版)，2018(5)：103-112.

系中所处的位置,确立在全球传播体系中的定位与发展路径。

一、世界体系的重心将移向东方

麦金德的世界岛理论指出,欧亚大陆是世界政治的中心舞台;欧亚大陆的命运见证人类命运。在地理大发现之前,东方是世界的中心,欧亚大陆是世界的枢纽地区。[①] 在依附论和世界体系理论的观点看来,中心的地位意味着对边缘强有力的辐射和影响,以及边缘对于中心依附的存在。这种来自中心的辐射或依附不仅是经济上的,也是信息上的。后期对依附论的研究逐渐深入,其也成为涉及金融、文化、市场、消费、人力资源、军事等多领域、全方位、综合性的依附关系。也就是说,在世界体系的中心对于边缘或外围具有强大的传播优势,它将不仅是全球传播秩序的制定者、信息资源的分配者,还将不可避免地主导信息资源的生产和流向。

地理大发现之后,世界版图变得清晰而完整,中心也逐渐从东方向西方转移,进而形成了一套割裂和冲突的话语。世界成为代表现代与进步的"西方世界"和代表落后与封闭的"东方世界"。西方成为世界"指路明灯",也将处于边缘的东方变成其剥削和压榨的"他者"。"在两次世界大战的重创之后,西方中心主义和资本主义全球资源配置的世界被逐步瓦解,世界成为东西方两大阵营对峙和博弈的舞台,两种意识形态、两种社会制度形成了犬牙交错的世界图景。"[②]进而形成两个不同中心的辐射与依附关系,以及冲突和对立的全球传播秩序。冷战结束后的世界,开创了以美国为中心的全球化时代,单极世界形成了由中心向边缘单向度的传播,边缘对于中心传播内容、平台和技术上的依赖急剧增强。这也是史安斌和张耀钟所指出的,"全球传播领域,由于西方国家先期掌握了媒介平台和传播技术,并将自身的意识形态、价值标准、生活方式归化为'常识',引导其他国家的受众自觉认同'普世标准',进而构建和巩固前者在价值观和意识形态上的合法性,这也是西方世界推行包括'话语霸权'在内的'全方位宰治'的重要手段"[③]。

进入 21 世纪,由于中心与边缘发展的持续不平衡,处于中心的发达国家

---

① [英]哈尔福德·麦金德.历史的地理枢纽[M].林尔蔚,译.上海:商务印书馆,2015:68.
② 邵鹏,陶陶.新世界主义图景下的国际话语权——话语体系框架下中国国际传播的路径研究[J].新疆师范大学学报(哲学社会科学版),2018(2):105-110.
③ 史安斌,张耀钟.建构全球传播新秩序:解析"中国方案"的历史溯源和现实考量[J].新闻爱好者,2016(5):13-20.

和发展中国家之间的差距不断拉大,以及发达国家内部的不同阶层间的鸿沟日益扩大。"其必然引发各种难以避免的矛盾冲突,使得发展后进国家、发达国家中的受损阶层和极端的国家主义者将所有的不满全数发泄在全球化上"①,促使西方中心的全球化体系趋向瓦解和崩塌,世界体系的陀螺仪正在转向经济高速发展、开放力度不断加大的中国,而"一带一路"倡议的经济实践和人类命运共同体的发展理念恰恰为当前全球实现共商共建、共同发展指明了方向,也为全球传播秩序的建构提供了契机。

二、全球传播秩序重建的战略机遇期

全球传播秩序从来就不是一成不变的。恰如马克斯·韦伯在 1914 年就指出的,"任何大型政治共同体都会怀有获得声望的潜在抱负,他们是要求获得这种声望的天然支持者,而这种追求并非简单等同于'民族自豪感',也不等同于为自己的政治共同体实际的或假想的杰出品质而自豪,权力的声望实际上意味着权力支配其他共同体时带来的荣耀,它意味着权力的扩张,尽管这种扩张并非始终表现为合并或臣服的形式。人们通常都把那些体现了权力声望的实体叫作'大国'(great powers)"②,而全球传播秩序正是这种大国间的权力博弈和话语争夺。新旧秩序的更迭,实则是旧秩序主宰者积极维护原有的传播格局,拒绝新秩序可能带来的一切变革;而新秩序倡导者希望通过变革参与利益分割,却需要精心选择时机、安排计划,并为新秩序的演化支付成本。③

19 世纪末的美国工业生产总值首次跃居世界第一,但英国依然是全球体系中无可替代的霸主。1870 年的"三社四边协定"规定英国路透社、法国哈瓦斯社、德国沃尔夫垄断全球新闻市场,美联社只能报道本土新闻,在美国范围之外不得另设自己的通讯社。这事实上是通过全球传播秩序的建构限定了美国在全球事务上的话语权。为此,美国在 20 世纪初,分别建立了美联社、合众社和国际新闻社三家国际通讯社,并成立了公共信息委员会(Committee on Public Information),其职责是"宣传美国的决心和军事实力以及美国胜利的必然性,但同样重要的是宣传美国的动机、目标和理想,让我们的朋友、敌人

① 蔡拓,等.全球学导论[M].北京:北京大学出版社,2015:418.
② [德]马克斯·韦伯.马克斯·韦伯社会学文集[M].阎克文,译,北京:人民出版社,2010:156.
③ 仇喜雪.浅析国际信息传播新秩序:问题与思考[J].现代传播(中国传媒大学学报),2015(1):161-162.

和中立国家都逐渐把我们看作一个无私的、热爱正义的民族",所谓的"为打赢人类的心灵而战"。① 一战结束后,美国总统威尔逊在国会发表了"世界和平纲领"的演讲,提出了公开外交、航海自由、贸易自由、民族自决、国际联盟等"十四点计划",展示出了美国要做世界大国的雄心。全球传播进入广播时代后,美国联邦通讯委员会出台政策,要求国际广播电视台只能提供反映美国文化并促进国际友好、相互理解和合作的国际广播服务。其后,美国国际传播的重要渠道美国之音(VOA)在 1942 年建立,并开展其全球广播事业。二战期间,美国开始真正成为全球传播新秩序的建造者,1943 年美国借"妨碍信息自由流动"的理由废止了《通讯社条约》,并通过积极参与欧洲事务,制定、修订和解释国际新规则,建立新的国际组织等方式,来主导全球新秩序的建立。在此过程中,全球传播新旧秩序的更迭成为美国建立全球新型霸权体系的"催化剂"和"稳定器"。

在现行全球传播秩序下,以美国为核心的传媒集团不仅凭借其积累的雄厚财力在全球各地派驻记者,垄断了全球九成以上的国际新闻,控制了国内和国际新闻市场,还通过政策法规设置壁垒,以及抹黑他国媒体实现对全球传播秩序和国际话语权的掌控。2016 年美国总统奥巴马签署了《波特曼—墨菲反宣传法案》(Portman-Murphy Counter-Propaganda Bill),由美国国防部建立专门的反宣传中心,其根本目的就是维护现有全球传播秩序,即所谓创造一种"能打赢思想战的更全面、更积极的方式"。与此同时,欧洲议会也通过了《欧盟反击第三方宣传的战略传播》决议案(EU Strategic Communication to Counteract Propaganda against It by Third Parties),虽然该决议是建议性的,但其呼吁欧盟各成员国资助反宣传项目和优化战略传播能力。冷战思维和霸权手段成为维护原有全球传播秩序的重要途径,而全球传播秩序中的不公平、不平等和不平衡状态并没有改变。全球绝大多数国家的传媒依然没有改变其对于中心的依附地位,民众也成为西方媒体信息的消极被动的接受者。

随着互联网技术的快速发展、传统媒体的不断衰落、新兴市场国家的崛起,以美国为核心的大型跨国传媒集团为渠道的全球传播秩序面临解构。经济危机引发西方国家内部的民族主义、极端民族主义和逆全球化的潮流,也

---

① Greel,G. *How We Advertised America: The First Telling of the Amazing Story of the Committee on Public Information That Carried the Gospel of Americanism to Every Corner of the Globe*[M]. New York: Harper & Brothers Publishers, 1920:237.

正在悄然改变着原有的世界格局。全球传播秩序重构的过程变成一种变动的"新常态"。对于中国来说,这种重构的"新常态"正是难得的参与世界传播体系建构的战略机遇期。在这样的机遇期,"挑战者"将有机会在全球传播秩序的更迭中,打破固有的话语体系,颠覆传统传媒产业格局,推动社会变革。①

第三节 人类命运共同体理念下的全球传播秩序重建

作为一个有宏大理想和长远战略的世界大国,中国需要站在人类文明和全球传播的高度去审视自身的发展战略和定位。中华民族要想迅速崛起,重新引领世界,再现昔日辉煌,就要重估人类命运共同体的历史与价值,积极探索不仅要成为建构人类命运共同体的核心成员,而且要成为建构全球传播新秩序的引领者和规划者之一。建构基于人类命运共同体的全球传播新秩序,既可以成为大国崛起过程中的"催化剂"和"稳定器",也可以成为全球传播治理中的"中国方案",造福全人类。

一、人类命运共同体:全球治理的中国方案

人类命运共同体本身并不只针对全球传播秩序的重建,而是着眼于西方主导的全球化所引发的政治经济发展不平等问题的解决。由于全球经济持续低迷,各国间发展鸿沟日益凸显,地区冲突、恐怖主义和难民问题愈演愈烈;发达资本主义国家内部发展的不平衡,又导致了民族主义、民粹主义、保护主义,以及逆全球化和干涉主义浪潮的涌现。在这种情况下,人类命运共同体作为全球治理的中国方案,无疑代表着中国提出了一种多元、平等、互利、共赢的世界新格局,其挑战了西方中心主义的话语霸权和全球治理秩序,期望通过交通、能源、基础设施建设等先导措施,以经贸合作为抓手、文化交流为支撑建构新的国际合作机制,"达成政策沟通、设施联通、贸易畅通、资金融通、民心相通的全球协同发展模式,向世人展示新世界主义的宏伟图景"②。

人类命运共同体并不是凭空而来的,它是对传统"共同体""世界主义"思

① 崔保国,何丹嵋.世界传播体系重构下的中国传媒发展战略机遇[J].传媒,2017(6):11-15.
② 邵鹏,陶陶.新世界主义图景下的国际话语权:话语体系框架下中国国际传播的路径研究[J].新疆师范大学学报(哲学社会科学版),2018(2):105-110.

想的延展和升华。柏拉图最先在《理想国》中提出基于城邦集体利益的"共同体"观念。马克思不仅提出了"共产主义"的伟大构想,而且在《德意志意识形态》一书中提出了"全人共同体"(the community of complete individuals)的概念。滕尼斯对"共同体"做出全新定义:"人类持久的和真正的共同生活。"①随着社会发展,安德森认为"一个新形式的想象的共同体成为可能"②。最早由古希腊的犬儒派提出"世界公民"的口号,"世界公民"成为表达人类最初对于宇宙自由的憧憬和构建一种无关政治优先权的人类哲学伦理体系向往。康德在"世界公民"框架下阐释的自由与和平论,为欧洲建立开放平等的市场机制提供了理论支撑。哈贝马斯试图通过话语政治和社会交往建立一个基于人民权利的世界共同体。乌尔里希·贝克的"世界主义"则主张"世界意识,无国界意识","推崇世界的多样性"。③

习近平总书记阐释人类命运共同体的背景是中国的和平崛起和民族的伟大复兴,是经历 40 余年改革开放,认识、了解世界,积极同世界沟通、交往,并通过改变自身融入世界的发展实践。因此,人类命运共同体理念"它所致力的不再是顺应西方少数发达国家所致力维系的全球化状况,更不是为了谋求单个国家的一己之私,而是对霸权世界的一种挑战或者超越,是解决人类共同问题的一剂良方"④。

二、人类命运共同体:全球传播秩序的中国方向

在世界范围内旨在破除传播失衡、弥合信息鸿沟,建立一个平等尊重、创新发展、开放共享、安全有序的传播秩序的努力不曾间断。但是,西方国家不仅掌握着全球信息生产和传播的制高点,而且占据国际话语权的道义高峰和产业技术优势。要打破全球传播旧秩序的阻碍,为新秩序的重建夯实基础,必须以人类命运共同体理念作为理论武器;展开多维空间的拓展,并形成兼容并蓄的话语体系。

---

① [德]滕尼斯.共同体与社会[M].林荣远,译.北京:商务印书馆,1999:3.
② [美]本尼迪克特·安德森.想象的共同体:民族主义的起源与散布[M].吴叡人,译.上海:上海世纪出版集团,2005:6.
③ [德]乌尔里希·贝克.世界主义的观点:战争即和平[M].杨祖群,译.上海:华东师范大学出版社,2008:1-4.
④ 邵培仁,许咏喻.人类命运共同体思想的历史超越性及实践张力:以新世界主义为分析视角[J].中国出版,2018(1):5-9.

1. 全球传播秩序重建的理论武器

人类命运共同体理念是解决全球传播长期单向度失衡状态的重要理论武器。西方中心主义和西方话语霸权的全球传播秩序将可以通过以"命运共同体"为核心的中国主张、中国方案得以消减乃至破除，从而形成共商、共建、共赢、公平、公正、命运相连的全球传播新秩序。人类命运共同体主张开放多元，强调包容互鉴，谋求创新发展，尊重全球文明的多样性，促进和而不同、兼容并蓄的文明交流，在这样的理念下更多小国弱国可以获得文化和信息传播的自主权。尤其是在信息传播技术快速革新的当下，西方发达国家依然掌握了全球信息传播平台、传播技术和内容生成的主动权，不完成新旧秩序的更迭，国家间的信息鸿沟将不断加剧。

人类命运共同体理念作为一种不同于西方意识形态框架的中国世界观，预示着中国的崛起将建构起一个不同于西方中心主义的世界新格局。中国世界观并不是空泛的，而是中国的倡导和实践带动下的以信息传播和"文化交流为支撑的跨国合作机制，达成贸易畅通、资金融通、民心相通的全球协同发展模式，以及一种多元、平等、互利、共赢的新世界主义愿景"①。

2. 全球传播秩序重建的空间拓展

全球传播秩序重建的空间拓展存在于现实地理空间和虚拟网络空间两个维度。在现实地理空间中，人类命运共同体是从中国—东盟命运共同体，中国—周边命运共同体，亚洲命运共同体，中国与欧、非、拉、阿及各国命运共同体乃至人类命运共同体这样一系列半径不一的同心圆。这是一个由中国内部向东盟、周边和亚洲扩展，延伸至全球各大板块的多层次尺度关系，每个尺度既相互独立、层层扩张，又层层关联、区位互通。② 事实上，全球传播秩序的重建在地理空间上并不是可以一蹴而就的过程，它必然是一个由近及远不断辐射影响的过程，还是一个在彼此关系上不断认同强化的过程。

在虚拟网络空间中，由于进入 21 世纪以来传统的报业已经走向衰落，广播电视也开始逐渐式微，网络空间已然成为当前全球传播秩序竞争的核心场域。2015 年 12 月在浙江乌镇召开的第二届世界互联网大会开幕式上，习近平强调："网络空间是人类共同的活动空间，网络空间前途命运应由世界各国

---

① 邵培仁. 作为全球战略和现实考量的新世界主义[J]. 当代传播，2017(3)：1.
② 邵培仁，周颖. 国际传播视域中的新世界主义："命运共同体"理念的流变过程及动力机制研究[J]. 浙江社会科学，2017(5)：94-104,158.

共同掌握。各国应该加强沟通、扩大共识、深化合作，共同构建网络空间命运共同体。"①以"开放、互动、参与"的网络空间推动建构全球传播新秩序已经成为必然。在网络空间，中美平分秋色，中国在全球网络空间的影响力和好感度也日益提高，中国信息技术革命和"互联网＋"正在打破全球传播格局中的霸权模式和话语垄断。中国只有充分把握虚拟网络空间崛起给重建传播新秩序所带来的机遇，才能够掌握未来全球传播的主动权和话语权。

　　3.全球传播秩序重建的话语体系

　　全球传播需要建构怎么样的话语体系？人类命运共同体理念作为中国全球传播话语体系的主旨和内容，"其准确抓住了全球发展的基本特征即'普遍联结'，其本质在于世界的'价值关联性'。不仅'全球价值链'成为越来越多产品和服务的生产模式，而且在国家发展、文明演进上亦存在着基于'价值关联'的全球'普遍联结'，你中有我，我中有你，不可分割"②。人类命运共同体所倡导的是不偏不倚、恰到好处的媒介尺度，是"共商、共建、共享"的共赢主义。全球传播新秩序同样是全球传播利益共同体和传播安全共同体相结合的产物。虽然秩序可能体现了中国特色的全球传播秩序的治理观，但必须站在他者的立场上考虑问题和提出方案，秉持共赢主义可能导致中国失去一些利益和中国性，但最终会得到更多的利益和中国性。同时，全球传播新秩序应该兼容本土性和全球性的价值体系和话语体系。"国际传播场，需要有众声喧哗，允许不同的观念、价值和生活方式共存。"③不论是新秩序还是新体系应该既不是西方中心主义的，也不是东方中心主义的，而是以建构人类命运共同体为宗旨，以跨文化交流为支撑，各国都能够普遍接受的兼具包容与开放的全球传播体系；是坚持文明对话、文化平等的思想，鼓励跨文化对话和批评，最终实现一种多元化、杂糅化的全球话语体系。

结语：建成美好的传播世界

　　综上所述，从国际传播到全球传播的研究转向，从西方霸权逐步瓦解的

---

　　①　习近平.在2015年12月乌镇的第二届世界互联网大会开幕式上的讲话[J].人民日报,2015-12-17(2).

　　②　袁靖华.中国的"新世界主义"："人类命运共同体"议题的国际传播[J].浙江社会科学,2017(5):105-113,158-159.

　　③　吴飞.以和平的理念重塑国际传播秩序[J].南京社会科学,2013(4):101-108.

世界格局到全球传播新旧秩序的更迭,重建全球传播新秩序是一项极其庞大、复杂的系统工程。它涉及不同国家在全球政治、经济、技术格局中的竞争博弈,涉及不同媒介产业、传播主体、话语体系乃至信息内容在全球所处的地位和分量,甚至涉及每个个体的价值观、人生观和生活习惯的微观变化。

人类命运共同体理念给予了研究者一种鸟瞰性的宏观视野,为这一系统工程提供了强大的理论支撑、努力方向和具体的操作指南。重建全球传播新秩序的"中国方案"已经呼之欲出,"中国行动"也必将逐步实施。其不仅可以为中国软实力传播提供重要保证,为中国媒体的海外布局和国际话语权争夺提供制度性参照体系,而且可以逐步消除全球传播中不平衡、不平等以及"信息鸿沟"和"数字鸿沟"现象,最终建成更加公平、合理、美好的传播世界。

第二章 新世界主义:全球传播的新视野、新视维与新进路

　　"世界"一词在中国传媒论述中历来包含着复杂镜像。历经改革开放 40 余年之跌宕,中国传媒的国际传播一方面关切"他者视角中的我们",回应外部世界尤其是西方话语体系关于中国的报道争议①,另一方面传媒亦成为国家软实力的一部分,积极传递着中国的"走出去"名片②。在此过程中,主流媒体表达的世界想象交织着全球化、西方中心主义、美式霸权、亚洲主义、第三世界、大儒家文化圈等多重声音,以鲜明的文化政治性发出国家现代化进程中的回响。

　　然而,从 20 世纪 90 年代开始的"走出去"路线,到新时期颇为热议的"中国梦"和"一带一路"("丝绸之路经济带"和"21 世纪海上丝绸之路")制度框架,我们可以看到,当代中国的世界话语正在国家顶层战略决策的不断调试之中重新确认路径和方向。国际传播叙事阐释的世界想象,也不再只是内视性的国家主义话语产物,而推进到更为广阔和高层次的语境。卡拉汉(Callahan)认为,除却经济层面的实力,人们必须注意到,中国的崛起还包含着一种身份焦虑,一种"追赶性的心理状态"(catch-up mentality)。进一步而言,中国的成功乃是伴随着对一系列国际标准的接受,从而得以建构自身相应的国际位置。③ 在寻求全球治理体系重新定位的过程中,这种世界主义的意识形态已经深深根植于中国传媒的生产传播体系,经过媒介话语的社会内化,最终成为国家转型过程中的社会共识和政策方向。

　　"世界"之图景本就万象错综、形态复杂,其线索总是与国家主导政策话语相互纠葛,在不同历史时期呈现出不同面向。本章试图立足中国对"世界"

---

　　① 李希光,等.妖魔化中国的背后[M].北京:中国社会科学出版社,1996:1-136.

　　② Chang,T-K & Lin,F. Review from propaganda to public diplomacy: Assessing China's international practice and its image 1950—2009[J]. *Public Relations Review*,2014(40):450-458.

　　③ Callahan,W. A. *China Dreams*: 20 *Visions of the Future* [M]. New York: Oxford University Press,2013:98-123.

的论述中展现出的新世界主义语境,重新检视中国传媒背后的发展、变革逻辑。在具体论述中,主要选择自 2013 年以来备受海内外讨论的"一带一路"倡议为对象。作为基于国内、国际新背景孕育的顶层设计,"一带一路"整合了中国逐渐增长的经济影响力,用以应对全球化与区域化的联结进程。[①] 由于涵盖亚欧非大陆以及泛太平洋地区的广阔国际地缘政治空间,"一带一路"被认为提供了新的世界地理想象,强化了共同参与的全球治理思维,无疑可视作观察当前中国世界主义文化的典型案例。尽管"一带一路"已是近年来政治经济学的热络名词,关于由此衍生出的一系列制度安排如何影响国内传媒生态,传播学领域却缺乏深入回应。我们认为,讨论伴随此一国家主导倡议、一种新的世界主义话语如何得以形成,这种世界主义观念在中国国际传播路线中起何种作用,进而回应新时期政策话语之下中国传媒的运作机制和发展模式,将有助于中国传媒认清自己的当前坐标和努力方向。

第一节　世界主义：重建全球传播的地理想象

一、世界主义内涵与演变

通常认为,世界主义(Cosmopolitanism)一词至少可以追溯至公元前 4 世纪的犬儒主义学派。按照阿皮亚(Appiah,2016)的观点,世界主义起初创造用以表达"宇宙的公民"(citizen of the cosmos),不过,这种构词一开始便存在矛盾性:公民(citizen)意味着归属于特定城邦(polis,而 cosmos 则带有相当普遍意义)。从起源上,世界主义应当被认为乃是用来拒绝一种传统观点,即每个文明人都属于某一特定社群。[②] 显然,在后期论述中,城邦公民的边界得到了不断调整,"世界主义"作为一种话语实践,一种"标记物",也总是被纳入充满实验性质的语境,依据不同层次的共同体意涵进行分析解释:其不止限于民族国家主权,也包括了国家的地方层次以及跨国性形态。[③] 如此来看,通过

---

① Lim, T. W. , Chan, H. H. L. , Tseng, K. H. & Lim, W. X. *China's One Belt One Road Initiative*[M]. London: Imperial College Press,2016:1-3.

② K. A. Appiah. *Cosmopolitanism: Ethics in a World of Strangers*[M]. New York: W. W. Norton & Company,2016:xiv.

③ [英]提哈诺夫. 何为世界主义? 谁是世界主义者?:基于政治哲学、比较文学学科史的考察[J]. 李佳,译. 南国学术,2016(3):356-365.

弱化既有的社群分界,世界主义意在指涉一种全面的共同体范畴,强调每个成员身处其中的平等性。贝克等人的论述也同样明了:"世界主义根本性地区别于垂直划分的一切形式,在这些形式中,社会的他性被纳入一种等级化的支配从属关系。"①因此,在当今全球化理论分析中,世界主义常常应用于对话帝国主义、后殖民主义、民族主义等传统架构,质疑国际关系中存在的他者化、次级化的非对称性秩序。

不过,世界主义并非西方哲学独有的产物。诸多非西方国家的历史脉络,包括古典中国的"大同""天下"等理念在内,亦形成了类似表述。当代中国则大力倡导在国际关系中"高举和平、发展、合作、共赢的旗帜,始终不渝走和平发展道路,始终不渝奉行互利共赢的开放战略,致力于同世界各国发展友好合作,履行应尽的国际责任和义务"②。可见,世界主义概念后续在不同文化场域的相异阐释与内涵发展,实际加剧了理念本身的多维化,使得其并非成为一个能够清晰可辨的主题。③ 于是人们总结,"世界主义"如今在实际运用中已被加上诸多复杂意涵:它既牵涉全球民主与世界公民身份,也被用来探讨现代跨国社会运动之间联系的可能性;它既指代一种挑战到传统归属感与认同感,利益交叠的后身份政治(post-identity politics)以及多元异质的公共性,也可形容特定社会文化过程或个人行为、价值与倾向。总体而言,通过突破国族中心主义与带有排他性色彩的多元文化主义限制,世界主义成了一种理解国际传播活动值得考量的"中间路线"。④

二、基于中国国际传播的世界主义反思

中国传媒一直抱有与世界接轨的强烈愿景,尤其是自"走出去"战略推进以来,的确取得了不容小觑的成果:这既包括国内国际新闻市场扩大以及对全球重大新闻事件传播能力的提升,也意味着国际话语权、传媒经营体制、内容叙事、专业训练等一系列的变化。在媒介市场化推动下,一批国家主流媒体,通过扩大新闻采编规模,强化新闻及时性和准确性,提高内容输出品质与

① [德]乌尔里希·贝克,埃德加·格兰德.世界主义的欧洲:第二次现代性的社会与政治[M].章国锋,译.上海:华东师范大学出版社,2008:17.

② 习近平.在第十二届全国人民代表大会第一次会议上的讲话[N].人民日报,2013-03-18(1).

③ [英]杰拉德·德兰迪,郭忠华."世界主义"共同体如何形成:关于重大社会变迁问题的对话[J].学术月刊,2011(7):5-13.

④ Vertovec, S. & Cohen, R. *Conceiving Cosmopolitanism: Theory Context and Practice*[M]. New York: Oxford University Press,2002:1-24.

数量,开设新增营运部门,创新网络、广播电视多媒体平台等各类手段,逐渐从党的宣传工具向世界一流新闻组织转变。[1] 关于中国新闻实践的研究亦发现,一些媒体开始对传统意义上的消极报道不再回避,并且大量采用全球流行的对话性新闻叙事结构[2],表现出对世界代表性新闻报道模式的学习和借鉴。

当然,这与新世界主义者强调的普遍性观念仍有一定的距离。首先,在观念层面,中国过去的新闻专业训练在相当程度上引介了西方或者美式专业主义传统[3];其次,在国际新闻生产方面,少数西方国家依然被认为占据绝大多数新闻资源,中国传媒在全球信息流动中似乎仍难逃离文化帝国主义的窠臼[4]。对此,孙歌尖锐地指出:对于中国语感而言,"世界"往往意味着"一幅由发达国家组成的美妙远景图"。[5] 可以说,中国国际传播乃是在历史政治语境下卷入东西方、发达世界与发展中世界、本土与他者的多重矛盾冲突之中,关于世界的地理想象,由此也就反映出异常深刻的国家对外政策与国际权力结构变化。当我们使用"新世界主义"概念来观照传媒研究,即是试图在新的时代背景下探讨中国国际传播如何建构更广泛的叙事范围,将视角转向"诸文明体之间的政治经济关系以及其中承载的思想观念",进一步令"自己置于一个世界性的文明星座结构(constellation)之中来理解自身"。[6]

三、"一带一路"作为全球化叙事:新的研究问题

如前所述,本章关心的问题在于,世界主义作为一种特殊的政治文化话语,如何因特定历史情境变化映射或影响国家制度安排与运作系统,进而诱发相应的传媒生态变化。国际传播能力与国家实力息息相关,"一带一路"倡议乃是中国在自身经济持续增长背景之下,将目光由周边、亚太投向更大范围、更高层次国际治理体系的产物。从既有论述来看,其已形成包含政策沟

① Tang, W. F. & Lyengar, S. *Political communication in China: Convergence or Divergence between the Media and Political System?* [M]. New York: Routledge, 2012: 17-134.

② Wu &, D. D. Ng, P. Becoming global remaining local: The discourses of international news reporting by CCTV and Phoenix TV Hong Kong[J]. *Critical Arts*, 2011,25(1):73-87.

③ Hassid, J. Four models of the fourth estate: A typology of contemporary Chinese journalists [J]. *The China Quarterly*, 2011(208):813-831.

④ 邵培仁,王昀.线上新闻的全球地理想象:新华网国际新闻之检视[J].当代传播,2016(5):14-20.

⑤ 孙歌.亚洲意味着什么:读《亚洲在思考》[J].读书,1996(5):3-9.

⑥ 刘擎.重建全球想象:从"天下"理想走向新世界主义[J].学术月刊,2015(8):5-15.

通、基础设施建设、贸易投资、财政支持以及民间交往等广泛含义的综合概念。[①] 自从进入中国全球化进程的主导叙事,"一带一路"从全新的跨国合作角度再构全球经济地缘纽带,描绘出世界认知方式的转变:对内而言,包括西部开发、海洋强国等政策在内,"一带一路"倡议弥合了过去不同领域政策存在的地理分歧,将这些利益统合进入整体性的宏大对外政策项目之中[②];对外而言,"一带一路"亦有潜力将两条沿线发展中国家转型为新的经济增长支柱,创造互惠型劳动专业分工经济结构,同时引介新兴市场包括中国改革开放以来的成功经验[③]。在此意义上,"一带一路"无疑成了调节世界政治经济秩序落差的一种平衡性架构。

随着国家与地方逐渐赋予"一带一路"更多改革创新期望,这意味着此一概念可能会用以支持从经济、政治到文化、社会在内的越来越宏大范围内的政策目标。因而,无论是从话语或是现象层面来看,"一带一路"均拥有被从多个"视角构造"予以检视的可能性。[④] 不同学科研究者以各自知识背景相继进入,亦可进一步从不同面向充分挖掘这一政策构想产生的制度潜力。通过探讨中国传媒在"一带一路"的世界话语表达中如何扮演自身角色、实现自身功能,我们将继续回应如何借助新时期的主导政策话语为当前传媒变革注入动力。

第二节 "一带一路"的中国传媒角色:四种世界主义之形构

伴随国际环境局势变化,当代世界主义已呈现十分复杂的面貌,延展出多种阐释空间与实践面向。立足于新世界主义视野检视"一带一路"倡议之下的中国传媒角色,不可回避的重点在于,其所表达的世界话语乃是如何回旋于近现代以来殖民主义与资本主义对全球体系产生的影响余波,进而推动另类的世界疆域想象。在此之中,至少有如下方面值得深思。

---

① 中华人民共和国国务院. 推动共建丝绸之路经济带和21世纪海上丝绸之路的愿景与行动[A]. 2015-03-28.

② Fallon, T. The New Silk Road: Xi Jinping's grand strategy for Eurasia[J]. *American Foreign Policy Interests*, 2015, 37(3):140-147.

③ Huang, Y. P. Understanding China's Belt & Road Initiative: Motivation framework and assessment[J]. *China Economic Review*, 2016(40):314-321.

④ Summers, T. China's "New Silk Roads": Sub-national regions and networks of global political economy[J]. *Third World Quarterly*, 2016, 37(9):1628-1643.

一、历史性的世界主义

在时间维度上,"一带一路"倡议在中国颇具历史渊源:它既可追溯至自秦王朝以来的中华陆权帝国及朝贡体系,又与近代史视角下的"海防""塞防"密切关联。① 从历史纵深视角切入,有利于我们在更为清晰的脉络中梳理"一带一路"成为世界主义话语的合法性过程。坎德拉(Candela)便提及,"丝绸之路"作为历史性叙事,描绘了世界主义贸易网络在过去欧亚大陆形成的全球交往联系。而在 20 世纪 90 年代,它被迅速用来形容一种去霸权化、去中心化并横跨欧亚、泛太平洋地区的政治想象。一方面,以丝绸之路为代表的叙述表达了与过去围绕国家为中心的历史的分离;另一方面,它则与中国面对当前全球资本主义发展,再构机遇与挑战的管理机制紧密联结在一起。②

在这种不同时期的意涵变迁中,传媒显然扮演了非常关键的角色。按照霍斯金斯(Hoskins)的看法,当下的经验总是会在某种程度上逐渐流失。"记忆"本身便是一种矛盾的时间体验,它并不会完整还原某些过去时刻,却会依据当下重新对过去予以组装。大众媒介即是通过不断创造以及再构关于过去的特定印象,无处不在地影响人们的世界观念。③ 因此,对于传媒研究而言,一种颇具意义的探讨路径在于深入文本生产,发掘"一带一路"倡议是如何在反复的记忆再现、重构与冲突中呈现社会集体话语的多面性。

二、本土化的世界主义

在空间维度上,"一带一路"是中国横跨欧亚、联通世界的桥梁和纽带,这同时意味着国家在此倡议践行中,亦伴随着强烈的在地情结。一个必须注意的事实在于,自 20 世纪中后期,世界化潮流总是与地方意识之间形成紧密缠绕的现象。④ 长期以来,国内媒介建构的消费文化,也往往杂糅全球化潮流与在地文化现实,使之延展出丰富层次的视觉图景。中国传播研究者探讨世界主义意识形态的方式,其中一个重要路径也就变成基于全球/地方的融合过

---

① 李晓,李俊久."一带一路"与中国地缘政治经济战略的重构[J].世界经济与政治,2015(10):31-59.

② Candela, A. M. Qiaoxiang on the Silk Road: Cultural imaginaries as structures of feeling in the making of a global China[J]. *Critical Asian Studies*,2013,45(3),431-458.

③ Hoskins, A. Television and the collapse of memory[J]. *Time Society*,2013 13(1):109-127.

④ Dirlik, A. Place-based imagination: Globalism and the politics of place[J]. *Review*, 1999, 22(2):151-187.

程,进而考量"世界主义的中国特征"。① 因此,作为一个相当开放与混杂的概念,世界主义在具体经验分析中,往往经由本土性框架过滤来实现。换而言之,世界主义源自地方性建构(local construct),是地方转变的产物。研究者应当透过此一概念,关注地方何以建立更广泛的关联网络,回应全球结构的竞争、变化,从而重新解释地方性的自我、过去、现在以及未来。②

这种世界主义的本土化印记为观察传媒生产与社会文化、政治、经济运作之间的关系提供了更为丰富的问题面向。譬如,主流媒体的声音是如何将天下、和谐、义利观念等中国传统哲学概念融入"一带一路"的对外世界传播;而在城市传播等领域,研究者亦可观察,地方借由何种方式响应"一带一路"倡议,借以推动相关社会议程。总体而言,本土乃是世界多样化和差异化的众多单元或部分,而世界则是本土共通性和"标准化"的汇聚和整合;本土性操作筛选出一整套公认的世界性传播价值和话语模式,而传播的"世界主义"本身又可以作为本土传媒对外传播的策略性框架。透过检视传媒联结本土与世界的诠释机制,我们或可对上述命题给予更为详细的回答。

三、现代化的世界主义

当我们使用"现代化"这一概念,即意在指涉一种以发展与进步为核心指标的社会观念,是如何成为广为接受的事实进而推动"一带一路"全球空间布局的"共识化"。在发展维度上,"一带一路"从概念到行动,进展飞快,成效巨大。通过以基础设施建设和贸易活动为先行手段,"一带一路"倡议描绘了中国与沿线国家和地区共商共建、共赢共享、融合发展的经济利益和文化图景。就整体而言,这一倡议贯穿亚欧非大陆,涵盖沿线逾 60 个国家,覆盖约 44 亿人口,占世界总人口的 63%,经济规模则达到 21 万亿美元,占全球 GDP 1/3。而从既有进展来看,至 2016 年 8 月,中国已与 34 个国家和国际组织签署共建"一带一路"合作协议,与 20 个国家签署产能合作协议,与"一带一路"沿线 17 个国家共建境外合作区达 46 个,与所有沿线国家和地区双边贸易额突破万亿

① Tracy, G. S., Lee, K. "New man" and "new lad" with Chinese characteristics? Cosmopolitanism cultural hybridity and men's lifestyle magazines in China[J]. *Asian Studies Review*, 2012(36): 345-367.
② Assche, K. V. & Teamău, P. *Local Cosmopolitanism Imagining and (Re-) Making Privileged Places*[M]. New York: Springer, 2015: 3-6.

美元①，取得相当瞩目的成就。

鉴于"一带一路"沿线国家和地区大多处于发展中阶段，面临国内、国际经济增长环境的双重压力。这种对于"现代化"的渴望动因客观上强化了关于"一带一路"的合作愿景。以签署自由贸易区、亚投行、丝路基金、中国—欧亚经济合作基金等代表性项目为标志，"一带一路"将中国长期以来的自身建设成果转化到对外交流政策，同时有助于重构传统西方霸权主导下的全球资本主义体系。在此过程中，传媒研究者需要关注大众媒介如何传递此种世界叙事用以支持相应的政策开展以及跨国行动机制。正如沙阿(Shah)所言，正是依赖于大众传媒的相关功能，人们方能接收到可供感受的现代性观念与体验。② 其中，又可划分两个值得关注的方面：一是媒介叙事如何与社会现代建设进程连为一体；二是传媒如何实现自身组织与技术的现代化，进而更好地支撑国家话语的世界性实践。

四、地缘化的世界主义

作为 2016 年 G20 杭州峰会东道主，中国把"创建创新、活力、联动、包容的世界经济"作为峰会主题，这不仅充分体现了中国全新的国际担当，而且也向外界充分展示了中国的广阔襟怀。在追求创新经济增长方式的"中国方案"过程中，"一带一路"毋庸置疑已是相当关键的制度框架，被外界誉为"中国区域领导力的示范，将邻国的未来与中国自身未来相互联系起来"③。而从现阶段"一带一路"展开的战略布局来看，其基于中国为圆心进而向外围延展辐射的方式，也被认为或多或少染上了地缘化色彩，或者说，尽管在某种程度上表现出重置地理资源的跨区域愿景，但并没有超越中国传统文化对于周边的理解："'一带一路'倡议虽然表现出了一定的全球战略的特征，但是它在本质上还是区域性质的。中国政府更倾向于以应对周边的方式来处理与'一带一路'相关的问题。"④这也是一部分中亚、东南亚等地缘国家为什么在"一带一路"倡议话语中会被反复强调的缘由。就另一方面而言，亚洲多数国家也

① 俞懿春."一带一路"展现巨大机遇[N].人民日报，2016-08-17(2).

② Shah, H. *The Production of Modernization：Daniel Lerner Mass Media and the Passing of Traditional Society*[M]. Philadelphia：Temple University Press，2011：2.

③ Brant，P. One Belt One Road? China's community of common destiny [EB/OL]. (2015-05-31) [2016-11-28]. https://www. lowyinstitute. org/the-interpreter/one-belt-one-road-chinas-community-common-destiny.

④ 储殷，高远.中国"一带一路"战略定位的三个问题[J].国际经济评论，2015(2)：90-99.

相当乐意分享中国一系列对外合作政策所提供的发展机遇。由于中国的贸易潜力弥补了亚洲长期缺席的地区资源需求,这使得其的确日益成为在东亚、东南亚区域整合进程中的关键经济政治力量。① 可以说,"一带一路"既有行动的这种地缘化设定又建立在相对成熟的亚洲区域化背景之下,乃是基于过去中国对"中国—东盟命运共同体""周边命运共同体""亚洲命运共同体"论述的提升和拓展。

在某种意义上,也许如索斯滕(Thorsten)形容的,"丝绸之路"的主流叙事已经将这一古代的贸易路线作为我们"失落的文明"给浪漫化了。一方面,丝绸之路成为时尚的怀旧之情(nostalgia),用以描述对那段普遍主义成为通行规范的时光的向往;另一方面,丝绸之路也往往用来指代亚洲新时期的贸易与政治网络的现状。于是此种"丝路世界主义"(Silk Road cosmopolitanism)变成了地方主义和普遍主义相互混杂的想象过程。② 尤其对于传播研究者来说,伴随着 20 世纪末以大众流行文化为引领的区域共同市场的逐渐兴起,这种亚洲化的文化脉络并不陌生。包含诸如国际传播中的"亚洲主张""亚洲电影""亚洲传媒"等在内的区域传播理念,以其特殊的泛地区认同方式仍能在地缘战略辅助框架中具备适用性,从区域主义与全球主义的密切关联来看,亦延宕出更大范围的与外界互动互助、共进共演的可能性。

第三节　新世界主义视野中的中国传媒新进路

"一带一路"既是一个开放、包容、透明的经济合作倡议,也是一个通过共商、共建、共享实现合作共赢的机遇。面对"一带一路"布局渐具规模,中国传媒如何回应此项倡议在各类政治经济议题中产生的影响,牵涉国家传播软实力,关乎中国全球治理策略。而伴随"一带一路"自身作为复杂的世界主义想象的被接受过程,也将内在锻造中国传媒产制,使之形成新的发展面向。

一、世界主义、中国的新世界主义与传媒的世界认知

世界主义的基本观点是:主张"世界意识,无国界意识";"推崇世界的多

---

① Ba, A. D. Is China leading? China Southeast Asia and East Asian integration[J]. *Political Science*, 2014,66(2):143-165.

② Thorsten, M. Silk Road nostalgia and imagined global community [J]. *Comparative American Studies*,2005,3(3):301-317.

样性";承认"一切都是平等相同的,但每个人却又都是不同的";"国家若要继续生存,就必须合作"。同时,声称"世界主义的观点""不是利他主义,不是理想主义,而是现实主义"。①

新世界主义的观点既是现实主义的,也是理想主义的,更是共赢主义的。其核心就是"同心打造人类命运共同体",其主要特征是:(1)反对霸权主义和西方中心主义,主张世界多极化和文化多元化;(2)反对地域保护主义,主张自由流通、开放合作;(3)反对利己主义,主张共商共建、共赢共享、共生共荣;(4)反对干涉他国内政,主张和谐包容、市场运作、和平发展。一句话,新世界主义致力于构建具有相同世界愿景的整体互动、和谐包容、开放合作、共建共享、共生共荣的新型国际政治、经济、文化生态,造福世界各国。正如刘擎所言:"新世界主义的目标不是更换霸主,而是改变霸权结构本身,不是变换玩家(player),而是改变游戏本身(the game itself)。""在这种全球想象中,世界的普遍性(cosmos)与地方的特殊性(polis)都不是现成的和凝固的,两者都在文化遭遇的辩证运动中不断生成与建构。"因此,"中国现在可能要失掉某种中国性,为的是找到我们自己的中国性"。②

民族主义不是新世界主义,也并非与新世界主义完全对立,两者在某些方面可能是可以相互包容的,成为整体性中的多样性、异质性而存在于有机统一的文化生态之中。新世界主义视野中的全球文化并非是一种巨大的同质文化、单向文化,而是一种百花齐放、多姿多彩的多样性文化和融合性文化。尽管传媒向来被认为是建构国家主义想象的重要工具,诸多研究者亦曾指出,伴随现代国家的转型过程,全球消费市场中的大众传媒内容正逐渐超越国族界限,提供跨国世界秩序的想象空间,进而形塑出一种"非领土化"的中国主体性。③ 对于中国传媒而言,以"一带一路"倡议推进为契机,一方面仍需努力深耕本土问题,理性诠释面对当代全球复杂的国家利益纠葛与国际关系困境中中国所可能施展的作为;另一方面则是向外界呈现担当、分享与合作精神,持续保持关怀世界、向世界开放的大国担当和道德责任。

---

① [德]乌尔里希·贝克.世界主义的观点:战争即和平[M].杨祖群,译.上海:华东师范大学出版社,2008:1,4,225.

② 刘擎.从天下理想转向新世界主义[J].探索与争鸣,2016(5):67-69.

③ Ong, A. & Nonini., D. *Ungrounded Empires: The Cultural Politics of Modern Chinese Transnationalism* [M]. New York: Routledge,1997:287-311.

二、制度优化与价值对话中的传媒

自后冷战时期以来,一种拥抱西方工业技术、政治观念、生活方式以及大众媒介系统的社会转型模式得以在全球树立。而"一带一路"通过勾勒与众多沿线国家和地区的互容关系,在扩展中国的世界影响力之同时,亦蕴含改革开放以来快速变化背后的发展成就理念以及"中国梦"的深层驱动,无疑象征了另一种可供外界借鉴的改革模式。不过,费迪南德(Ferdinand)的质疑颇有道理:尽管"一带一路"描绘了相当宏伟的梦想,但却难以把控。由于"一带一路"不可能让其他国家因为与"中国梦"冲突而放弃自己的"梦想",因此,在普遍论述中,"中国梦"均被形容为一种"世界梦"。这也使得中国这一对外政策呈现出脆弱性的一面:因为它的成功并非完全取决于它自己。[①]

由此来看,如何解决这种地方观念形态可能存在的冲突,既有赖于传媒推动中国继续去认知以往那些相对知之甚少的区域,同时也需丰富外界了解中国的渠道,推动他们更好地了解中国,进而传递"一带一路"的共同价值意涵。在挖掘进一步的"中国认知"过程中,传媒研究事实上交织着三个不可分离的部分:其一,建立在对全球文化流动与信息工业深入观察的基础上理解中国传媒文化的特殊性;其二,通过检视中国媒介面临的矛盾性过程与复杂结构机制,提供反思西方主流经验的媒介研究方向[②];其三,从制度的传媒过渡到国家整体性轮廓,以传媒为窗口展示中国可供世界主义理论吸收的历史经验,进而展示新世界主义媒介理论研究与实践探索的无限可能和想象。

三、信息资源分配网络中的传媒

此一面向将重心置于传媒如何作为内容公共品,促进"一带一路"庞大的跨国性流通网络建构。传统新闻生产观念认为,受制于经济因素的资源分配考量,媒体总是倾向于投入本地新闻而对异地事件缺乏热情。[③] 跨国信息流通则通常由少数国家主导,世界信息秩序由是卷入较为浓厚的媒介帝国主义

---

① Ferdinand, P. Westward Ho—the China dream and "one belt one road": Chinese foreign policy under Xi Jinping[J]. *International Affairs*, 2016,92(4):941-957.

② Curran,J. & Park, M. J. *De-Westernizing Media Studies*[M]. London: Routledge,2002: 21-34.

③ Skurnik, W. A. E. Foreign news coverage in six African newspapers: The potency of national interests[J]. *Gazette*, 1981,28(2):117-130.

争议。而通过呼吁"共同发展"的空间地缘政治,"一带一路"既强化了沿线国家和地区彼此资讯分享的必要性,也在客观上形塑了新的信息资源共享可能。

事实上,信息资源的区域化成果在过往中国的国际传播发展中早已崭露头角。彼得斯(Pieterse)便曾提醒全球文化流动的"东方化"现象,指出以中国、日本、韩国、印度和中东泛阿拉伯地区为代表的传媒生产正在区域间形成热络交流,产生越来越大的国际影响。① 2013 年,中国传播业总收入达到12689 亿元,成为全球第二大传播市场。② 此外,电影、电视剧节目产量,笔记本电脑与智能手机拥有量亦位居世界前列。2015 年,全国数据产生量更占到全球数据总量的 13%,表现出广阔的大数据应用前景。③ 中国传媒业目前具备的资源优势,亦可进一步统合入"一带一路"框架:这既包括以互联网、移动传播等基础设施技术为先导推动沿线国家和地区交流的硬件建设,以流行文化商品为基础扩大内容商品的共同消费市场,亦涵盖以新闻开放数据源为平台的资讯分享机制。从当前"一带一路"的海外合作线索来看,这种信息网络构建正在取得相当共识:2016 年 3 月,来自中国、印度尼西亚、韩国、印度、土耳其等国的 13 家媒体针对"一带一路"区域媒体交流构想,共同发起"亚洲媒体合作组织";8 月,来自五大洲 29 个国家和地区的 41 家媒体与制作机构作为首批成员加入"丝路电视国际合作共同体"。"一带一路"倡议所推动的传媒产业实践扩大化过程,将在未来衍生关于跨国性市场经济、文化杂糅以及公共空间的进一步讨论。

四、文化地理认同路径中的传媒

"一带一路"阐释的国际关系乃是在一种"非极化"的世界观下展开,从2013—2016 年的现实成果来看,此一倡议的确展现出充分潜力:"向北,中国和俄罗斯签署丝绸之路经济带建设同欧亚经济联盟建设合作对接联合声明,与蒙古国商定对接'丝绸之路'与'草原之路',中俄蒙经济走廊建设稳步推进;向东,中国与韩国决定推进四项发展战略对接;向南,与越南加紧磋商'一带一路'和'两廊一圈'合作,与新加坡的'一带一路'合作项目更具'示范性、创新性',孟中印缅经济走廊建设方兴未艾;向西,与哈萨克斯坦'光明之路'

① Pieterse, J. N. *Globalization or Empire?* [M]. London: Routledge,2004:122.
② 胡正荣,李继东,唐晓芬. 全球传媒发展报告(2015)[M]. 北京:社会科学文献出版社,2015:2-3.
③ 韦柳. 中国数据生产量占全球数据总量的 13%[EB/OL]. (2015-11-14)[2016-10-25]. http://www.chinanews.com/cj11-14/7623666.shtml.

新经济政策联通,同波兰'可持续发展计划'对接,同欧洲'容克投资计划'相衔接。"①通过建立多区块经济地带,发挥沿线国家和地区不同分工的体系优势,"一带一路"显然有望逐渐推动参与互惠式的协作路径,进而替代全球中心化的文化地理格局。譬如,曾向红即以中亚地区为例,谈到共建"一带一路"可为该地区摆脱仅作为"边缘地带""内陆地区""危险之地""大棋局"而存在的各种传统地缘政治想象提供条件②,创造新的国际秩序认同机会。

不过,传媒虽作为认同纽带,乃是"推进'一带一路'建设的题中应有之义"③,但由于"一带一路"本身卷入复杂的国际地缘政治,其作为一整套世界话语亦在不同跨文化语境分裂出不确定性面貌,使得实际对外传播过程中充满挑战。即使诸如"丝绸之路"这一特定概念,也并非中国语境独有之产物。拉鲁埃(Laruelle)曾观察到,关于丝绸之路"复兴"的叙事话语曾在苏联解体后一段时期内兴起,借助于将中亚定位为古老欧亚大陆的"十字路口",以土耳其、伊朗为代表的诸多亚洲各国均视"丝绸之路"为策略性手段,进而推进自身在中亚地区的国家利益。与此同时,美国在制定其中亚政策过程中,亦积极拥抱此概念,开展地缘政治竞赛,隐藏背后的"大国博弈"本质。丝绸之路作为一种特定隐喻,由此成为多形态的工具化术语。④

因此,跨地理维度决定了"一带一路"的传媒话语实践会在交织冲突、协商与共识的线索下展开,这使得我们探讨传媒的在地化实践时需要相当谨慎:一方面,深入关注文化间性中的传媒生产,评估其如何塑造人们关于文化地理的认知变迁,形成新的社会网络;另一方面,则需要注意到当代语境下,媒介技术、产业、内容与受众多维度的持续融合所赋予的世界主义内容变化,其中颇具代表性的即是流行文化世界主义(pop cosmopolitanism)在不同跨文化社会的增长力量,正不断鼓励新的全球意识和文化胜任力(cultural competency)方式。⑤ 中国传媒的国际传播思路亦需借鉴——在全球传媒体系成长带来的地理想象背后,如何拥抱差异性文化的社会视野,指向更广泛

① 杜尚泽,胡泽曦.共商共建共享之路:写在习近平总书记提出"一带一路"重大倡议 3 周年之际[N].人民日报,2016-10-03-(1).

② 曾向红."一带一路"的地缘政治想象与地区合作[J].世界经济与政治,2016(1):46-71.

③ 汪晓东,张梦旭.国际传媒巨头共话"一带一路"[N].人民日报,2015-09-23(9).

④ Laruelle, M. The US Silk Road: Geopolitical imaginary or the repackaging of strategic interests? [J]. *Eurasian Geography and Economics*,2015,56(4).360-375.

⑤ Suárez-Orozco, M. M. & Qin-Hilliard, D. *Globalization Culture and Education in the New Millennium*[M]. Los Angeles: University of California Press,2004:114-140.

的文化体验领域。而作为未来重要的国家乃至于全球战略叙事,"一带一路"在丰富其世界主义内涵的具体过程中,将为修正文化地理与跨文化认同的传媒研究进一步带来丰富其面貌的可能性。

第三章 人类命运共同体:理念流变与新世界主义的媒体镜像

　　国家战略的国际传播究竟受哪些因素支配,是顺应当今世界国际、国内格局与趋势,还是如李克强总理所言的"拍脑袋"决策?① 是国家政治、经济、文化等多元合力导引与形塑的最终结果,还是发端于国家领导人个人的雄才伟略? 近年来,国家领导人关于人类命运共同体概念的提出与传播,或许能给予我们探寻中国顶层决策国际传播与中国内在文化脉络及国际国内局势和谐共生的钥匙。

　　2011 年 9 月国务院发布的《中国的和平发展》白皮书首次提到了"命运共同体"概念,在 2012 年 11 月中共十八大报告中,"命运共同体"被赋予了具体的理论意涵:

　　　　这个世界,各国互相联系、相互依存的程度空前加深,人类生活在同一个地球村里,生活在历史和现实交汇的同一个时空里,越来越成为你中有我、我中有你的命运共同体。②

　　　　我们主张,在国际关系中弘扬平等互信、包容互鉴、合作共赢的精神,共同维护国际公平正义……合作共赢,就是要倡导人类命运共同体意识,在追求本国利益时兼顾他国合理关切,在谋求本国发展中促进各国共同发展,建立更加平等均衡的新型全球发展伙伴关系,同舟共济,权责共担,增进人类共同利益。③

　　2012 年 12 月 5 日,习近平在人民大会堂与在华外国专家代表开展座谈会时首次在公开场合强调:

---

　　① 陈二厚. 要以人民利益为重避免"拍脑袋"决策[EB/OL]. (2014-01-17)[2016-11-01]. http://news. xinhuanet. com/politics/2014－01/17/c_119021970. htm.

　　② 胡锦涛. 坚定不移沿着中国特色社会主义道路前进 为全面建成小康社会而奋斗:中国共产党第十八次全国代表大会上的报告[R]. 北京:人民出版社,2012:25.

　　③ 胡锦涛. 坚定不移沿着中国特色社会主义道路前进 为全面建成小康社会而奋斗:中国共产党第十八次全国代表大会上的报告[R]. 北京:人民出版社,2012:27.

国际社会日益成为一个你中有我、我中有你的命运共同体。①

此后,中国—东盟命运共同体,中国—周边命运共同体,亚洲命运共同体,中国与欧、非、拉、阿及各国命运共同体乃至人类命运共同体的提出,逐渐构成了命运共同体概念的重要范畴。2015 年 9 月习近平在纽约第七十届联合国大会一般性辩论时的讲话中提到:

> 当今世界,各国相互依存、休戚与共。我们要继承和弘扬联合国宪章的宗旨和原则,构建以合作共赢为核心的新型国际关系,打造人类命运共同体……携手构建合作共赢新伙伴,同心打造人类命运共同体。②

在此基础上,一种全新的思想观、发展观和价值观突破地域与空间的限制,远渡重洋由中国内部扩展至全球各大板块。毋庸置疑,从东盟命运共同体、周边命运共同体、亚洲命运共同体到中国与欧、非、拉、阿及各国命运共同体乃至人类命运共同体的空间流变,事实上形成了命运共同体的同心圆尺度。在一系列半径不一的同心圆中,从最内圈的中国—东盟命运共同体到最外圈的人类命运共同体由内而外依次向外发散。在各个层次的尺度关系中,每一个尺度既相互独立、层层扩张,又层层关联、区位互通(见图 3-1)。

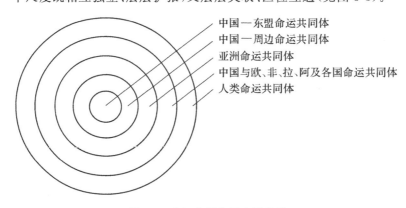

中国—东盟命运共同体
中国—周边命运共同体
亚洲命运共同体
中国与欧、非、拉、阿及各国命运共同体
人类命运共同体

图 3-1　命运共同体同心圆模型

① 钱彤.习近平同外国专家代表座谈[EB/OL].(2012-12-05)[2016-11-05].http://cpc.people.com.cn/n/2012/1205/c64094-19804682.html.

② 习近平.携手构建合作共赢新伙伴 同心打造人类命运共同体:在第七十届联合国大会一般性辩论时的讲话[N].人民日报,2015-09-29(2).

2015 年 12 月在中国乌镇的第二届世界互联网大会开幕式上,习近平又强调:

> 网络空间是人类共同的活动空间,网络空间前途命运应由世界各国共同掌握。各国应该加强沟通、扩大共识、深化合作,共同构建网络空间命运共同体。①

至此,中国国家领导人关于命运共同体概念由地域向领域,由宏观向微观转变的流动路径构成了命运共同体"一体同心多元"的尺度结构。在这个流动发散的尺度系统中,我们不禁发问:命运共同体空间流变过程究竟基于何种因素得以成形,是应验了当下"大国崛起"的经验事实和西方在中国民族主义研究中提出的"中国经济的发展和军事力量的扩张必将导致民族主义情绪的膨胀",引起中国人重建历史上的帝国的冲动,还是得益于国家领导人对中国及世界发展进程的深入洞察以及寻求与当下地缘政治格局相统一的强烈渴望?

基于此,本章的主要目的在于:(1)通过对 2012—2016 年《人民日报》上刊登的国家领导人(主要是主席与总理)在国际、国内场合涉及的关于命运共同体的讲话进行文本分析,研究影响因素的生成根源;(2)厘清当前国际社会对中国战略基于民族主义的理解错置,以新世界主义的视角验证国际传播过程中中国战略理论与现实的内在一致性。

第一节　民族主义、世界主义与新世界主义

一、民族主义

民族主义不仅是一种意识形态,也是一种社会实践运动,在世界历史和国际格局的发展演变过程中发挥着重要作用。民族主义是被赞颂的,它燃烧起人们乃至国家精神世界的火光;但它又是邪恶的,二战后民族主义的污名化使它被海外研究学者视为政治意识形态中的"不良分子","常常使人联想起殖民主义、种族主义、沙文主义、法西斯主义等极端思想,是一个相当负面

---

① 习近平.在第二届世界互联网大会开幕式上的讲话[N].人民日报,2015-12-17(2).

的字眼"①。近年来,国内外关于民族主义的探究主要围绕其自身概念、类型及特征、民族主义发展流变趋势、区域性民族主义研究、民族主义与国家建构、主权问题以及与国际恐怖主义、霸权主义等概念的关系来展开。19世纪初期,欧洲在哲学、经济、社会学等领域就已经开始了对民族主义问题的研究,19世纪末期厄尔斯特·勒南所做的《民族是什么》的演说、约翰·穆勒的《论代议制政府》以及阿克顿的《民族》等均探讨过民族主义的相关议题。

首次民族主义研究高潮出现于第一次世界大战后,汉斯·科恩、卡尔顿·海斯、爱德华·卡尔以及卡尔·多伊奇等对欧洲民族主义的渊源、概念、发展进程等做了大量深入的研究。第二次研究热潮则诞生于第二次世界大战之后,民族主义与民族运动的本质以及它们在历史进程中的重要意义都获得了深度与广度上的拓展。安东尼·史密斯在其《全球化时代的民族与民族主义》中强调:"理解民族和民族主义作为现代世界普遍现象的关键,主要在于历史文化和族裔纽带的既有框架和持久遗产,而不在于全球性相互依存的影响……那种认为民族主义不久将被替代、民族即将被超越的预测是愚蠢的。"②显然,他否认全球文化和世界性文化的存在与作用,认为现代世界民族主义是各个国家建立自由社会的基本要素。民族主义的第三次研究热潮从冷战结束到现在,研究成果进一步丰富,比较典型的是本尼迪克特·安德森对"想象的共同体"的阐释。他在《想象的共同体:民族主义的起源与散布》中以民族情感为根基研究了世界各地具有差异民族特性的"想象共同体",他将民族主义看作一种"特殊的文化的人造物"③,认为民族是一种"想象的政治共同体"④。

20世纪90年代后对中国民族主义的研究开始兴起。例如乔纳森·昂格主编的《中国的民族主义》(*Chinese Nationalism*,1996)中,不同学者对中国民族主义的观点主要可以分为三种:第一种认为中国民族主义建立在中国大国崛起的经验事实基础上,国际社会尤其是西方世界对其带有本能的警惕与抗拒;第二种则持有相对乐观的态度,认为中国的民族主义建立在深刻的地域

---

① Metzger, T. A. & Myers, R. H. Chinese nationalism and American policy[J]. *Orbis*,1998,42(1):21-36.

② Smith, A. D. *Nations and Nationalism in A Global Era*[M]. London:Polity Press,1995.

③ Anderson, B. *Imagined Comunication:Reflections on the Origin and Spread of Nationalism*[M]. London:Verso, 1991.

④ Anderson, B. *Imagined Comunication:Reflections on the Origin and Spread of Nationalism*[M]. London:Verso, 1991.

文化分裂基础上,南北文化的对立以及汉民族文化与多民族文化的霸权及同化使中国民族主义处于某种撕裂的边缘;第三种观点则较为折中,认为中国的经济建设水平与社会发展前景将决定中国民族主义的优劣好坏。彼得·格里斯在《中国的新民族主义:骄傲、政治和外交》中提到欧洲的民族主义并不能套用在中国民族主义的具体情境中,中国儒家文化虽然以海纳百川的特质包容各民族文化,但始终是建立在以汉民族文化为核心并不断扩张同化他民族文化之基础上的,并且中国的新民族主义建立在百年历史记忆的受害者心理上,对受难身份的执着某种程度上促成了中国新民族主义的不健康。[1]

总之,绝大部分研究都认为中国在政治、经济、文化等领域上的国族自信点燃了中国的民族主义情绪,并深刻影响了中国近几年的对外政策及国际传播,大量研究工作都开始试图为中国的民族主义找到一个准确限定词:自信的、武断的、现实政治的、好战的、防御式的、反应式的、肤浅的、自负的、反西方的、实用主义的等等。[2] 抓住中国民族主义的特性绝非偶然,众所周知,民族主义的泛滥极易影响国家外交政策进而引发区域性乃至全球性的武装冲突。几次世界大战的惨痛教训迫使人们期待能立刻把握这个迅速崛起的大国的民族主义性质,从而判断其外交政策或政治思想对东盟、周边、亚太乃至整个全球安全与稳定的影响。各学者在研究中都注意到,中国经济飞速发展、政治稳定性的扩张以及文化实力的强大均增强了中国的民族自尊心,进而改变了中国在世界政治上的战略战术。

二、世界主义与新世界主义

戴维·米勒曾说:"作为一种关于世界公民的学说,世界主义在最近成了政治哲学,它是一种伦理观,意味着每一个人都是平等的道德关怀对象。"[3]当然,世界主义不单单只强调道德层面的伦理关怀,它还是全球化背景下解决世界分配正义的核心议题。在全球政治、经济、文化一体化愈演愈烈的当下,如何实现全球资源的分配正义、减少全球风险负担?传统的民族主义与国家

---

① 石中.西方人眼中的"中国民族主义"[J].战略与管理,1996(1):23-30.

② Oksenberg, M. China's confident nationalism[J]. *Foreign Affairs*, 1986, 65(3):501-523; Carlson, A. A flawed perspective: The limitations inherent within the study of Chinese nationalism. *Nations and Nationalism*, 2009, 15(1):20-35.

③ Miller, D. Cosmopolitanism: A Critique[J]. *Gritical Review of International Social and Political Philosophy*, 2002, 5(3):80.

主义该如何应对全球化的挑战？这些问题不约而同地指向"世界主义"的理念。真正意义上的世界主义理念则源于古希腊斯多葛学派。"每个人都生活在地方社会中，同时也生活在充满人类理想、渴望和平的更广阔的社会中，后者的基础在于对所有人都很重要的东西——理性和人性的平等价值之中。"①可见古典世界主义将个人视为世界公民，且对世界性的人类共同体肩负责任。相较之下，当代世界主义的理论因为全球化进程的加速得以复兴与繁荣，最为典型的研究成果是德国社会学家乌尔里希·贝克的《世界主义文献：纵览》②，该文章将文艺复兴至 2006 年将近 230 份关于世界主义的文献进行梳理分类，描绘了西方世界关于世界主义的研究图景。关于世界主义的内涵，托马斯·博格在《世界贫困与人权：世界公民的责任与变革》③中指出，世界主义由三大核心要素组成："道德关怀的最终单位是个体""平等的价值地位应该得到每个人的承认"以及"地位平等和相互认可需要个人权利得到公平对待"。查尔斯·贝茨则认为："世界主义不仅被看作是一种观点，而且被看作是一种实际存在的道德和政治上的原则，是可以为政策的制定提供特别的指导原则的。"④在全球化语境中，世界主义常常与帝国主义、民族主义以及后殖民主义区分开来，为国际关系及全球格局的不平等及非对称化指明去路。

当然，世界主义因抽象性与普遍性牺牲了各民族的特殊性与具体性，这是其无法被忽视的局限性。"即使所有人都具有共同的个性，但他们之间的利益冲突依然存在，国内政治层面尚且如此，更不用说国际关系了。"⑤在当今的国际交往与顶层策略的国际传播中，国家主义显然不足以满足巨大的交往体量，但是世界主义却又要求得太多了。世界主义倾向于一元论的特性将均衡的准则不加区分地运用到从地方正义到全球正义再到传播正义的各个层面和领域中，因而其过于理想化的色彩似乎很难在实践层面解决世界资源分配及各国顶层决策国际传播的困局。在这个问题上，新世界主义的理念或许更能褪去世界主义的乌托邦色彩并摆脱民族主义观念的影响。

① Nussbaum, M. Kant and cosmopolitanism[C]// Bohman, J. & Lutz-Bachmann, M. *Perpetual Peace Essays on Kant's Cosmopolitan Ideal*. Cambridge/ London：MIT Press,1997：43.

② Beck, U. & Sznaider, N. A literature on cosmopolitanism：An overview[J]. *The British Journal of Sociology* 2006, 57(1)：153-164.

③ Pogge, T. *World Poverty and Human Rights：Cosmopolitan Responsibilities and Reforms* [M]. Cambridge：Polity Press,2002：169.

④ Beits, C. Cosmopolitanism and global justice[J]. *The Journal of Ethics*,2005(9)：11-27.

⑤ 陈秀娟.多维视野中的当代西方世界主义研究[D].济南：山东大学博士学位论文,2009：34.

  中国的新世界主义缘起于"天下大同"的思想传统,立足于民族精神——"一种可以引导民族共同体基于其特定的历史路径走向世界文明前沿位置的思想、观念与生活态度"①——起步于无产阶级革命及共产主义对人类平等自由的许诺,更顺应全球发展的复杂格局与多变趋势。对中国而言,"一带一路"、命运共同体、亚投行等议题的建构与战略传播就是对新世界主义理念的践行,它保存了民族精神与文化特性作为参与世界交往及国际传播的动力源泉,同时也破除了"民族主义对国家或政治共同体的封闭性依赖"②,从而为全球性政治议题的传播创造了无限空间。新世界主义主要表现为:"1. 反对霸权主义和西方中心主义,主张世界多极化和文化多元化;2. 反对地域保护主义,主张人财物通讯自由流通、开放合作;3. 反对利己主义,主张共商共建、共赢共享、共生共荣;4. 反对干涉他国内政,主张和谐包容、市场运作、和平发展。"③邵培仁教授在 2016 年 12 月 22 日于四川大学举行的"传媒变革高峰论坛"上的讲演中,在经过深入研究之后,又总结、归纳了一条:"5. 反对否认、歪曲、篡改历史,主张牢记历史,防止历史悲剧重演。"他将以上五条与"共同打造人类命运共同体"这一核心理念合并,称之为:"一心五体"④。这"一心五体"致力于打造人类共同为之奋斗的和平、繁荣、富强的生存环境,凝结世界各族人民团结协作以达成共同理想。这不仅是新世界主义理念的意义之所在,同时也成为中国决策对外传播的立命准则,更使得中国的新世界主义认识体系愈加科学、全面、完整。2017 年 3 月 17 日,联合国安理会一致通过的第 2344 号决议,首次载入"构建人类命运共同体"的重要理念,这表明中国战略决策基于新世界主义的国际传播已由理念转为行动,其对全球交往对话的影响日渐月染。其蕴含的以先进性、包容性、柔软性、伸缩性、协商性等特点为代表的整合主义体现了国际社会的共识,彰显了中国的新世界主义理念和方案对全球治理的重要贡献,也标志着这一理念已经突破了国际社会的价值体系和话语体系,并成功跻身人类道德的制高点。今后中国顶层决策的国际传播将在政治、经济、外交、贸易、文化、安全以及传媒等多个面向和多个路径丰富世界对中国的认知,也积极推动中国与世界的交往互动、文明对话。

————————

  ① 李永晶.新世界主义:破解民族精神的时代困境[J].探索与争鸣,2016(2):64-68.

  ② 李永晶.新世界主义:破解民族精神的时代困境[J].探索与争鸣,2016(2):64-68.

  ③ 邵培仁,王昀.新世界主义视野下的中国传媒发展[J].编辑之友,2017(1):5-12.

  ④ 邵培仁."2016 年传媒变革高峰论坛"上的主题讲演[R].四川大学新闻传播研究所主办,2016-12-22.

第二节 "命运共同体"理念的流变过程与传播机制

一、命运共同体伦理价值建立流动尺度体系

就传播内容而言,中国国家战略的国际传播主要包含以下四个方面内容:国家战略主张与核心利益,国家军队和平、合作、开放、透明的国际形象,中国积极参与全球治理的决心与理念,社会主义核心价值观及中华民族传统文化脉络。中国"命运共同体"的建构与流变过程不仅彰显了中国与世界同呼吸共命运的发展战略与交往策略,同时也传递了源自中华民族传统文化精髓的伦理价值观。共生共赢、共鸣共识、共进共担的伦理价值观推动其超越一般共同体的意义内涵,解释了共同体各构成部分休戚相关、唇齿相依的必然联系,彰显了当下世界各国理应放弃零和博弈、坚持互利共赢、践行新世界主义的发展进路。

命运共同体是"命运"与"共同体"的有机结合,"'命运'是人之生存、发展、完善诸要义的集结,凸显出人之生死存亡的根本性意义和发展完善的终极性意义,是人之意义世界和精神家园建构的基础"①。中华民族命运观念的发展流变主要依循以下路径:首先,仰韶文化至龙山文化时期,原始人的占卜行为与命运观念密不可分,"那些靠不住的,大部分见不到的效果,那些一般归于运命,归于机遇,归于侥幸的事,初民才想用巫术来控制的"②。中国人对人类命运的探索以及命运观念的形成由此起步;殷周至春秋时期,中国人命运观念的形成依然延续占卜的传统,《尚书·洪范》记载:"稽疑:择建立卜筮人,乃命卜筮。"这一时期占卜非龟即筮。儒家《周易》全篇便是围绕如何利用占卜认识命运、掌握命运和改变命运展开,《周易》和《易传》均提出了"以德配命"的命运观。与此同时,对命运的划分大致可以列出两条线索:一是国家命运,二是个人命运。《尚书》《诗经》《左传》《国语》均反映了命运由国家至个人由上至下迁移的过程。中华民族命运观在殷周时期已然定型,而春秋晚期的命运观念已与儒家乃至道家观念完全一致。秦汉至明清历史上,理学思想强

① 王泽应.命运共同体的伦理精义和价值特质论[J].北京大学学报(哲学社会科学版),2016 (9):5-15.

② [英]马林诺夫斯基.文化论[M].费孝能,译.北京:中国民间文艺出版社,1987:56.

调顺应天命的必然性,也提倡以人命之当然应天命之必然。明清王夫之指出:"天有生杀之时,有否泰之运,而人以人道受命,则穷通祸福,皆足以成仁取义,无不正也。"可见人既有天命又可立道德慧命,人以人道受命,无论天命如何都不会影响个人铸就道德上的命运,其核心便在于人类要寻求安身立命之道,建立国家命运与个人命运安身立命的精神家园。

共同体是个人为寻求生存与发展主动建立群体关系的产物。思想家荀子曾说:"力不若牛,行不若马,而牛马为用。何也?曰:人能群,彼不能群。"可见人区别于动物的根本在于人具有内在的群聚能动性,"群"塑造了人类的共生关系。《易传》又指出:"天行健,君子以自强不息;地势坤,君子以厚德载物。"可见在共生关系中,个体始终应该把握主观能动性,彰显自我主体性与独立性,既具备自强不息的强健品质,又带有勇于竞争的智慧与谋略。上升到国家层面这便是一个民族与国家同世界交往的价值准则。国家自强自立以彰显自我价值,同时也应在厚德载物的基础上实现合群与共生,创造最合理舒适的政治环境。《礼记·礼运篇》对大同世界的描述建立了一个"大道之行,天下为公"的理想世界,儒家主张"居天下之广居,立天下之正位,行天下之大道",道家提倡"天地与我并生,万物与我为一",传统思想伦理的存续将个体的共生上升到天下的共生,成为当下命运共同体的精神内核。

总之,命运共同体是命运与共同体的有机融合,它是对历史与现实中存在的精神价值的总体建构。中国关于命运共同体概念的提出不仅批判了西方共同体理论由个体利益出发的局限性,同时还吸纳了中国传统文化关于命运共同体的伦理价值要义,它更是对天下一体和天下大同的文化传统、马克思主义以及共产主义革命传统的传承。在不同时代背景和国际环境下,命运共同体的空间与种类不断演进,它们由情感或利益意义上的共同体发展为全球化、信息化背景下命运共存、利益共享的共同体形态,命运共同体的持续升级表达了中国强化世界利益与情感联系,聚合人类生存与发展,践行与传播新世界主义理念的愿景。

国家关于命运共同体概念的传播与尺度体系的流变已不仅仅是对国家战略主张与核心利益的表达,它更是对其蕴含的共生共赢、共鸣共识、共进共担的伦理价值观的弘扬与传播。中华文化源远流长,连绵不断的文明历史创造了博大精深的文化瑰宝,而其中绝大部分内容不乏共同价值。汤因比曾强调:"对现代人类社会的危机来说,把对'天下万物'的义务和对亲密的家庭关

系的义务同等看待的儒家立场,是合乎需要的。"①可见当人类社会越来越进
入全球化或"世界历史"的时代,各个国家与地区间将愈发建立起一荣俱荣、
一损俱损的复杂联系,西方文明在为世界带来"资本主义""民主自由""宪政
体制"和"公民社会"等思想资源的同时,也在崛起过程中为世界带来了巨大
灾难和危机,资本主义与民主政治的扩张引发欧洲难民危机、英国公投脱欧、
韩国总统丑闻以及美国大选困境等都预示着西方世界及文明已然进入"物壮
则老,水满则溢"的阶段,文明的衰落每进一步,世界的危机将增长一分。将
中国的共同价值观纳入国家战略的国际传播体系,让其为世界所了解与认同
将成为创造中西合璧的崭新人类文明的首要任务。

二、领导人传播风格影响命运共同体空间流变

本章选用《人民日报》刊载的 2012—2016 年国家领导人在国际和国内场
合关于命运共同体的发言,共检索样本 90 条,剔除无效样本 10 条,最后获得
有效样本 80 条。本研究根据各条样本内容将样本变量信息输入 SPSS 21.0
并进行编码。编码框架如下:

命运共同体空间范围。依据命运共同体"一体同心多元"的结构体系,选
项采用 5 级量表编码(1=中国—东盟命运共同体,5=人类命运共同体),范围
由小到大依次扩张。

发言人身份。结合具体国情,我国领导人关于命运共同体的发言主要由
主席和总理完成,因此发言人身份采用二级量表编码(1=总理,2=主席)。

本次样本总量共计 80 个,相应分布特征为:

(1)命运共同体空间范围($M=3.54$,SD=1.35),这意味着研究样本整
体上命运共同体空间范围较大,但是标准差值为 1.35,也说明研究数据命运
共同体空间范围有一定波动,其中 10% 的样本发言涉及东盟命运共同体,
13.8% 涉及周边命运共同体,22.5% 涉及亚洲命运共同体,20% 涉及中国与
欧、非、拉、阿及各国命运共同体,33.8% 涉及人类命运共同体;

(2)首先,从发言人身份级别($M=1.71$,SD=0.45)来看,样本中主席发
言相对较多,比例为 71.3%,总理发言的比例是 28.8%。具体数据如表 3-1
所示。

① [英]汤因比,池田大作.展望二十一世纪:汤因比与池田大作对话录[M].北京:国际文化出版
公司,1985:427.

表 3-1 变量描述统计情况

变量名称	平均值	标准差
命运共同体区域范围	3.54	1.35
发言人身份级别	1.71	0.45

其次,运用相关分析考察变量之间的相关关系及程度,本章使用 Pearson 相关系数来判断命运共同体空间范围与发言人身份级别的关系。分析结果显示:命运共同体空间范围与发言人身份级别之间的相关系数值是 0.461>0,并且呈现出 0.01 水平上的显著性,说明它们之间有着显著的正相关关系。

最后,使用回归分析研究变量之间的影响关系情况。本章使用多元线性回归分析方法去分析变量对命运共同体空间范围的影响并进行总结。根据表 3-1 数据,发言人身份级别会对命运共同体空间范围产生显著的正向影响关系,发言人身份级别越高时,共同体空间范围会越广,也就是说,国家主席所提出的命运共同体范围相对较大。数据见表 3-2。

表 3-2 预测命运共同体与发言人身份级别关系的回归分析

模型	系数[a]			t	Sig.
	非标准化系数		标准系数		
	试用版	B	标准误差		
发言人身份级别	1.346**	0.294	0.454	4.579	0.000
a. 因变量:命运共同体区域范围					
注:数值为标准化回归系数;♯ $P<0.10$,* $P<0.05$,** $P<0.01$,*** $P<0.001$					

通过研究我们发现,对命运共同体概念空间流变影响最大的因素是传播者即发言领导的身份级别。在浙江乌镇第二届世界互联网大会上,习近平主席笑称自己最近很喜欢"命运共同体"这个词,有媒体统计自 2013 年以来,习近平已经在各大场合使用过 1600 余次"命运共同体"的概念,而这个概念的使用覆盖外交、经济、安全、文化以及互联网治理等多个领域。

作为国际传播活动的重要一环,习近平扮演着传播者的角色,"传播者不仅决定着传播活动的存在和发展,而且决定着信息内容的质量与数量、流量

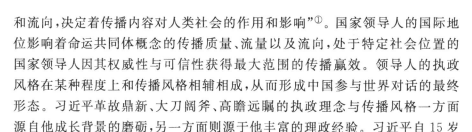

和流向,决定着传播内容对人类社会的作用和影响"①。国家领导人的国际地位影响着命运共同体概念的传播质量、流量以及流向,处于特定社会位置的国家领导人因其权威性与可信性获得最大范围的传播赢效。领导人的执政风格在某种程度上和传播风格相辅相成,从而形成中国参与世界对话的最终形态。习近平革故鼎新、大刀阔斧、高瞻远瞩的执政理念与传播风格一方面源自他成长背景的磨砺,另一方面则源于他丰富的理政经验。习近平自 15 岁起到陕北农村插队并开始了 7 年的艰苦岁月。基层的艰苦磨砺了习近平百折不挠的坚韧品质,年轻时父辈经历的起伏也对他的政治信念起到了巩固作用。

而习近平从陕北到正定、从福建到浙江再到上海,最后从地方到中央的从政道路决定了其核心执政风格既具有高屋建瓴、中气十足的品质,又不失胸怀大局、深谋远虑的禀赋。美国前驻华大使洪博培曾评价:"习近平是继邓小平之后最具转型色彩的领导人,他很可能成为中国第一位真正意义上的'全球领袖'。"②这种果断坚定的全球领袖特质不仅表现在其强调"上无禁区、下无死角、外无空白"的反腐治国政策上,更表现为其坚持亲、诚、惠、容的大国外交理念。自党的十八大以来,"习式风格"在多种场合被提及,大刀阔斧、自信笃定的执政理念不断塑造其作为"全球领袖"的传播风格,从而在世界的各个场合表达对"命运共同体"的政治构想和中国试图与世界展开文明交往的决心。美国总统奥巴马曾评价:"他仅用了一年半、两年就在中国拥有了这样的影响力,这给所有人都留下了深刻的印象。"③新加坡首任总理李光耀评价:"他有分量,我相信他会获得党的支持……是曼德拉级别的人物。"④

从外国友人及政要的高度赞赏中不难发现,习近平的执政理念、个人魅力与传播风格不仅赢得了国内人民的信赖,也赢得了国际社会的广泛认可。由此可见,国家领导人关于命运共同体概念的传播不仅仅渊源于天下一体和天下大同的文化传统、共产主义革命传统的传承以及当今世界发展的整体格局与未来趋势,它更是新一代领导人的远见卓识及个人传播风格的体现。依循国家领导人的传播思路,命运共同体"一体同心多元"的结构体系建立起超越民族国家和意识形态的世界观,表达了中国在"崛起"之路上追求和平发展的决心与愿景,体现了中国试图与世界展开互动促进各国各区域合作共赢的

---

① 邵培仁.传播学[M].北京:高等教育出版社,2007:394.
② 李玉贵,李婧.习近平的政治人格特点[J].中国党政干部论坛,2015(6):12-19.
③ 见美国总统奥巴马在华盛顿出席商界圆桌会议时的发言,2014-12-03。
④ 2013 年 8 月 6 日,新加坡国父李光耀在发布新书《李光耀观天下》时提及。

理念,更是为人类命运发展的方向拟定了一份"中国方略"。

三、大国崛起推动命运共同体空间范围扩张

大国崛起的支撑点无非在于硬实力与软实力。在硬实力方面,据联合国统计数据,2005 年后中国经济表现格外抢眼,2012 年至今中国在世界 GDP 排行及所占世界经济比重上一直稳定在第二位。其中 2012—2016 年的具体数据见表 3-3 所示:

表 3-3　2012—2016 年中国 GDP 总量及其占世界 GDP 排行

年份	GDP 总量/百亿单元	世界排名
2012	8.2502	2
2013	9.0387	2
2014	9.9255	2
2015	11.2119	2
2016	11.9684	2

中国的 GDP 增速一直保持在年均 9.8%,在世界范围排名前 20 的国家或地区中位居前列。2015 年以后,中国经济步入新常态,GDP 增速放缓,但在世界范围内仍占据前列且体量巨大。当前,各个国家的经济都面临一定困境,中国经济也存在下行压力。但是也有学者指出"这是前进中的问题。中国经济有巨大的潜能、回旋余地、内在韧性,增长动力源很多,发展后劲很足,完全有条件长期保持较高水平的增长"[1]。可见,一旦能实现稳定增长、推动改革、调整结构、强化宏观调控,中国经济仍将保持强劲发展势头。

随着改革开放程度的深入以及国家硬实力的不断强化,中国对内、对外的文化交往及文明对话范围也在不断扩大。中国的文化吸引力、制度影响力以及国际话语权等成为中国软实力的重要构成。据统计,中国现在已经成为世界第三大电影生产国和第二大电影市场。[2] 2012 年中国图书出版物实物出

---

① 叶小文.打造人类命运共同体:中国作为全球性大国的软实力支撑[J].人民论坛,2015(12):101-109.

② 刘阳,任珊珊.2012 年我国电影票房超 170 亿元[EB/OL].(2013-01-01)[2016-12-13].http://culture.people.com.cn/n/2013/0111/c87423-20167135.html.

口金额超过 1 亿美元。① 2016 年由美国波特兰战略传播咨询公司发布的新一年度的《软实力 30 强报告》显示：2015 年软实力排行榜的前三位为英国、德国、美国，中国排名第 30 位，总分为 40.85 分；2016 年排名前三位的为美国、英国、德国，中国上升 2 位，排名第 28 位，总分 45.7 分。具体得分情况如表 3-4 所示：

表 3-4　2015—2016 年中国软实力得分情况

中国软实力	2015 年	2016 年
数字化	30	28
文化	9	9
企业	24	16
全球参与度	10	11
教育	16	28
政府	30	29
全球调查	29	29

中国文化遗产的丰富性使其在文化分类指数方面获得高分，反映中国领导人有效利用文化资源的努力初见成效。对文化资源的利用不仅表现在了文化对外吸引力上，更表现在了制度影响力与国际话语权上。中国关于"一带一路"倡议的构想以及"命运共同体"概念的传播正是中国文化及核心价值观的体现。

21 世纪以来，随着全球政治生态及国际环境的调整与重组以及中国国家硬实力与软实力的持续强化，如何将大国崛起的综合实力转化为大国的交往实力，如何更好地向世界传播中国外交奉行的和谐交往观，并建立中国国家战略的国际传播体系成为重要命题。中国关于打造和谐世界与命运共同体的政治理念的传播，体现了大国崛起背景下中国对外交往的决心与使命，而建立"一体同心多元"的多层次命运共同体则是造就人类命运共同体的基础。在地理空间范畴内，中国—东盟命运共同体的稳定仰赖周边命运共同体的发展，而周边命运共同体又依托亚洲命运共同体。也就是说，中国的大国崛起仰赖区域的发展，其后才走向世界成就世界大国的发展身份。"在这里中国

---

① 邱玥. 2012 年我国出版物实物出口首超 1 亿美元［N/OL］.（2013-04-11）［2016-10-14］. http://softpower30.portland-communications.com/ranking/#2015.

不可能上演冷战时期'零和博弈'和'赢者通吃'的一幕"①,而是需要积极与东盟、周边、亚洲乃至世界范围内的国家和地区建立命运共识,以一种整体观念缔造和平共赢的发展空间。

　　一直以来,海外学者及国际社会提出的中国民族主义及所谓"中国威胁论"甚嚣尘上。海外学者似乎将目光更多地放在大国崛起背景下中国政治思想的国际传播如何引发外部世界的不安上,却很少认真思考其他国家政策正在以何种方式影响中国。一直以来,海外学者及国际社会常常将中国民族主义的成因假定为以下几点:首先,中国国力上升导致国家自信膨胀;其次,百年来遭受外敌侵略的历史形成了中国独特的受害心理记忆;最后,冷战结束以来国家层面长期的爱国主义教育成为维持政治稳定和意识形态真空的重要手段。所以在中国大国崛起的经验事实是否会颠覆当下国际秩序,重组各地区政治格局的问题上,西方社会迫切想要提出可供参考的传播策略将可能的危机防患于未然。基于此,建构中国国家战略的国际传播体系,有效传播中国战略主张与全球治理理念迫在眉睫。而对命运共同体"一体同心多元"尺度结构的建构与传播不仅能精准传递大国战略意图,打消外部世界疑虑,使中国声音获得广泛认同与尊重,同时也能塑造良好的国家形象,冲破"中国威胁论""中国走向不确定论"的形象"他塑",完成国家形象与交往理念的积极自塑,最终提升中国的国际传播力及舆论话语权。

　　正如习近平主席在《永远做可靠朋友和真诚伙伴——在坦桑尼亚尼雷尔国际会议中心的演讲》所强调的:"中国坚持国家不分大小、强弱、贫富一律平等,秉持公道、伸张正义,反对以大欺小、以强凌弱、以富压贫,反对干涉别国内政……世界上没有放之四海而皆准的发展模式,各方应该尊重世界文明多样性和发展模式多样化。"②民族主义绝非中国参与世界秩序建构的正当性理由,它仅仅是中国走向大国崛起过程中至关重要但又不稳定的一个变量,在追求民族间相亲相爱包容理解、国际互动互助合作共享、区域间共生共荣互利共赢以及构建世界发展命运的美好蓝图过程中,新世界主义拥有民族精神的表达,它将中国发展的历史和现状、内源与外因都纳入全球发展的路径中,不在乎经济、政治乃至文化发展的共性与差异、强弱抑或好

　　① 杨鲁慧.中国崛起的特色大国外交[J].理论探讨,2016(4):45-50.
　　② 习近平.永远做可靠朋友和真诚伙伴——在坦桑尼亚尼雷尔国际会议中心的演讲[N/OL].人民网—人民时报,2013-03-26.

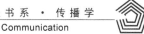

坏,不排斥世界发展进程中的差异化特质。中国政治思想与外交策略的国际传播克服了民族主义和世界主义所面临的问题——"自民族中心主义"将导向狭隘与危险的世界力量,而世界主义则因抽象性与普遍性牺牲了各民族的特殊性与具体性——它将真正在包容中实现具体的历史进程。

四、东向突围外交战略促成命运共同体空间流变

21世纪以来中国外交环境面临巨大而复杂的政治变局,这主要归结于两个方面的因素:第一,中国的大国崛起推动中国综合实力及自我防卫能力增强,新一届领导人大刀阔斧地内部改革与外交战略强化了周边国家的疑虑与对中国的制衡;第二,美国重返亚太的战略布局不仅制衡中国快速崛起的发展势头以及中国的周边影响力,同时还为中国周边国家"抱团"牵制中国"出头撑腰"。周边国家一方面在中国的发展进程中获益,另一方面却因中国国际话语权的持续强化而保持警惕与敌对,尤其是东向美国、日本和韩国的制衡迫使中国渴望建立周边外交的战略面临层层阻碍。鉴于此,本章统计了2015—2016年中国与美国、日本及韩国的双边关系分值。该数据来自于清华大学国际关系研究院的《中国与大国关系数据库》,该数据库采用定量衡量方法,将1950年以来的中国与美国、日本、韩国、俄罗斯(苏联)、英国等多个国家的双边关系用分值表示出来,双边关系的划分分为对抗(−9至−6)、紧张(−6至−3)、不和(−3至0)、普通(0至3)、良好(3至6)和友好(6至9)。每个类别又可细分为三等水平:低等、中等与高等。因此总共可划分出18个不同层次的等级。

在编码上,大国关系采用18级量表编码(1=高度对抗,18=高度友好),通过使用SPSS对其进行描述分析,研究发现:中美关系($M=10.81$,SD=0.553)在这几年中平均状况处于低度普通水平,最低分值为0.4,最高分值为2.3;中日关系($M-4.99$,SD=0.436)平均状况处于高度对抗水平,最低分值为−5.5,最高分值为1.6;中韩关系($M=15.49$,SD=1.341)平均状况处于高度良好的状态,但其标准差相较前两组数据而言较大,说明中韩关系存在很大波动,最高分值为6.5,而最低分值为1.0,见表3-5所示:

表 3-5　2015—2016 年中国与大国关系描述分析

大国关系	平均值（M）	标准差（SD）
中美关系	10.81	0.553
中日关系	4.99	0.436
中韩关系	15.49	1.341

在此基础上，本章使用 Pearson 相关系数来判断中美关系与中日及中韩关系之间的相关情况。分析结果显示：中美与中日关系的相关系数为 0.358＞0，中美与中韩关系的相关系数为 0.568＞0，两者均呈现出 0.01 水平上的显著性，说明它们之间有着显著的正相关关系。也就是说：中美关系良好时，中日、中韩关系也趋于良好；而当中美关系较差时，日、韩与中国的关系也较差。具体数据见表 3-6。

表 3-6　2015—2016 年中美关系与中日关系、中韩关系的相关分析

中美关系	中日关系	中韩关系
	0.568**	0.358**
♯ $P < 0.10$，* $P < 0.05$，** $P < 0.01$，*** $P < 0.001$		

这一分析结果也证明了美国重返亚太战略对日本、韩国对中策略的影响。2012 年日本政府宣布"购买"钓鱼岛及其附属岛屿以实现其所谓的"国有化"使中日关系极度恶化，而中日就东海海域的领土及资源纷争也迫使两国关系急转直下；中韩之间的苏岩礁归属、黄海专属经济区界限问题以及 2016 年奥巴马政府在韩国部署"萨德"反导弹系统问题上的施压进一步恶化了中韩关系。与此同时，近年来美国对中国周边国家及地区的战略影响还包括支持菲律宾南海仲裁案判决、对新上任台湾地区领导人蔡英文的实质性帮助等。可见在东向战略上，美国对亚太的介入以及美国与日、韩两国形成的对中制衡体系将遏制中国的发展。有学者强调："如果中国被看作是最令人起疑的地区大国的话，那么美国则被认为是一个良性的、最没有危险的国家……大多数东盟国家仍然把美国看作是一个不可替代的、积极的角色。"[1]可见东盟乃至亚洲的不少国家都希望美国的介入能帮助它们应对中国的"强

① Ganesan，N. ASEAN's relationships with major external powers[J]. *Contemporary Southeast Asia*，2000，22(2)：256-278.

势崛起",就地缘政治而言,这些东盟国家与亚洲国家绝大多数分布在中国的东南海岸线附近,不难想见,中国关于人类命运共同体概念的国际传播及其空间范围的不断扩大正是"东向突围"并建立大周边外交的重要举措。

根据中国国家战略公共传播系统[①]所包含的四个方面,即公共外交、网络舆论、媒体外宣、国防传播,命运共同体概念的建立与空间流变正是公共外交与国防传播的重要内容。这些政治理念的建立与传播一方面有利于巩固中国地缘战略的依托,从西向、南向或者北向出口寻找战略发展空间,不再受制于东向国家的制衡;另一方面则超越了传统地理范围的限制,同与中国在海上及陆上共享发展利益的国家或地区建立关联,突破外部大国在海洋领域的"海上封锁",与更大地理范围内的欧洲、非洲、拉美地区等建立利益关系。最终还能使周边各国打消"国强必霸"的疑虑,传播中国坚决捍卫自身权益并积极参与全球治理的理念与实践。

因此,中国关于人类命运共同体的政治构想既是对国际社会中"国强必霸"疑虑的主动反馈,它源于中国"融通中外"的政治话语,试图以一种新型的国际交往观念顺应国际传播的大格局,改变政治传播影响力由掌控全球媒介的西方大国所掌控的旧局面,从而在国际社会建立与传递中国"负责任、有担当"的大国形象;同时,从新世界主义视角出发,也是摆脱地缘政治格局下的不合理、不公正之外交处境的应对策略。跨地域的"命运共同体"话语将在"和谐共生、共进共赢"的路径下展开,在与世界范围内的国家和地区谋求共同利益的同时,强化中国顶层决策国际传播的道义价值。

第三节 "命运共同体"理念的新世界主义意涵

综上所述,在国际传播过程中命运共同体"一体同心多元"的尺度体系建立及其流变过程是由中国传统文化内核及伦理价值、国家领导人的英明领导、大国崛起的经验事实以及东向突围的外交策略共同塑造的结果。从早期的"天下""大同""王道"思想到近代的"民族国家",再到如今的"命运共同体",中国的政治思想及其国际传播策略事实上经历着由民族主义向新世界主义的转变,历史经验告诉我们,民族主义始终是不适合中国的发展体量的,它更不是西方世界理应忌惮和警惕的力量。中国传统文化和民族精神对"民

---

① 赵良英,徐晓林.加快构建中国国家战略公共传播体系[J].中国行政管理,2016(9):28-32.

族""种族""宗教""文化"等多元内容的包容与存续,深刻契合着中国与世界的互动进程,它将是构成建立新世界秩序的重要力量之一。透过命运共同体理念我们不难发现,中国经验、中国道路或中国方案的表述所具有的典型性和代表性其实在传递着一种"中国主张"。同样的,中国外交智慧与政治哲学将深刻引导国家融入全球治理及文明对话进程,更能为传播研究的中国主张提供养分与能量。

命运共同体理念的新世界主义意涵可以由三个维度入手展开理解。

第一,在理论维度上,命运共同体理念将参照新世界主义的跨文明视角,建立跨文明对话机制。在传播范畴内,新世界主义理念首先倡导的是建立一种对话机制,而这事实上与杜维明提到的对话式文明(dialogic civilization)不谋而合。对话式文明是指"不运用暴力,而是通过各民族和文明间平等交往产生相互了解,形成跨文化共识,最终创造出和平共处交流互鉴的一系列规则,形成超越国家和民族的世界性文明"①。因此,旧式的民族/国家视角将被文明/文化视角所替代,当然这并不意味着权力、利益与竞争等关系将被彻底排斥,而是在补充和完善的基础上审视中国本土文明与其他地域文明间的相互作用。命运共同体也将突破国家、主权的限制,以整体身份归纳出具有全球性的、结构性的与逻辑性的文化,建立"超越任何一个地区或国家视角和理想的秩序观"②。

第二,在实践维度上,命运共同体通过建成各类区域全面合作关系绘制普惠共赢的交往蓝图。我们认为,中国的新世界主义是通过建立亚投行、丝路基金、命运共同体以及"一带一路"等实现的,因此我们可以试图从交通、能源、基础设施建设、文化贸易等领域入手,在产业合作的基础上建立文化价值交流的跨区域合作机制,从而达成各地域涉及多个层面的传播网络,将各区域的切身利益与发展命运紧密联系起来建立命运共同体。以亚洲区域为例,亚洲已经有的"10+1""10+3"、亚太经合组织(APEC)以及正在筹建的区域全面经济伙伴关系(RCEP)正是对建设亚洲命运共同体的实践,而中国提出的亚太自由贸易区(FTAAP)以及中日韩自由贸易区、东盟、上海合作组织、大湄公河次区域经济合作机制、南亚区域合作联盟以及海湾合作委员会等都将

---

① 贾文山,江灏锋,赵立敏.跨文明交流、对话式文明与人类命运共同体的构建[J].中国人民大学学报(哲学社会科学版),2017(5):100-111.

② [美]亨利·基辛格.世界秩序[M].胡利平,林华,曹爱菊,译.北京:中信出版社,2015:489.

在实践层面推动区域合作机制的整合。

第三,在策略层面,命运共同体理念也将依照"混合咖啡"原则及"宝塔糖"策略①实现全球与本土的互建。学者陈韬文指出:"尽管世界处于一个普遍的全球化趋势中,世界不可能成为一个完全统一的整体,文化也不可能趋于世界格局一体化的局面;不同民族、经济、文化体将继续处于占领与求得生存的过程中,而这其中产生的紧张局面将继续反映于媒介世界中。"②因此命运共同体的提出也不能仅仅满足于寻求权力的平衡,而是要直面具体的文化冲突和权力博弈,这一点新世界主义所遵循的"混合咖啡"原则以及"宝塔糖"策略能够帮助国家及传媒破解尺度的平衡问题。

行胜于言,在致力于打造和建设"一带一路""亚投行""二十国集团"等主题的当下,中国的新世界主义不倚仗自身国力的提升与膨胀,它以公平、均衡、平等解开束缚人类命运发展的精神枷锁,真正实现了理论建构与实践的内在一致性,中国的新世界主义同时还是突破东向封锁,化被动为主动的外交战略,它以"以和为本,返本开新"的思路开辟人类命运共同体的外交新局面。在此过程中,坚持"媒介尺度"原则与"混合咖啡"原则齐头并进成为中国顶层决策国际传播的制胜之道。一来应正确把握媒介尺度本土性与全球性间科学合理的互动张力与辩证统一的复杂关系;二来则要渗透、连接和混合地区的、国家的、种族的、宗教的和世界主义的文化与传统来推翻个性、社会和政治的地域囚禁理论的局限性③,既要坚守国家的核心利益、文化基因和本土特色,又要具有全球视维和国际情怀,从"共同构建人类命运共同体"的视角讲述和传播中国故事,以灵活而弹性的媒介尺度策略应对国际传播领域的文明对话与信息交往。世界是中国的世界,中国是世界的中国,我们越是进入和参与塑造眼下的世界结构、把握全球政治传播变局、同世界其他文明达成新的秩序关系,破除西方世界眼中的"中国民族主义"并建构新世界主义的图景才会越清晰。

---

① [德]乌尔里希·贝克.世界主义的观点:战争即和平[M].杨祖群,译.上海:华东师范大学出版社,2008:9.对于"混合咖啡"原则和"宝塔糖"策略,本书第七、第八章中有详细论述。

② Chan, J. M. Global media and dialectics of the global[J]. *Global Media and Communication*, 2005,1(1):27.

③ [德]乌尔里希·贝克.世界主义的观点:战争即和平[M].杨祖群,译.上海:华东师范大学出版社,2008:9-14.

第四章　人类命运共同体：超越性构想 与共赢主义远景

　　"全球化"作为一种现代性的趋势或者传播后果引发的思考不绝如缕，但传统的政治经济学者和传播学者注意到其所带来的问题却无法给出具有阐释力的解决方案。习近平关于人类命运共同体的论述不仅在规避民族主义困境下给出了应对全球化浪潮的新思维，也在很大程度上指明了全球政治经济秩序以及国际传播的发展方向。研究发现，习近平人类命运共同体思想是一种极富超越性的构想，具有极强的阐释力、实践力、弹性和张力。新世界主义建构了迥异于传统全球化和传统世界主义的一种崭新的世界观，为维护世界不同民族文化的多样性及异中求同的传播理想提供了充分的理论自洽性和实践可行性。

　　尽管"全球化"本身所带来的全球政治经济不平等问题已经受到学术界和传播界的关注，但在解决全球化问题上却一直缺乏足够具有说服力的应对方案，直至习近平创造性地提出人类命运共同体的系统化论述。人类命运共同体的系统化论述被学术界称为新世界主义。"中国的新世界主义主张世界各国携手'同心打造人类命运共同体'，共同建构一个和谐包容、开放合作、共生共荣、共赢共享、和平发展的新世界。"[①]新世界主义将全人类的整体利益放置在一个格外重要的位置，既避免了旧有世界主义"过于理想化"及"很难在实践层面解决世界资源分配及各国顶层决策国际传播的困局"的局限性，又能够"褪去世界主义的乌托邦色彩，并摆脱民族主义观念的影响"[②]。本章将从全球化背景下人类世界秩序建构过程中所遭遇的问题展开，试图通过对人类命运共同体这一论述对传统学术界久觅未果的探索进行的回应展开思考，并结合全球传播与互联网发展带来的中国传媒发展，从而揭示新世界主义的

---

① 邵培仁.面向新世界主义的传媒发展与愿景[J].中国传媒报告,2017(3):1.

② 邵培仁,周颖.国际传播视域中的新世界主义："命运共同体"理念的流变过程及动力机制研究[J].浙江社会科学,2017(5):94-104,158.

思想贡献与实践路径。

第一节　全球化的困境与人类世界秩序的迷思

　　全球化作为当前政治经济格局的一种表现形态,指的是"经济、信息、生态、技术、跨文化冲突和'公民社会'各个领域里可以感受的日常行为的去除疆界性"①。但这种全球化并不能仅仅停留在对这些日常生活的感知中,它还广泛体现在全球秩序的不平等和弱肉强食的丛林法则中,最终的结果是这种全球化在最大程度上放大了既有的不平等状况,除了少数发达国家,使所有被卷入全球化浪潮中的国家都面临着前所未有的压力和挑战。在为少数国家所建构起并反复标榜为自由民主的全球化的背景下,"注定存在着大规模的社会不平等现象"②。以至于迄今为止关于全球化的研究中,绝大多数的传播政治经济学者都将其视为批判的起点,因为这种全球化在实质上只是披着自由、平等的外衣,实际进行的是不平等交流与合作。在若干学术研究中,都可看到对"全球化"这一宏大命题的深刻批判,不少学者都充分认识到基于经济合作、贸易往来、信息流动而建构起的"全球化"浪潮,并没有实现所谓的公平、正义,反倒成为一些发达资本主义国家为其经济输出、文化输出、价值输出甚至是新殖民主义进行保驾护航的借口。以至于吉登斯将全球化视为现代性视阈下的"普泛性危机",杰姆逊更是将全球化视为资本主义生产体系向全世界扩张背景下的"文化渗透"与"文化宰制"。对于中国语感而言,"全球化"往往意味着"一幅由发达国家组成的美妙远景图"。③

　　从某种意义上说,全世界因为信息技术、经济贸易、文化等交流的频繁已经形成了第一个村落,但却没有同时完成对这个村落的共同价值观念的建构。也就是说,这个"地球村"虽然具备了形式上的"你来我往",却没有真正实现交往过程中既要"手拉手"又要"心连心"的理想状况。为此,有些学者开始尝试通过某种共同价值观念的建构来摆脱全球化所带来的灾难性问题——至少让"他性"获得尊重,让"交往"变得平等。事实上,在人类历史发

　　① 〔德〕乌尔里希·贝克.什么是全球化? 全球主义的曲解—应对全球化[M].常和芳,译.上海:华东师范大学出版社,2008:11.
　　② 〔德〕乌尔里希·贝克.什么是全球化? 全球主义的曲解—应对全球化[M].常和芳,译.上海:华东师范大学出版社,2008:37.
　　③ 孙歌.亚洲意味着什么——读《亚洲在思考》[J].读书,1996(5):3-9.

展的过程中以及不同文明进行跨文化交流实践中,一直带有很强的以自我为中心的痕迹,不管是古代中国的天下观,还是西方现代性通过今古之争、东西之争所确立的西方中心主义,都不可避免地将自我视为全球的中心,而将其他一切文明、文化视为他者。自从全球化成为一种浪潮以来,世界上不同领域的学者都不约而同地意识到这种全球化所隐含的以强势力量为支撑的国际话语体系在理论论述和实践过程中存在的不平等的现实。因此,在探索如何以更加积极的姿态来解决全球化背景下新的全球话语秩序建构问题上,不同背景的传媒界及学术界各种论调不绝如缕,有的包含着对人类全球命运的忧虑和思考,有的则依然浮现着传统霸权思维的痕迹,以至于从媒介的话语表征中,可以观察到一种颇为混杂的局面,即世界范围内的主流媒体所表达的世界想象"交织着全球化、西方中心主义、美式霸权、亚洲主义、第三世界、大儒家文化圈等多重声音,以鲜明的文化政治性形构出国家现代化进程中的回响"①。从一定角度上看,这些无比混杂的话语形态正是学术界和舆论界对世界局势所面临问题的多面向思考,它以理论和现实问题为参照并希望解决全球化本身带来的"现代性后果",但遗憾的是,这些声音本身作为一种主张或者解释行动的理念都难以超越历史或西方中心主义的局限性,甚至某些解决问题的思路本身不能被视为一种有效的方向——看上去更像是制造了新的矛盾和冲突,因为它很难获得全球范围内的普遍认同。

于是,如何能够在全球化的背景下生成一种可以为全人类都普遍认同的理念,用来调整和规范不同的国际交往主体的行动从而实现天下大同的宏伟理想,成为长期以来一直困扰政治、经济、文化、传播学界的难题。例如,美国学者罗伯特·吉尔平就认为,"任何层次上的管理,不管是国家的还是国际的,都要依靠共同的信仰,共同的文化价值观念,尤其是共同的特性。不幸的是,我们还没有处于全球公民文化之中,能把世界各国人民联合起来的共同价值观念寥寥无几"②。实际上,此类的思考在汗牛充栋的学术论著中有很多类似的表述,他们都指向了全球化背景下极为复杂的国际关系问题,指向了全球化本身因旧有的世界秩序不平等所缔造的现代性问题,只是很难能够站在一种可以让拥有不同文化的国家、民族都能够充分认同的立场上提出一种

① 邵培仁,王昀.新世界主义视野下的中国传媒发展[J].编辑之友,2017(1):5-12.
② [美]罗伯特·吉尔平.全球政治经济学:解读国际经济秩序[M].杨宇光,等译.上海:上海人民出版社,2006:442.

普遍为全人类共享的观念。任何主体在建构自身系统化的价值观念时都会回顾自身的发展历程和思考同时代的主体间关系,这意味着一个国家要在世界上公开表达对自己身份并阐释其角色和地位时总会不自觉地将历史经历和国家关系作为镜鉴进行思考。而最终的结果往往是要么束手无策而过于悲观,要么死守自我中心主义的立场坚持为全球化的正当性辩护,要么充满了乌托邦的想象而停留在世界主义的构思阶段。最终,从实质上主导全球秩序的仍然是少数几个霸权国家。

因而,从根本上讲,全球化这一宏大的历史背景和现实状况,需要一种超越民族主义的秩序规划,从而使由少数发达资本主义国家所主宰的全球化转变为符合全人类利益需求的全球化,这种全球化不是推崇少数几个国家的霸权,不是停留在"尊重他者"的简单层面,更不是遥不可及的乌托邦幻象——它能够将全人类而不是某个单极的国家构筑成一个彼此认同、关系融洽的整体,使人类地球村不仅有村子的形态更要有内在的血脉。从这个角度上讲,"世界主义旨在建立一个跨种族、国界和文化的共同体,而这也使得世界主义有了太多的乌托邦色彩"[①]。这就必然导致这种极富理想主义的构想不能获得理论自身的彼岸性,只能停留在一种描绘式、构想式的空中楼阁的状态,不仅缺乏全球范围内广泛的认同度,更为致命的是,它因缺乏足够的实践张力只能停留在书斋的讨论中。

第二节　一种超越性的构想:人类命运共同体

在任何社会都会有若干种不同类型的共同体,这些大大小小的共同体共同构成了人类社会的基本单元,对于任何一个组织、群体或者国家而言,"共同体"都是一种基于归属意识而建构成的整体。在关于阶层、阶级、冲突、矛盾等的社会学研究领域,"共同体"往往被视为一种相对稳固的结构,并以共同的利益为目标,它是有组织的社会行动的前提。"共同体"意识的萌生是经济条件、社会文化、历史境遇等多种因素综合作用的结果,它不会自然而然地产生,而是需要一种积极的建构、倡导、动员以及实践。要建构成一个水乳交融的共同体,并使共同体的所有成员都认同这一共同体的核心价值是一个极为复杂和漫长的过程。其中最为关键的是,这种被抽象出来的价值观念需要

① 邵鹏,左蒙.新世界主义视域下的中国电影国际化[J].当代电影,2017(8):196-198.

得到共同体大部分成员的认同。

习近平及其领导集体站在全球化的背景下以高瞻远瞩的认识把握中国及全球历史的发展脉络,提出建构人类命运共同体的主张,成为全球化背景下一种极富阐释力的表达——这种以中国作为方案提供者和实践倡导者的身份提出,成为不同于以往全球化的另一种极富阐释力、实践力的解决方案。中国自近代以来在不断的探索过程中找到了自身的发展道路,也在这些探索的过程中找到了如何以更具有大国责任的态度屹立在世界舞台上。中国在这些探索中深刻认识到一个强大的国家才有可能以昂扬的姿态屹立于世界先进民族之林,也使中国认识到,世界上各个国家、民族间的关系并不一定是弱肉强食的关系,相反,爱好和平的人类都是休戚与共的关系,他们原本共同生存在一个"世界村落"也即"地球村"中,只是长期以来全世界范围不均衡的发展历史缔造了今天西强东弱的格局,缔造了以少数发达国家为主导的世界政治经济秩序。在这个背景下,主导旧世界秩序的老牌资本主义国家不可能将自身已经获得的利益拱手让给发展中国家,也不可能真正通过所谓的"普世价值"来实现落后地区的发展,而真正要摆脱这种不合理的世界政治经济格局必须依靠全人类的共同努力,一种基于人类共同利益而不是少数国家利益的共同努力。

2013年3月习近平在莫斯科的演讲中指出:"这个世界,各国相互联系、相互依存的程度空前加深,人类生活在同一个地球村里,生活在历史和现实交汇的同一个时空里,越来越成为你中有我、我中有你的命运共同体。"[①]2015年12月在乌镇的第二届世界互联网大会开幕式上,习近平又进一步提出网络空间命运共同体的构想,顺应了当下"全球、全民、全媒"的全球传播愿景。人类命运共同体的主张以中国的和平崛起为背景,是改革开放至今中国经验、中国方案、中国智慧的体系化表达。它所致力的不再是顺应以西方少数发达国家所致力于维系的全球化状况,更不是为了谋求单个国家的一己之私,而是对霸权世界的一种挑战或者超越。从这个意义上说,新世界主义已经成为解决人类共同问题的一剂良方。正如有关学者所指出的那样,"中国应当为人类和平与共同繁荣做出新的贡献,其理想目标不是重建往昔的'中华帝国',也不是在霸权轮替的角逐中跻身新的'霸主'之列,而是在根本上改变霸

---

① 赵银平. 命运共同体——习近平"和"的境界[N/OL]. (2016-08-17)[2016-10-14]. http://news. xinhuanet. com/politics/2016-08/17/c_1119401010. htm.

权结构本身,最终促进人类走向公正与和平的'后霸权世界秩序'(post-hegemonic world order)"①。在任何社会都会有若干种不同类型的共同体,这些大大小小的共同体共同构成了人类社会的基本单元,但真正能够将全人类凝聚成一个整体的就只有人类命运共同体,中国作为人类命运共同体的倡导者,仍需要通过实际的行动将这一具有超越性的思想转化为变革现实的巨大力量。

第三节　借力全球传媒平台为共同体发声

在全球化及反全球化的浪潮下,中国已经崛起为世界上备受瞩目的大国之一。中国自改革开放、十八大以来,在各个方面所取得了丰硕成果,根据中国互联网协会发布的《中国互联网发展报告2018》,截至2017年底中国网民数量达到了7.72亿,第三方互联网支付达到143万亿元。中国不仅拥有全球最为庞大的网民基数,也在新媒体技术层面以日新月异的姿态呈现在世人面前。从1994年接入互联网开始,逐步突破传统国界限制,展现出全球视野的传播高度,中国互联网经历了20多年的探索和发展,所累积的宝贵经验和丰富智慧更是全球有目共睹并借鉴学习的标杆。在"同心打造人类命运共同体"的背景下,需要思考的两个问题是:第一,传播技术的革新如何影响共同体的建构与发展? 第二,中国作为负责任的大国应该如何向世界传播自己的治理观?

全球传播与共同体两者是共生共进的关系。"传播"源义就带有"共享"或"共同体"的含义,共同体的建构和维系也要以持续稳定运行的传播系统为前提。传播使信息得以在成员中流动,可以为共同体的发展和壮大提供动力,也可以使全体成员的心理、行为得以协调。人和人之间的连接、价值观念及信仰的形成并不是共同体得以存在的全部,它只是必要的前提。除了深入理解"传播"所具有的"共享"或"协同"的功能在共同体生成中的重要意义,还要思考传播技术的无限可能性和关系的持久性。因此,共同体建构就是基于人类传播的共有的观念及利益、相互连接的手段、归属感和群体认同。在共同体的建构过程,传播发挥着分享信息、协调利益、建立关系和营造共识的作用。麦克卢汉曾经在论述脱离言说主体的文字所具有的影响力时说,"用文

---

① 刘擎.重建全球想象:从"天下"理想走向新世界主义[J].学术月刊,2015(8):5-15.

章塑造空间的能力给予人用建筑来组织空间的能力。信函可以传递之后,接踵而至的是道路、军队和帝国。亚历山大和罗马皇帝的帝国实际上是用纸路修筑起来的"①。而传播技术手段的革新不仅会改变人和人的组织关系,而且会改变共识营造的方式,进而改变共同体的建构和维系方式。因此,在现代社会,由于人口流动、迁徙、分工等各种因素的影响,基于血缘关系的共同体在社会中的角色正在弱化,基于地理位置的共同体也因互联网所构建的虚拟空间而被稀释,但互联网技术连接一切的特性却重组了人和人之间的关系和分享信息的方式,就像是扮演着麦克卢汉笔下的"纸路",只是相比于"纸路"而言,互联网更为便捷、高效,进而使得建构人类命运共同体成为可能。

在中国走向世界舞台中央的过程中,中国向世界贡献自己的智慧和方案也应选择恰当的方式来表述和传播,即既要想办法争取获得世界舆论的支持,也需要为中国方案的落地营造有利的舆论环境,这也是新时代讲好中国故事的重要组成部分。中国传媒一直抱有与世界接轨的强烈愿景。尤其是自"走出去"战略推进以来,的确取得了不容小觑的成果:这既包括国内国际新闻市场扩大以及对全球重大新闻事件传播能力的提升,也意味着国际话语权、传媒经营体制、内容叙事、专业训练等一系列层面上的变化。在媒介市场化推动下,诸如新华社等等为代表的国家主流媒体,通过扩大新闻采编规模,强化新闻及时性和准确性,提高内容输出品质与数量,开设新增营运部门,创新网络、广播电视多媒体平台等各类手段,逐渐从党的宣传工具向世界一流新闻组织转变。② 不仅仅是对国际事件客观的传达"中国观点",更是突破过去西方话语霸权下的观点单一偏颇,同时肩负向世界传播中国故事与阐释传统文化的重大责任。中国儒家的"天下观",过去在西方学者的理解下成了中国中心主义的世界秩序观,例如美国学者史华慈关于"普世王权"和"天下"观念为中国的世界中心论的表述③,其实是对儒家"天下观"的片面理解。"天

---

① [加]埃里克·麦克卢汉,弗兰克·秦格龙.麦克卢汉精粹[M].何道宽,译.南京:南京大学出版社,2000:324.

② Hong, J. H. From the world's largest propaganda machine to a multipurposed global news agency: Factors in and implications of Xinhua's transformation since 1978[C]// Tang, W. F. & Iyengar, S. *Political Communication in China: Convergence or Divergence between the Media and Political System?* New York: Routledge, 2012:117-134

③ Schwartz, B. I. The Chinese perception of world order[C]// Fairbank, J. K. *The Chinese World Order: Tradtional China's Foreign Relations.* Cambridge, Massachusetts: Harvard University Press, 1968:277.

下"一词不仅出现在多部儒家经典,且出现时经常与不同词汇并列以带出"身""家""国""天下"的人生不同层次的处境或同时并存的文化大统,并非如西方学者理解的只停留在政治层面的高度。[①] 黄丽生认为"天下"一词同时具有两层意义:第一,它表示这个世界是由多个、不同层次的、互有关系的单元所构成,但亦有超越各单元界限的共同一体性;第二,它是个人所存在之最高层次的关系处境,也是行动思想的最大范围。[②] 因此,人类命运共同体正是传统儒家天下观的现代化阐释,抛开过往成见、讲古论今,中国以全球传播的高度,充分运用自身互联网发展优势,致力于为人类命运共同体发声。

第四节　新世界主义:从理想到实践的共赢主义

一种理想如果只停留在假象或者规划阶段,那只能是空中楼阁,需要让理想转化成现实,还需要一整套的实践过程。"一带一路"倡议以共商、共建、共享为原则,以开放包容为特征,以互利共赢为追求。德国学者贝克曾经对"世界主义"做过系统的阐释,他认为,"世界主义要求一种新的一体化方式,一种新的认同概念,这种新的方式和概念使一种跨越界线的共同生活变得可能并得到肯定,使他性和差异不必牺牲在人们假想的(民族)平等的祭坛前",在此基础上,全球化过程中所面临的"同一性"和"一体化"将面临新的契机,即"不再是一些人对于他者的霸权或多数人对于少数人的霸权的代名词"。[③] 其基本观点是:主张"世界意识,无国界意识";"推崇世界的多样性";承认"一切都是平等相同的,但每个人却又都是不同的";"国家若要继续生存,就必须合作"。[④] 贝克所提及的"世界主义"显然是一种缺乏操作机制的构想,他希望通过一种"普遍适用的规范"发挥调整自我与他者的关系,但又将规范问题和能够起到实质作用的操作方案留给了后人。可以说,贝克的"世界主义"只是提供了一种思路、一种理论化的想象,它没有找到真正的落脚点。真正具有阐释力的价值观念必须是一整套的理论逻辑,更要以全方位的人类历史实践

---

① 钱穆.国与天下[M]钱宾四先生全集(第48册).台北:联经出版事业公司,1998:420-421.
② 黄丽生:儒家"大卜"思想的内涵及其当代意义[C]//黄俊杰.传统中华文化与现代价值的激荡.北京:社会科学文献出版社,2002.
③ [德]乌尔里希·贝克.世界主义的观点:战争即和平[M].杨祖群,译.上海:华东师范大学出版社,2008:56-59.
④ [德]乌尔里希·贝克.世界主义的观点:战争即和平[M].杨祖群,译.上海:华东师范大学出版社,2008:225.

为基础,只有这样,才有可能实现从理论到实践的转化;也只有如此,才能实现既超越西方中心主义,又超越东方中心主义的历史性跨越。

习近平提出的关于人类命运共同体的一整套论述被学术界概括为一种新世界主义,它史无前例地缔造了一种新的可能性——站在全人类的立场上去思考当前世界面临的共同问题,以及未来人类社会理想的秩序。更为重要的是,新世界主义已经找到了从理论到实践进行紧密衔接的路径。或者可以笃定地认为,"新世界主义既是中国在国际话语权中一个响亮的概念、主张和口号,也是一系列具体、切实的行动"①。它所具有的包容性和开放性将跨文化实践中所有的主体都考虑在内,"不仅可以避免本土性被同化、同流或者合谋的命运,能在全球性的平台上找到自己的位置,而且也可以让全球性在新的体系中进一步丰富和充实自己的内涵和面向,让两者都能再次找到焕发活力、再现辉煌的新路"②。这种新路径打破了西方中心主义和东方中心主义非此即彼的主体中心思维,打通了理论勾勒与社会实践的真正区隔,描绘了一种富有阐释力,同时更富有实践力的实践图景。人类命运共同体是一整套的逻辑架构,是科学规范的理论化的论述,是在充分梳理人类历史发展过程后总结出的新智慧成果,它是对西方中心主义的挑战和超越,是对人类乌托邦思想的否定和超越,也是对西方话语体系主宰人类对自身命运进行规划的挣脱和超越。更为重要的是,这一理论化、规范化、系统化的论述具有前所未有的实践张力。对于当今世界局势和发展走向的深入洞察、准确把握,将人类整体福祉作为最高追求正是中国关于全球治理的先进理念。

王义桅认为,"习近平人类命运共同体思想继承和弘扬了《联合国宪章》的宗旨和原则,是全球治理的共商、共建、共享原则的核心理念,超越传统意义上'人类只有一个地球,各国共处一个世界',形成积极意义上的'命运相连,休戚与共'",有利于从三个方面构建命运共同体,即命运自主——各国走符合自身国情发展的道路;命运与共——互联互通;命运共同体——共同身份、共同使命、共同归宿。③ 习近平命运共同体思想是对既有全球化的超越,

---

① 邵鹏,陶陶."新世界主义"图景下的国际话语权:话语体系框架下中国国际传播的路径研究[J].新疆师范大学学报(哲学社会科学版),2018(2):101-106.
② 邵培仁,沈珺.新世界主义语境下国际传播新视维[J].新疆师范大学学报(哲学社会科学版),2018(2):1-9.
③ 王义桅.习近平人类命运共同体思想的大气魄[EB/OL].(2017-09-30)[2016-11-05].http://www.rmlt.com.cn/2017/1008/498484.shtml? url_type=39&object_type=webpage&pos=1.

除却其自身具有极强的超前性和创造性之外,还是对旧有的以美国等少数发达国家为主体所建构、维护的旧的世界秩序的一种反思,更是对以贝克为代表的西方学者此前所提出的"世界主义"的超越——更为重要的是,它有着极为丰富的实践依据和充满建设性的远景规划。新世界主义致力于构建具有相同人类幸福愿景的和谐包容、开放合作、共商共建、共赢共享、共生共荣的新型国际政治、经济、文化和传播生态,不仅造福中国,也将造福世界。邵培仁等在对新世界主义的丰富内涵进行系统化论述的基础上,总结出了"人类命运共同体的同心圆模型",即"一种全新的思想观、发展观和价值观突破地域与空间的限制,由中国内部向东盟、周边和亚洲扩展,延伸至全球各大板块,直到提出'人类命运共同体'的新世界主义核心理念",进而形成的同心圆模型。"在一系列半径不一的同心圆中,共同体从最内圈的中国—东盟命运共同体到最外圈的人类命运共同体由内而外依次向外发散。共同体在各个层次的尺度关系中,每一个尺度既相互独立、层层扩张,又层层关联、区位互通"①。实际上,这正是对习近平人类命运共同体思想所具有的阐释力和实践力比较形象的解读,它的中心只有一个——人类命运共同体,这不仅是科学化、理论化和超越性的构想,同时也具有从宏观到中观再到微观的可行性。

同样,需要正视的是,中国自改革开放以来所取得的辉煌成就已经引发世界的瞩目,一些基于自身立场或者民族主义的猜忌和想象也开始浮现。譬如西方一些国家的学者所炮制的所谓中国的"人口威胁论""军事威胁论"已经开始演变成"科技威胁论",而习近平人类命运共同体思想也有较大的可能引发西方部分学者、媒体的敌意。即便如此,更需要通过"讲好中国故事,传播好中国声音"等方式加强与世界不同文化的交流,化解误会也彰显儒家思想的包容性,最终使中国梦映照世界梦的光辉,也使世界梦与中国梦紧密相连。而新世界主义也将在未来的国际关系与全球传播上扮演着举足轻重的角色,它是中国走向世界,同时也是中国积极向世界贡献自身智慧的缩影。只是,如今的中国,不同于历史上任何一个曾经崛起过的资本主义大国,它不输出政治、军事,不进行殖民掠夺,只输出共商共建、共赢共享的合作模式和具有中国特色又可为世界借鉴的中国经验、中国方案和中国智慧。而以人类命运共同体为指导思想所建构的世界秩序,也不再是推崇少数几个国家霸权

---

① 邵培仁,周颖.国际传播视域中的新世界主义:"命运共同体"理念的流变过程及动力机制研究[J].浙江社会科学,2017(5):94-104,158.

地位的旧秩序;它为不同文化、文明提供共享各自精彩的机会,它让麦克卢汉笔下的"地球村"不再貌合神离,而是以水乳交融的姿态凝聚成一个整体,一个超越民族主义的人类命运共同体。

第五章　全球议题:新世界主义和人类命运共同体

　　人类命运共同体理念是习近平主席提出的一种全球治理的创新性主张和切实可行的方案,是构建"世界新秩序"和传播新秩序的一种积极努力。我国传媒应抓住时机,建立国家战略传播的"议题管理"思维,重点围绕人类命运共同体这一全球传播议题,主动融通新世界主义话语,进行价值传播的国际战略布局,着力彰显中国智慧的人类命运共同体思想在当前全球危机时代特有的价值吸引力与道义感召力,增进国际社会对中国思想价值理念的广泛认同。

第一节　同心构建人类命运共同体:全球化世界新愿景

一、全球化危机:现实与挑战

　　自地理大发现以来,人类社会已经历了三次全球化浪潮:由葡萄牙、西班牙、荷兰等国通过军事掠夺和环球冒险推进的全球化1.0版;由英国等首批工业资本主义国家通过殖民掠夺推进的全球化2.0版;由美国为首的资本主义发达国家通过确立西方主导的世界经济政治秩序和自由贸易规则等推进的全球化3.0版。① 这三次全球化,共同特征是基础建设框架的不公正与不平等。1.0版的军事掠夺和2.0版的殖民掠夺,最终演变成两次世界大战和蔓延全球的民族解放运动。3.0版的全球化,武力威胁退居幕后,建立了国际组织与合作机制等,但西方国家依托自身在资本、技术和市场等方面的优势,单边制定有益于自身利益最大化的全球化运行规则,占据了全球化的主导地

---

　　① 崔兆玉,张晓忠.学术界关于"全球化"阶段划分的若干观点[J].当代世界与社会主义,2002(3):68-72.

位,因此也被视为西方文化、"而且往往是商业化和消费主义的美国文化的扩张"①。

正如马克思在《共产党宣言》中所揭示的那样:"资产阶级,由于开拓了世界市场,使一切国家的生产和消费都成为世界性的了。……它迫使一切民族采用资产阶级的生产方式;它迫使它们在自己那里推行所谓的文明……它按照自己的形象为自己创造出一个世界。"②从一开始,在西方推动下的全球化是基于武力、军事、政治、经济、文化等各方面的种种不平等催生的"殖民过程"。从早期主要是"商品、服务、资本和技术在世界性的生产、消费和投资领域中的扩展"的"市场的全球化"③,到 20 世纪 70 年代布雷顿森林体系结束,美元开始确立国际货币的全球霸权地位,由美国单方面主导的资本主义世界经济体系构成了半个多世纪以来 3.0 版全球化的主基调,人类社会生活的方方面面都越来越深入地受到了它的渗透和影响。这一霸权主义的、"不公正"的、带有强烈的经济殖民和金融殖民色彩的美式全球化,使得人类社会的各种全球失衡现象进一步加深,全球资源分配的结构失衡进一步加剧。"美国一感冒,全世界都吃药",形象地说明了这一单边利益主体的全球化往往同时也是危机全球化,并进而引发了愈演愈烈的反全球化浪潮。

英国全民公投脱欧,直接触发了反全球化的第一块多米诺骨牌,欧洲一体化遭遇重大挫折;美国总统选举,主张对内收缩的民族主义者特朗普胜选,他提出:"美国主义而非全球主义将是我们的信条。"与之相伴随的则是美国社会底层与精英的巨大社会撕裂,对代表精英立场的传统主流媒体的普遍失望情绪不断蔓延、滋长。而在欧洲大陆国家,由于欧元区的经济危机和来自中东的难民移民潮,本地民粹主义与排外主义正越演越烈,主张开放包容、接纳外来移民的原政党政权在新一轮选举中岌岌可危。

20 世纪 80 年代末,美国当代著名的政治学者弗朗西斯·福山(Francis Fukuyama)曾经发表《历史的终结?》一文,乐观地将西方的自由民主制度视为"人类意识形态发展的终点"和"人类最后一种统治形式"。④ 如今,他则将美国民主制度竞选出的商人——唐纳德·特朗普的胜选视为"一个新的民粹民

---

① [美]门罗·E. 普莱斯. 媒介与主权:全球信息革命及其对国家权力的挑战[M]. 麻争旗,等译. 北京:中国传媒大学出版社,2008:3,29,235.
② [德]马克思,恩格斯. 共产党宣言[M]. 中央编译局,译. 北京:人民出版社,1997:2.
③ Levitt, T. The globalization of markets[J]. *Harvard Business Review*,1983(May).
④ Fukuyama, F. The end of history? [J]. *The National Interest*,1989(16):3-18.

族主义时代"的开始,并将这一现象与英国退欧,法国马琳·勒庞(Marine Le Pen)率领的国民阵线胜选,土耳其总统雷杰普·埃尔多安(Recep Tayyip Erdogan)、匈牙利总理欧尔班·维克托(Viktor Orban)等在各自国内受到广泛支持而执政等,统称为"一个新的'民粹—民族主义国际'已经浮现"①。

概言之,当前,已有的全球化模式已经陷入重重危机,并首先在其源发地爆发出来,世界已经走到了一个重要的历史转折关口。世界向哪里去?我们该怎么办?这已经成为21世纪全人类的重大挑战。

二、中国方案:全球化的新愿景

一方面,全球化造成了各国各民族各文明族群间前所未有的"相互依存性"。"全球化首先是对人类共同命运的意识,世界所有国家和民族已经被纳入一个休戚与共、相互依存的'风险共同体'。"②随着相互依存性的提高,在文化敌对、恐怖主义、移民、贫困、气候变暖、生态危机、资源匮乏、金融危机、资本主义体系危机等领域的全球风险扩散,使所有民族国家都处于风险社会中。"20世纪末以来爆发的灾难性事件,在空间、时间和社会层面所带来的安全丧失感和危机感是长远的、根深蒂固的。一切边界及内与外的区分,在全球迅速扩展和相互影响的危险面前,都土崩瓦解了。原来建筑在民族观念上的安全与自信,已经让位于对灾难的无所不在性和不可控制性的恐惧。"③一国内部的地方性事件往往溢出成全球性的影响事件,而各种跨国或全球性的事件或行为体也越来越影响到一国内部,国与国的联系越来越紧密,国家与世界的依存度越来越高。世界已是一个利益共享同时也必须命运共担的空间,这就"以一种全新的紧迫性,提出了世界事务应该如何治理的问题"④。

另一方面,以往的霸权主义全球化被广为诟病,世界究竟如何"方向化"则直接涉及各个国家、民族甚至个体的前途命运。值此重要历史关口,中国作为发展中国家,向世界提出了人类命运共同体的全球治理新理念,包括"一

---

① Fukuyama, F. US against the world? Trump and the new global order[J]. *Financial Times*, 2016(12).

② [德]乌尔里希·贝克.自由与资本主义:与著名社会学家乌尔里希·贝克对话[M].路国林,译.杭州:浙江人民出版社,2001:104.

③ [德]乌尔里希·贝克,埃德加·格兰德.世界主义的欧洲:第二次现代性的社会与政治[M].章国锋,译.上海:华东师范大学出版社,2008:3,57.

④ [英]戴维·赫尔德,安东尼·麦克格鲁.治理全球化:权力、权威与全球治理[M].曹荣湘,等译.北京:社会科学文献出版社,2004:11.

带一路"、亚投行、丝路基金等具体设想。德国驻华大使柯慕贤（Michael Clauss）就指出："'一带一路'是中国就发展与稳定提出的最具启发性的倡议之一。""在广袤的欧亚大陆上增进互联互通，将非常有助于抗衡去全球化趋势。"① 2012年，党的十八大报告提出：要"合作共赢，就是要倡导人类命运共同体意识，在追求本国利益时兼顾他国合理关切，在谋求本国发展中促进各国共同发展，建立更加平等均衡的新型全球发展伙伴关系"②。习近平在中央政治局集体学习时强调，"现在，世界上的事情越来越需要各国共同商量着办"，"很多问题不再局限于一国内部，很多挑战也不再是一国之力所能应对，全球性挑战需要各国通力合作来应对"。③

据人民网、南方网等媒体报道，十八大以来，从"亚洲"到"世界"、从"现实世界"到"虚拟空间"，习近平已1600多次提到"命运共同体"。2015年9月第70届联合国大会上，习近平发表题为《携手构建合作共赢新伙伴 同心打造人类命运共同体》的讲话，系统阐述了人类命运共同体理念。他指出："当今世界，各国相互依存、休戚与共。""面对全球性挑战，没有哪个国家可以置身事外、独善其身，世界各国需要以负责任的精神同舟共济、协调行动。人类生活在同一个地球村，各国相互联系、相互依存、相互合作、相互促进的程度空前加深，国际社会日益成为一个你中有我、我中有你的命运共同体。""我们要继承和弘扬联合国宪章的宗旨和原则，构建以合作共赢为核心的新型国际关系，打造人类命运共同体。""我们要建立平等相待、互商互谅的伙伴关系。要营造公道正义、共建共享的安全格局。要谋求开放创新、包容互惠的发展前景。要促进和而不同、兼收并蓄的文明交流。"

2017年1月，在世界经济论坛2017年年会开幕式上，习近平再次强调，"人类已经成为你中有我、我中有你的命运共同体，利益高度融合，彼此相互依存""国家不论大小、强弱、贫富，都是国际社会平等成员"，坚持创新、公平包容、协同联动，打造开放共赢的合作模式，公正合理的治理模式，平衡普惠

---

① ［德］柯慕贤.中国能否成为新的全球化领导者？［EB/OL］.（2016-12-03）［2017-02-20］. http://www.ftchinese.com/story/001071429? full=y.

② 胡锦涛.坚定不移沿着中国特色社会主义道路前进 为全面建成小康社会而奋斗：在中国共产党第十八次全国代表大会上的报告［R］.新华社，2012-11-17.

③ 习近平主持中央政治局集体学习时强调：推动全球治理体制更加公正合理［N］.人民日报（海外版），2015-10-14(1).

的发展模式。^①第二日,习近平在联合国日内瓦总部发表题为《共同构建人类命运共同体》的重要讲话,进一步丰富和发展了人类命运共同体思想。在此次演讲中,他提出了构建人类命运共同体的"五个坚持":坚持对话协商,建设一个持久和平的世界;坚持共建共享,建设一个普遍安全的世界;坚持合作共赢,建设一个共同繁荣的世界;坚持交流互鉴,建设一个开放包容的世界;坚持绿色低碳,建设一个清洁美丽的世界。从伙伴关系、安全格局、经济发展、文明交流、生态建设等方面勾勒出清晰的实践路径,为构建人类命运共同体提供了行动指南。2017 年 10 月党的十九大报告中,把推动构建人类命运共同体列入新时代坚持和发展中国特色社会主义的基本方略之一,并把它写入党章。2018 年 3 月 11 日,十三届全国人大一次会议表决通过《中华人民共和国宪法修正案》,"推动构建人类命运共同体"正式被写入宪法。

习近平倡导的"同心构建人类命运共同体"赢得了国际社会的广泛赞誉。迄今,人类命运共同体思想被 6 次写入联合国系列相关决议,已然成为推动全球治理体系变革、构建新型国际关系和引领国际新秩序的共同价值理念之一。

中国基于人类命运共同体思想提出的全球发展议题必将深刻影响世界未来。它准确抓住了全球发展的基本特征即"普遍联结",其本质在于世界的"价值关联性"。不仅"全球价值链"成为越来越多产品和服务的生产模式,而且在国家发展、文明演进上亦存在着基于"价值关联"的全球"普遍联结",你中有我,我中有你,不可分割。

诚然,建构人类命运共同体首先是中国特色大国外交的生动呈现。^② 但在新闻学与传播学领域,对由此议题衍生出的一系列社会变化及制度安排却缺乏顶层思想意识的深入回应,也缺乏对这一思想资源的深入议题挖掘与相应讨论。因此,新闻学与传播学领域需要进一步着力讨论的就是:如何令人信服地传播好中国的新世界主义,向全球清晰阐明中国智慧的人类命运共同体议题在当前全球危机时代的特定价值? 这是中国传媒在国际传播中应重点破题的方向。

---

① 习近平.共担时代责任 共促全球发展:在世界经济论坛 2017 年年会开幕式上的主旨演讲[R].新华社,2017-01-18.

② 阮宗泽.人类命运共同体:中国的"世界梦"[J].国际问题研究,2016(1):20-37.

第二节　人类命运共同体：一种新思维

一、中国的新世界主义："天下大同"之"和文化"的现代转化

如果从源头追溯，人类命运共同体思想，它首先是对中国"和"文化的现代传承与激活。"中国的'和'文化源远流长，蕴涵着天人合一的宇宙观、协和万邦的国际观、和而不同的社会观、人心和善的道德观。"①"和"包含着"和平""和谐""和善""和解""和为贵""求同存异""和而不同""和也者，天下之达道也"等多种意思，"是处理国家之间、个人之间、人与自然之间关系的至高的理想标准"②。从国家传播的战略角度，人类命运共同体这一思想是解决当前世界危机的现实的有效途径，应将之作为中国思想"走出去"的最好的选择。

"世界"本是佛家语，指宇宙。世指时间，界指空间。《楞严经四》："何名为众生世界？世为迁流，界为方位。汝今当知，东、西、南北、东南、东北、西北、上、下为界，过去、未来、现在为世。"世界既从时间言，亦从空间言；既指向本土，也指向全球；既指向过去，也指向未来。在佛教传入中国前，古代中国人往往以"天下"指代"世界"。在现存的 53 篇《墨子》中，"天下"出现了 507 次，在《道德经》中则出现了 60 次，《论语》中出现了 23 次。

墨子有着突出的"兼爱天下"思想，《墨子·兼爱》主张：为天下兴利除害、免战避乱，就要"视人之国，若视其国；视人之家，若视其家；视人之身，若视其身"。孔孟儒家抱持"天下大同"思想作为"仁"的最终归途。《礼记·礼运》"大同篇"曰："大道之行也，天下为公，选贤与能，讲信修睦，故人不独亲其亲，不独子其子，使老有所终，壮有所用，幼有所长，鳏寡孤独废疾者皆有所养；男有分，女有归，货恶其弃于地也不必藏于己，力恶其不出于身也不必为己，是故谋闭而不兴，盗窃乱贼而不作，故外户而不闭，是谓大同。"《礼记·礼器》有言"以天下为一家，中国为一人"，《论语》中则直接表达为"四海之内，皆兄弟也"。道家经典《老子》曰"以天下观天下""抱一为天下式"。法家《商君书·

①　习近平.在中国国际友好大会暨中国人民对外友好协会成立 60 周年纪念活动上的讲话[R].新华社，2014-05-15.

②　赵启正.向世界传播"和主义"[J].公共外交季刊，2015(2):3-6.

修权篇》提出"为天下治天下",斥"区区然擅一国者"为"乱世"。《公羊传》认为"太平世"即"天下远近大小若一"。

概言之,诸子百家在其主体思维中,均以"天下"为视点、为出发点,故中国人自古有言"天下兴亡,匹夫有责",又道"海内存知己,天涯若比邻"。任晓认为,中国人自古以来的天下思想就是一种"中国的世界主义"。①

中国人持有的天下观,是一种原初意义上的"共同体"观念的雏形,有着极大的开放性和包容性。"'天下'观念具有弹性,可以不断地收揽和包容,有别于民族国家的疆界。""'天下'没有边,也没有界线,只是向远处扩散而逐渐淡化的影响力。而且,这种影响力……是通过文化交融而构成的一个新文化,其中包含了各种地方文化……使'天下'的文化多元而渐变,共存而不排他。"构成中国人传统的宗教与思想文化基础的儒道佛,这三家所推崇的"道"也都不具有任何独占性,不会排斥其他信仰,而且彼此之间相互影响,构成了中国特殊的"众教合一"传统。②

由天下观出发,在人与人、人与自然的关系处理上,中国人历来讲求"和谐",视世界为一个"和而不同"的共同体。《易传》言:"天下同归而殊途,一致而百虑。"不以"同"否定"异",而是尊重世界之丰富多样性,视差异为和谐的前提。因此,"和而不同""以和为贵""亲仁善邻"的友好、平等、互助精神,是中国自古以来处理民族和国家关系的基本价值取向。《易传·彖上》言:"刚柔交错,天文也;文明以止,人文也。观乎天文以察时变,观乎人文以化成天下。"《尚书·尧典》以"协和万邦"概言这种用文明、礼仪、和平、协商处理世界事务的方法。老子曰:"大国者下流,天下之交,天下之牝。"就是说大国应像居于江河的下流那样谦下,天下就容易交融雌顺,和平相处。孟子则提出"交邻国以道""仁者为能以大事小""智者为能以小事大"的"仁政"思想。这都体现了中国人自古胸怀天下,反对大国霸权,讲求协商合作的治世思想。

从文化和哲学角度思考,中国先贤哲人们的"天下"观已经超越了王朝统治的狭义天下,走向了更为广泛的世界范畴。"命运共同体"的全球治理理念,是中国自古以来的世界主义思想在当代的回响,并在当代政治家身上得到了重新激活并注入新鲜血液。

---

① 任晓.论中国的世界主义:对外关系思想和制度研究之二[J].世界经济与政治,2014(8):30-45.
② 许倬云.说中国:一个不断变化的复杂共同体[M].桂林:广西师范大学出版社,2015:47,89,96,118.

习近平早在浙江任省委书记时期,就在其随笔集《之江新语》中提出:"要有世界眼光和战略思维","放眼全局谋一域,把握形势谋大事","以世界眼光去认识政治形势,把握经济走势,了解文化态势"。①他以生态治理为例,指出"要真正认识到生态问题无边界,认识到人类只有一个地球,地球是我们的共同家园,保护环境是全人类的共同责任"②。2013 年首次出访,他又以此为喻:"人类生活在同一个地球村里,生活在历史和现实交汇的同一个时空里,越来越成为你中有我、我中有你的命运共同体。"③经由习近平提出并全面阐述的人类命运共同体思想,已然涵盖政治、安全、发展、文明、生态等多个社会领域。2017 年 2 月,在联合国社会发展委员会第 55 届会议上,"建构人类命运共同体"一语被首次写入联合国决议,此后又多次被写入联合国相关决议。这说明,人类命运共同体思想不仅成为国际关注的热点,而且正在赢得世界赞誉。

赵启正指出,"我们回答'中国威胁论',特别要发展中国文化的核心精神"。"最关键的就是传播中国思想。""放眼世界,我们却没有一个在国际上叫得响、传得广,被普遍认同的源自中国的思想。"④儒家在《论语》中揭示了思想传播的奥秘在于:德性知识的建构与传播,"目的是建构一种价值,并通过传播为社会所共享"。⑤传播的目的是实现价值理念的感召。当前"信息世界中,政治'可能最终依赖于谁的故事能赢'"⑥,而故事能征服人心的关键正在于价值感召的力量。

中国传媒对人类命运共同体议题的传播,是主动传播中国的新世界主义、为世界贡献中国价值智慧,讲好中国故事的过程;是衔接中国梦与世界梦的相融相通的过程;是联结中华民族伟大复兴与人类世界共同繁荣发展的过程。可以参照韦伯所提出的"价值关联"(value-relevance)路

① 习近平.要有世界眼光和战略思维[M]//.之江新语.杭州:浙江人民出版社,2013:20.
② 习近平.环境保护要靠自觉自为[M]//.之江新语.杭州:浙江人民出版社,2013:13.
③ 习近平.顺应时代前进潮流促进世界和平发展:在莫斯科国际关系学院的演讲[R].新华社,2013-03-24.
④ 赵启正.向世界传播"和主义"[J].公共外交季刊,2015(2):3-6.
⑤ 邵培仁,姚锦云.传播模式论:《论语》的核心传播模式与儒家传播思维[J].浙江大学学报(哲学社会科学版),2014(4):56-75.
⑥ Nye, J. S. *Soft Power: The Means to Success in World Politics*[M]. New York: Public Affairs, 2004:11,25,119.

径①，将地方性的、关系个体生存的难题与全球性的、社会发展的公共议题建立价值关联，将具体问题置于历史和全球的时空坐标中加以全面检视，通过"主客交融""互为主观"等方式来建构与诠释，随时保持"在地之异"与"全球之同"的互动，在融通世界、增进价值共识的过程中传播好中国的新世界主义理念。

二、融通与对接：开展人类命运共同体议题的国际对话

"国家形象的建构机制，在很大程度上决定了对外传播的机制。"②建构主义国际关系理论将国家的身份形象视为主体间相互形塑的互动过程，这种互应机制使双方产生并加强了一些对彼此关系的共同观念，并随着交往深入而逐渐稳定、形成共享的"关系文化"。"关系文化作为一种主体间共享的观念结构，起到'界定现实'的作用，在很大程度上决定着国家行为体的外交政策。"③建构主义国际关系理论的代表亚历山大·温特（Alexander Wendt）将国际关系发展分为：霍布斯式的"丛林竞争"状态，洛克式的"主权平等"状态，康德式的"互相依赖"状态。当前的国际关系格局，在洛克式的"主权平等"基础上，正进一步将康德式的"互相依赖"作为价值理想，以非暴力和互助处理国际争端，推进合作、共赢、包容的国际关系新秩序渐成为全球共识。④基于人类命运共同体理念，建设共建、共赢、共商、共享的国家关系文化，确立了中国在全球政治、经济与文化的新身份。在国际传播战略层面，传媒人应对此有基本且宏观的把握与设计。

倡导并传播以"命运共同体"为核心的中国的新世界主义，目的是推进我国与他国的"关系文化"，赢得世界对中国价值理念的充分理解与认同。这需要与西方思想文化资源中的新世界主义话语建立对接，形成"中外融通的话语传播体系"。"（新）世界主义是国际传播的'跨国化'阶段理论建构的核心

---

① Weber，M. The logic of historical explanation[C]// Runciman，W. G. Weber：*Selections in Translation*. Cambridge：Cambridge University Press，1978：111-131.

② 任孟山.中国国际传播的全球政治与经济象征身份建构[J].现代传播（中国传媒大学学报），2016(9)：67-71.

③ 冯若谷."身份互塑"与"关系文化"：建构主义国际关系理论视野下的对外传播观[J].现代传播（中国传媒大学学报），2015(5)：51-55.

④ Wendt，A. *Anarchy is What States Makes of It：The Social Construction of Political Power，International Theory：Critical Investigation*[M]. New York：New York University Press，1995：132-135.

概念",信息在地方、民族、区域和世界四个层面不断流动与重构,"通过人与人之间充分地协商形成一致的包容性的意见",形成共享的价值观和全球公民权意识,目标"是形成关乎人类命运议题的共识","形成对于环境、人权、道德伦理、经济一体化、地缘政治安全等重大问题的共识","使国际传播的主题由'对政治和经济利益的争夺'转变为'对人类共同命运的关注'"。① 因此,进一步将体现中国智慧的中国的新世界主义与西方的新世界主义话语对接,融通中外话语,是开展人类命运共同体思想国际传播的有效切口。

20世纪末开始,"政治理论发生了强劲而有力的世界主义转向"②,西方思想界重新倡导"世界主义"(Cosmopolitanism)理念。世界主义,或曰世界大同主义,自古希腊哲学到基督教教义,从近代启蒙运动思想家到当代学者,它是西方哲学思想史诉求千年的一种价值理想,对知识精英阶层具有巨大的影响力与感召力,吸引了各领域的学术研究与探讨,成为当代国际人文社科学界的一个前沿理论话题,哲学、政治学、国际关系学、伦理学、社会学、经济学、文化学、文艺学、历史学等学科都对之进行了大量讨论。

"世界主义"一词,由"cosmos"(世界)和"polis"(城市,人民,市民)两个词根组成:"cosmos"意指"宇宙"整体的和谐秩序(不仅存于自然世界,也存于人的内心),是一种普遍秩序;"polis"所指的城邦政治是地方性或区域性的。所以,"世界主义"的含义既是普遍的又是地域性的,是由"普遍宇宙"(cosmos)和"地方性政体"(polis)共同构成的概念。③ 其源头可追溯到古希腊的犬儒学派和斯多葛学派,他们最早提出了超越于城邦利益的"世界公民"的构想,转而将全宇宙视为城邦,每一个公民个体均对之负有责任,传递出古希腊哲人一种宽容博爱的人类整体意识。康德在《永久的和平:一个哲学计划》中,从普遍友好和普遍人权的角度,提出世界主义的法律与权利构想以使人类免受战争侵害,实现永久和平。20世纪,随着全球化的各类危机加剧,世界主义在理论建构上不断成熟,罗尔斯(John Rawls)、哈贝马斯(Jurgen Habermas)、贝克(Ulrich Beck)、赫尔德(David Held)、阿奇布吉(Daniele Archibugi)等均对此进行理论阐述。哈贝马斯指出:"20世纪的

---

① 卢嘉,史安斌.国际化、全球化、跨国化:国际传播理论演进的三个阶段[J].新闻记者,2013(9):36-43.

② Hayden, P. *Cosmopolitan Global Politics*[M]. Aldershot Hants:Ashgate, 2005:1.

③ Delanty, G. The cosmopolitan imagination:Critical cosmopolitanism and social theory[J]. *The British Journal of Sociology*,2006,57(1):26.

巨大灾难和全球化的社会力量对人类提出了严峻的挑战,并为世界主义全球正义的思想提供了新的动力。"他从交往互动论出发,强调世界各国之间通过民主协商以实现共有的团结。①

"在当代的全球化讨论中,它(世界主义)作为一个与市场秩序力量和民族国家相对立的、正面的基本概念,又被人们'重新发现'。"②当代思想家乌尔里希·贝克(Ulrich Beck)重新阐释了世界主义,提出解决当代全球化高风险的出路是实现"世界主义转型":民族国家必须通过联合,共同努力构建世界性的协商合作机制,完善国际治理,共同应对全球危机。他在阿奇布吉提出的世界主义的三条核心原则(宽容、民主的合法性、效率)基础上,进一步将其视为"一种在与文化的他性展开社会交往时表现出来的特殊形式……尤其是区别于那种等级化的隶属形式、那种'普世主义'和民族主义的同化形式、那种后现代的地方主义形式"。因为,等级化的隶属形式导致对他者的否定并"将其降低到从属和次要的地位",在行动上表现为社会等级、种族,以及不同文明间的冲突等等;而"'普世主义'以一种统一的规范取代形形色色的阶级、种族和宗教的偏见",但也同时抹杀了他者的多样性和多元主体性。世界主义既尊重他者是与己相异又与己平等的人,"将他者既视为平等又作为相异的伙伴来对待",扬弃隶属关系、"普世主义"或民族主义等所信奉的非此即彼的原则,转而"坚持的是亦此亦彼的原则"。"我们谈论一种植根于民族的世界主义。正因此,将民族的和世界主义的视为两个相互独立的层面,或想象为两种彼此排斥的政治原则,从而将二者截然对立起来,是完全错误的。""陌生人不是作为威胁、分裂、颠覆的力量被排斥,而是作为补充和丰富的因素被正面评价。"③

贝克对"世界主义"理念的重新阐释,被视为新世界主义。它要求既承认和包容差异,又寻找共识与合作,"推崇世界的多样性",承认"一切都是平等相同的,但每个人却又都是不同的","国家若要继续生存,就必须合作",以达

---

① Fine, R. Smith, W. Habermas, J. Theory of cosmopolitanism[J]. *Constellations*, 2003, 10(4):469-473.

② [德]乌尔里希·贝克,埃德加·格兰德.世界主义的欧洲:第二次现代性的社会与政治[M].章国锋,译.上海:华东师范大学出版社,2008:3,57.

③ [德]乌尔里希·贝克.什么是世界主义?[J].章国锋,译.马克思主义与现实,2008(2);[德]乌尔里希·贝克.世界主义的观点:战争即和平[M].杨祖群,译.上海:华东师范大学出版社,2008:4.

成"一种新的认同概念……使一种跨越界线的共同生活变得可能并得到肯定"。① 他同时声称"世界主义的观点""不是利他主义,不是理想主义,而是现实主义"。② 与沃勒斯坦在 20 世纪 70 年代提出的以资本主义世界体系为中心的狭隘全球主义范式不同,贝克提出了"世界主义"理论构想的四条基本原则:(1)抛弃民族利己主义立场,倡导彼此间互商、互信、互惠和互动的关系;(2)抵制霸权主义和帝国主义行径,反对以强凌弱、独断专行,反对用武力和战争解决民族和国家间的纠纷;(3)承认并平等对待差异,包容并尊重差异,互敬互谅;(4)民族国家应理性自律,加强国际合作,共同参与世界共同体的治理。③全球管理委员会在联合国成立 50 周年时发表的报告题为《我们的全球邻居关系》,就表达了这种新世界主义的理念。与以往世界主义不同,新世界主义不是要取消民族国家,不见得推崇某种形式的世界政府,而是借此超越狭隘的民族主义,抵制霸权主义,实现民族国家利益与世界共同利益之间的合理平衡与协商协调,国家之间和民族之间实现更具包容性的道德、经济和政治关系,表达了一种心怀世界的文化价值观。刘擎认为,新世界主义的理念与价值重构,目的是避免固守于民族主义造成的狭隘与偏见所带来的弊端,倡导更加开放、包容、平等的世界处事原则,改变一元中心主义的西方霸权与资本霸权格局,"告别文明中心论,终结霸权轮替的历史,走向一种基于跨文明对话与合作的世界秩序"。"在根本上改变霸权结构本身,最终促进人类走向公正与和平的'后霸权世界秩序'(post-hegemonic world order)。"④概言之,新世界主义倡导的是以共商、共建、共享为原则,以开放包容为特征,以互利共赢为追求的国际社会关系。

在经济、文化、传媒、科技、环境等各个领域,全球化的影响已成为一种无处不在、无时不在的,具有渗透性和弥散性的存在,人类处在深度与广度上均前所未有地相互依赖、彼此影响的世界,处于各种表现形式的"世界主义"式联结中,出现了不同程度的跨文明跨地域的"求同存异"趋势:在传媒领域,互

---

① [德]乌尔里希·贝克.什么是世界主义?[J].章国锋,译.马克思主义与现实,2008(2);[德]乌尔里希·贝克.世界主义的观点:战争即和平[M].杨祖群,译.上海:华东师范大学出版社,2008:1.

② [德]乌尔里希·贝克.什么是世界主义?[J].章国锋,译.上海:马克思主义与现实,2008(2);[德]乌尔里希·贝克.世界主义的观点:战争即和平[M].杨祖群,译.上海:华东师范大学出版社,2008:225.

③ 章国锋."全球风险社会":困境与出路——贝克的"世界主义"构想[J].马克思主义与现实,2008(2).

④ 刘擎.重建全球想象:从"天下"理想走向新世界主义[J].学术月刊,2015(8):5-15.

联网和数据技术的全球化,媒介、技术、产业、内容与受众多维度的持续融合,赋予世界主义的跨文化产品,不断鼓励新的全球意识,形成了基于大众文化的"流行文化世界主义"(pop cosmopolitanism)①;在全球流动交互的经贸领域,基于历史与地理的联结,人们提出了"丝路世界主义"(Silk Road cosmopolitanism),表达一种地方主义和普遍主义相互混杂的想象过程②;在国际社会践行世界主义理念最为突出的环境领域,生态保护和减少碳排放达成了多项全球合作协议。在 2015 年联合国气候峰会(COP 21)上,195 个国家一致通过了《巴黎协定》,成为人类大家庭历史上具有里程碑意义的重大进展。

世界主义寄托了人类社会作为共同体存续的理想追求,在东西方均有着悠久的思想传承。人们从不同的社会实践与文化理念出发,不断发展出地球这个蓝色星球文明的命运共同体理念。在实际运用中,"囊括了各种推动力量,包括国家、资本,以及不容忽视的个体公民和非政府组织"③,"通过突破国族中心主义与带有排他性色彩的多元文化主义限制,世界主义成了一种理解国际传播活动值得考量的'中间路线'"④。中国传媒应基于新世界主义话语视野,"令自己置于一个世界性的文明星座结构之中来理解自身","在新的时代背景下探讨中国国际传播如何建构更广泛的叙事范围"。⑤ 中国国家形象的国际传播过程,最终是依靠在他者眼中、心中的"镜像"而实现的。我们必须通过"他者"来反观,从而呈现自我并认知自我。寻找和建构自我的过程,其实是一个持续与他者主动对话的交流过程。⑥因此,"在讨论国际传播研究的知识论与方法论时,我们应该一方面拒斥'普适性的帝国主义',一方面排除'特殊性的偏狭主义'",而倡导"以世界主义的开放心灵","辩证地建立具有文化特色、又具有普遍意义的'全球视野'"⑦。在新全球化时代,中国传媒应秉持开放包容之道,主动推进中国智慧与西方话语的沟通融合,从内在思

① Suarez-Orozco, M. M. & Qin-Hilliard, D. *Globalization Culture and Education in the New Millennium*[M]. Los Angeles: University of California Press, 2004:114-140.

② Thorsten, M. Silk Road nostalgia and imagined global community[J]. *Comparative American Studies*, 2005,3(3):301-317.

③ 卢嘉史,安斌. 国际化、全球化、跨国化:国际传播理论演进的三个阶段[J]. 新闻记者,2013(9):36-43.

④ Vertovec, S. & Cohen, R. *Conceiving Cosmopolitanism: Theory Context and Practice*[M]. New York: Oxford University Press, 2002:1-24.

⑤ 邵培仁,王昀. 新世界主义视野下的中国传媒发展[J]. 编辑之友,2017(1):5-12.

⑥ [德]马丁·布伯. 我与你[M]. 陈维纲,译. 北京:生活·读书·新知三联书店,1986:3-12.

⑦ 李金铨. 在地经验,全球视野:国际传播研究的文化性[J]. 开放时代,2014(2):133-150.

想理路上,将"命运共同体"议题蕴涵的中国的新世界主义思想,与西方的新世界主义话语有效对接,更方便建设"中外融通的话语传播体系",从而为世界所理解和接纳。

第三节 开辟全球传播的新路径:以人类命运共同体议题为核心

传媒是国家战略实施过程中的先锋、向导和助产士,面对新的全球形势,如何传播"负责任的大国"国家形象,包括"一带一路"倡议和相关国家战略的愿景与行动,特别需要传媒在传播战略的顶层设计与有效实践予以配套,尽最大可能激发对象国的理解、认同与积极合作,减少疑虑及潜在的冲突。

吉登斯坚持认为,传播与媒介在全球化进程中"发挥了关键的作用",传播是带来新的世界性社会关系变化的"关键因素"。[①] 全球化的媒体市场,既是一个相互依存度越来越高的市场,同时也是"一个各种意识形态相互竞争,并结成最终决定政府和国家本身持续发展的不同联盟的空间;它还是一个竞技场,一个形象成为权力的补充或替代物的竞技场"。"从国际层面来看……分析一个国家对于国际信息的全面反映,将有助于我们识别哪些国家是在追求一个合适的,或者能够被国际接受的目标,而哪些国家却不是。"[②]"国际新闻与大众媒介产品的生产流通决定了人们如何想象当今世界体系。"[③]从人类命运共同体议题的国际传播目标反观,当前我国传媒在理论基础、价值观念、传播战略、叙事方式上,与中外融通的新世界主义话语表达还存在较大的距离,需重点做好如下工作。

一、国家战略传播的"议题管理"规划

同心构建"人类命运共同体"是最具有国际影响力和号召力的中国思想之一,是具有较广泛国际认同基础的全球化世界新愿景,我国应有必要围绕该思想,进行国家战略层面的传播规划。首要的是要建立国家战略传播的"议题管理"思维,重点围绕人类命运共同体议题,进行价值传播的顶层规划,

---

① [英]安东尼·吉登斯.社会学[M].李康,译.北京:北京大学出版社,2009:488,508.

② [美]门罗·E.普莱斯.媒介与主权:全球信息革命及其对国家权力的挑战[M].麻争旗,等译.北京:中国传媒大学出版社,2008:3,29,235.

③ 邵培仁,王昀.线上新闻的全球地理想象:新华网国际新闻之检视[J].当代传播,2016(5):14-20.

占据国际传播的道义制高点,从而在顶层设计上传播好人类命运共同体思想,以积极配合好大国外交战略,建构负责任的大国形象,增进国家软实力。

如今的世界秩序重组越来越离不开"媒介化"的主导力量。全球化也被定义为"世界范围内的经济、政治、文化和社会关系越来越多地超越时空束缚而媒介化的过程"①。20世纪克林顿政府执政期,美国就制定了一套媒介空间对外政策,以"争取世界各国对美国外交政策的理解和支持……实行更加周全、更加完善的国际信息战略来推广我们(美国)的价值观、扩大我们(美国)的利益"②。筹建成立的国际公共信息小组(International Public Information Group,简称IPIG),由主管公共外交事务的副国务卿担任主管,在科索沃战争及旨在影响中东地区的"心灵工程"等国际事务中均发挥了重要作用。"9.11"后,美国强调"国家战略传播"理念,实行跨部门联动机制,由总统直接领导"国安委"(NSC);国安委统一领导国务院、国防部、广播管理委员会、国际发展署、国家情报联合体、国家反恐中心等涉外机构,各有分工而又相互协调,将"传播"和"媒体"作为重要的核心环节介入内政外交决策中。

由于各方面原因,"我国外宣工作最大的问题是……顶层设计和战略规划不足……传播环节被完全'后置',经常被西方媒体抢先做'议程设置'"③。人类命运共同体的提出,反映了人类期待和平发展的理想愿景,呼应了世界民众的共同愿望,使中国作为一个"负责任、有担当的大国"在世界话语竞争中站上了"道义制高点"。围绕人类命运共同体议题传播,有必要建立国家战略传播的"议题管理"思维,将"传播"和"媒体"作为外交决策的重要环节,进行中国思想价值传播的国家顶层设计,主动融通中外共同话语,彰显人类命运共同体议题对解决当前世界困局特有的价值吸引力,增进全球认同。

二、传播践行新世界主义的传媒伦理

新世界主义既反映了人类社会的理想追求,同时也折射出了人们的道德伦理观念。我国传媒在进行新闻报道、生产影视文化产品的时候,需要以新世界主义的理念提升传媒人的职业伦理素养,在全球传播中踏实践行人类命

---

① [英]特希·兰塔能.媒介与全球化[M].章宏,译;北京:中国传媒大学出版社,2013:21.

② Michael W. B. International public information(IPI), presidential decision directive PDD68, 1999-04-30. In Ben B. Group will battle propaganda abroad Washington[N]. *Times*, 1999-07-28. (https://fas. org/irp/offdocs/pdd/pdd-68. htm).

③ 史安斌.中国如何进行全球"舆论战"与"新闻战"[N].中国社会科学报,2016-05-03(5).

运共同体思想,以切实增强中国传媒的道义感召力,有效实现国际传播的信息公信力与话语影响力。

　　首先,传媒人积极践行人类命运共同体思想,就意味着要拥有"推己及人""胸怀天下"的世界主义思考路径。在全球联系已然密不可分的状态下,本地的信息与世界的回响是互为回应的,带有偏见和狭隘的报道必然损害国与国之间的关系;即使在进行本国议题报道时,也要考虑到对远方的他国受众的传播与影响。克利福德·克里斯琴斯(Clifford Christions)从哲学史、伦理理论及一项覆盖四大洲、13 个国家的比较研究出发,将"真实、人类尊严和非暴力"视为全球媒介伦理的核心理念,认为它们是跨国和跨文化的、最主要和首要的基本原则。[①]卡利·威尔—约尔根森和默文·帕蒂在《灾难报道中的全球伦理》一文中指出:"新闻从业者提供中立事实时,也需考虑世界四海一家的大同理念和全球情怀中对他人的同情伦理。新闻从业者对培育'全球人类的同情与悲悯情怀'有着重要作用。"[②]这都表达了全球媒介伦理领域的世界主义思想。

　　其次,在以人类命运共同体为中心议题进行新闻报道和影视文化产品生产时,我国传媒人需要主动融通中外的新世界主义,积极拥抱人类社会建立全球新秩序的新愿景。这就要求我们必须围绕构建人类命运共同体的"五个坚持":坚持对话协商,建设一个持久和平的世界;坚持共建共享,建设一个普遍安全的世界;坚持合作共赢,建设一个共同繁荣的世界;坚持交流互鉴,建设一个开放包容的世界;坚持绿色低碳,建设一个清洁美丽的世界。并以"五个坚持"作为行动指南,清晰表明中国态度与中国决心;同时积极携手世界媒体人,扩大中国传媒的"朋友圈",通过与世界的共鸣、合唱与合作,大力增强中国传媒的道义感召力与公信力,推进国家软实力建构。

　　"五个坚持"所强调的对话协商、共建共享、合作共赢、交流互鉴、绿色低碳,本身就是极具吸引力和同化力的价值理念。而文化产品及价值观等"软实力"本质上则是一种"同化"他人的力量。约瑟夫·奈提出,"软实力"就"源自一国的文化吸引力、政治价值观及外交政策","能通过吸引力而非威逼或

---

　　① 甘丽华,克利福德·克里斯琴斯.全球媒介伦理及技术化时代的挑战:克利福德·克里斯琴斯学术访谈[J].新闻记者,2015(7).

　　② Karin, W. J. The ethics of global disaster reporting: Journalistic witnessing and the challenge to objectivity[J]. *Acta Cientifica Venezolana*,2013,29(4):530-534.

利诱达到目的",在国际关系中作用日益突出。① 《尚书·大禹谟》有言:"惟德动天,无远弗届;满招损,谦受益。"故《论语·季氏》曰:"远人不服,则修文德以来之。""没有一个良好的传播媒体、战略与方法,国家软实力就无法得到良好的建构与呈现。"② 因此,以人类命运共同体思想为基石,以新世界主义为新思维,积极增进我国传媒人的伦理价值观,是实现我国国际传播目标的基础路径。传媒人应练好内功,在职业伦理素养方面,主动提升自身的全球媒介伦理,意识到信息传播者应对信息所影响到的每一个人负有责任。通过新闻及文化娱乐产品与他国、他文化、他族群交流沟通时,着力传递中国自古以来的"天下""和"等世界主义理念,进一步建构并拓宽中国媒体传播伦理的价值观基础。

三、积极开拓上下协同、内外衔接、多方参与的公共外交新路

目前,关于人类命运共同体的议题传播还主要局限于领导人的国际讲话、中央级媒体的国际传播等高端路径,传播渠道比较单一,传播影响力比较受限,而且官方宣传色彩较浓,国际传播效果容易打折扣。我们需要积极运用多媒体、多渠道、多主体参与的立体协同传播路径,大力吸纳民间传播力量,不断创新传播手段,增强国家力量与草根力量的传播协同,突出亲和包容、增信释疑的叙事,主动开拓多方参与的公共外交传播新路,扩大"命运共同体"议题的草根社交途径。

媒体外交历来被视为公共外交的核心与主体③,只有"讲好中国故事、传播好中国声音"的传媒内容产品才能真正推进人类命运共同体议题的国际传播。随着信息传播走向"全球化""全民化""全媒化",单向传递的宣传模式让位于全民参与的传播互动。"帝吧出征"系列构成了中国青年网民自发的国际传播经典事例,他们以 Facebook 等社交媒体为阵地,利用戏谑化的表情包制造出极具视觉冲击力的"刷屏"效果,在"表达了新一代 90 后青年赤忱的爱国之心"的同时,也显现出"国族主义与民粹主义的合流"。④ 这说明,在关于国际对话的公共外交传播中,民间草根的力量不容小觑,但需要善加引导、凝

① Nye, J. S. *Soft Power*: *The Means to Success in World Politics*[M]. New York: Public Affairs,2004:11,25,119.
② 吴飞.国家软实力传播战略分析[J].中国广播,2013(11):28-32.
③ 史安斌.媒体外交:公共外交的核心与主体[J].公共外交,2011(3).
④ 王涛.从帝吧出征看国族主义与民粹主义的合流[J].探索与争鸣,2016(4):34-35.

心聚力,将对外的议题策划与对内的价值观涵养进行有机统一,增强国家力量与草根力量的传播协同。

尤其要善用社交媒体和国际媒体,以受众接受效果为导向,将硬宣传化身为软叙事,用草根故事所蕴含的中国价值理念吸引他国受众。2016 年杭州交警机智处理道路塌陷的视频被 CNN 抓拍放到 Facebook 上,不到一天时间,点击量达 300 万次,转发 1.5 万次,全球网民点赞"中国英雄交警",世界多个知名新闻媒体纷纷报道此事。这样的"非官方"传播,比在纽约时代广场播放国家形象广告更有效果,也更容易被接受。因此,要善用多方力量,不拘一格,创新传播手段,主动开拓多方参与的公共外交传播新路,扩大"命运共同体"议题的草根社交途径。

总之,中国的新世界主义,以宽广的胸襟广泛地联结全球"朋友圈",所要表达的正是一个个关于"世界好,中国才能好;中国好,世界才更好"的精彩故事。媒体也好、公共外交也罢,都需要通过一个个鲜活生动的细节、一幅幅真实动人的情境,向世界清晰地阐明中国故事与人类命运共同体的故事之间相融相通的联结关系。而抓住机遇,向全球清晰阐明中国智慧的人类命运共同体思想在当前全球危机时代的特定价值,正是中国传媒在国际传播中应重点破题的方向。传媒人应主动融通中外思想资源中的世界主义话语,将中国的新世界主义,作为国家战略议题,进行价值传播的顶层规划,增强国际传播的道义感召力与价值吸引力,引领全球治理理念创新的话语权与主导权,推进中国价值理念的全球认同与世界共鸣。

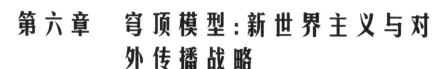

第六章　穹顶模型：新世界主义与对外传播战略

　　学界有关新世界主义与中国传媒发展问题的探讨启发人们认识到中国提出新世界主义的理念与话语其实是中国崛起的内在要求，是中国国运的外在呈现。基于一种"传播与人类命运共同体"的理论框架进行检视，对外传播位于系统中的高端位置，具有引领性作用。在新世界主义理念之下的对外传播，应以人类命运共同体为核心出发点，以寻求更丰盛的信息交换、价值包容和文明理解，需要面对不同文化，主动学习、对话和调整，并互相影响，形成一种共商共建的行动态势，才能得到一种共赢共享的结果。为此，中国对外传播战略需要扩充传播的主体、拓展传播的场域和优化传播的结构。

　　最近，新世界主义与中国传媒发展问题的探讨引起学界关注。邵培仁、王昀撰文指出近年来中国关于"世界"的论述体现出一种新世界主义视野，并以"一带一路"倡议为基本分析对象，对新世界主义内涵、核心（人类命运共同体）、价值及中国传媒角色等率先进行了系统论述。[①] 事实上，中国传统哲学[②]和中国对外关系思想[③]当中不乏对世界主义的丰富论述，近年来还有学者通过发掘中国传统的"天下"观念的智慧与理想，并借鉴西方学术界相关前沿研究，阐明新世界主义的主要理论特征，从而在中西思想的对话中重建一种新的全球想象[④]。这些相关论述引起我们进一步思考，中国在吸收借鉴自身传统的世界主义思想资源后，提出并不断完善一种引领当代世界潮流的新世界主义的理念与话语，其实是中国崛起过程中的一种内在要求，同时也可以视为中国国运走势的一种外在呈现。认识到这一点，不仅对于中国传媒业本身

---

　　① 邵培仁，王昀.新世界主义视野下的中国传媒发展[J].编辑之友，2017(1)：5-12.
　　② 张耀南.论中国哲学的"世界主义"视野及其价值[J].北京大学学报（哲学社会科学版），2005(3)：15-24.
　　③ 任晓.论中国的世界主义：对外关系思想和制度研究之二[J].世界经济与政治，2014(8)：30-45,156.
　　④ 刘擎.重建全球想象：从"天下"理想走向新世界主义[J].学术月刊，2015(8)：5-15.

的发展具有重要意义,而且对中国全面对外传播沟通与世界交往交流具有重要意义。本章希望从"传播与人类命运共同体"的理论分析框架来进一步探讨分析这种新世界主义在中国对外传播工作当中的启发价值和指导意义,以及对新世界主义如何能引领中国的"大传播"进一步走向世界并赢得切实响应而进行战略思考。

第一节　"传播与人类命运共同体"的穹顶模型

笔者曾在博士学位论文①及据此出版的专著中提出对国家兴衰的传播动力机制进行一种基于复杂系统理论思维方法②之上的理论框架,并构建了一个"传播与国运"的穹顶模型。③ 在原有论述的基础上,笔者在这里对其中的理论框架进行了全面的补充,并加以修订而提出"传播与人类命运共同体"的穹顶模型。

首先,整个穹顶模型涵盖的对象大大扩大了,它不只是一个抽象的国家,而是全人类,包括不同国家和地区所共处的整个地球,也就是人类命运共同体。事实上,根据《人民日报》2015 年 5 月 18 日国纪平的评论文章梳理,2013 年 3 月中国国家主席习近平在莫斯科国际关系学院演讲中第一次向世界传递对人类文明走向的中国判断:"这个世界,各国相互联系、相互依存的程度空前加深,人类生活在同一个地球村里,生活在历史和现实交汇的同一个时空里,越来越成为你中有我、我中有你的命运共同体。"此后的两年多,基于对世界大势的准确把握,对人类命运的深刻思考,习近平主席 60 多次谈到"命运共同体"。④ 2015 年 9 月 28 日,习近平主席在第七十届联合国大会一般性辩论时的讲话题目是"携手构建合作共赢新伙伴 同心打造人类命运共同体";2017 年 1 月 18 日在联合国日内瓦总部发表演讲的题目是"共同构建人类命运共同体",这两次面对联合国的演讲系统论述了中国关于人类命运共同体的主张。

其次,此模型思考人类命运之于传播关系的时候,依然借用了人类建筑作为象征的基本意象。穹顶模型的外形看起来像是一个宫殿殿宇,最为底层

---

① 廖卫民.传播与国运:国家兴衰的传播动力机制研究[D].杭州:浙江大学博士学位论文,2010.

② 黄欣荣.复杂性科学的方法论研究[M].重庆:重庆大学出版社,2006:212.

③ 廖卫民.国家兴衰的传播动力机制研究[M].北京:中国传媒大学出版社,2011:55-56.

④ 国纪平.为世界许诺一个更好的未来:论迈向人类命运共同体[N].人民日报,2015-05-18(1).

的是传播基础结构,依次往上分别是传播渠道、传播媒介和传播内容,这四层结构说明人类的互相理解和交往其实是建筑在人类最为基础的信息传播和情感沟通的基础之上。在传播内容的界面之上,就是搭建的国运因子的支柱,在原先设计的六大国运因素之外,新增加了两大重要因素,在图中,笔者将其分别加在了两端,重新排序之后,形成支撑国运的八项因素,分别是:(1)国家记忆建构;(2)国民性格塑造;(3)国家认同建构;(4)国家权力管控;(5)国家紧急动员;(6)国家战略谋划;(7)国家危机处置;(8)国家对外传播。不同的国家应该都有各自国家的对应国运因子,然而,由于这些因子都在整个人类命运共同体的穹顶之下,因此,集合起来看,这些因子也就都构成了"传播与人类命运共同体"复杂系统当中的重要因素,从而,可能在国与国、地区与地区之间长期沟通交流传播当中,形成人类共同的记忆或国家彼此间共同的记忆、人性的塑造、人类文化的认同、全球治理的协作管理、全球危机的共同应对和紧急动员、全球战略谋划、全球信息传播与文化共享等。

再次,此模型依然包含了笔者已经论述过的"传播与国运"复杂系统的全部理论框架。或者可以说,"传播与人类命运共同体"的大系统当中包含了所有各国的"传播与国运"子系统。"国运"在这里指的是一个国家的历史兴衰命运,不是占星术占卜的"国家的运势",从当下看就是从复杂系统思维看到的不确定性(uncertainty),这种不确定性的趋向也是因时而变,具有涨落动态变化特性,是混沌的、非线性的。"国运"具有某种生命特质。对此,美国经济史学家金德尔伯格在考察了公元1500—1990年近500年间世界经济霸权的历史后认为国家和人一样有其生命周期,分别是"由青年、精力充沛的成年、壮年和最终老化等阶段构成"[1]。著名国情研究专家、经济学家胡鞍钢根据产品生命周期理论提出过"国家生命周期"的说法,并从一种周期观念视角对大国崛起进行了理论概括。[2] 然而在世界历史当中,一个国家生命的全周期不一定都能完成,有的国家的发展进程会因为战争、灾害等因素被迫中断,往往是残缺的,但在每个短时期内,都可以归纳为既有上升(兴)的趋势,也可能有下降(衰)的趋势,就如同在微积分当中测量变化率的导数有正有负,当变化率为正时,在国家发展曲线上就表现出往上走的图景,当变化率为负时,就表

---

① [美]查尔斯·P.金德尔伯格.世界经济霸权:1500—1990[M].高祖贵,译.北京:商务印书馆,2003:55.

② 胡鞍钢.国家生命周期与中国崛起[J].教学与研究,2006(1):7-17.

现出往下走的图景(见图 6-1)。

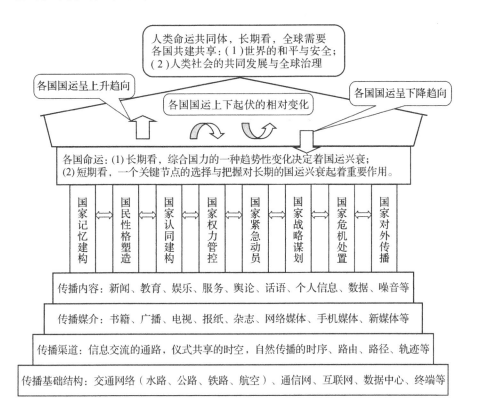

图 6-1 "传播与人类命运共同体"的穹顶模型

最后,此模型解释的含义得到了充分的扩展,能够很好地解释共同建构人类命运共同体的必要性和重大意义。在有很多国家和地区共同处于一个穹顶模型之下的时候,国家与国家的互动,就成为最基本的一种现象,从各自国运的角度考察,有的可以增进彼此国运同时呈上升趋势,比如互惠互利的贸易和文化交流;有的则可能造成彼此国运同时呈下降趋势,比如互相敌视、威胁、禁运、对抗乃至战争而造成各自国力的损耗;也有一方上升而另一方下降的情况,比如不公平的贸易、掠夺和侵略等,在短时内有一方可能从对方的损害当中获益。然而,能长久增进人类命运共同体的整体发展和繁荣的应该是促进国运上升的国家互动。这就需要各国加强对话合作,共建共享:(1)世界的和平与安全;(2)人类社会的共同发展与全球治理。这其中的道理,可以借用国家主席习近平 2015 年 4 月 22 日在亚非领导人会议上的讲话中引用的两句话形象地展示出来:"非洲有句谚语,'一根原木盖不起一幢房屋'。而中国也有句古话,'孤举者难起,众行者易趋'。"①这正符合此模型的内涵。

总体看,这个形象的穹顶模型基本阐释了人类命运共同体的重要意义,也说明了传播所能起到的重要作用。

第二节　新世界主义与对外传播的关系探讨

一、"传播与国运"子系统关系的阵列模型分析

在上一节构建的"传播与人类命运共同体"的穹顶模型中,已经可以看到国家与国家之间存在着复杂的互相作用,对外传播对于其中的国际交往而言起着重要作用。从侧面看,这些国运因子相互之间还形成一种阵列式的结构(见图 6-2)。图中的这些国运因子之间相互都存在着作用和影响,一个国家

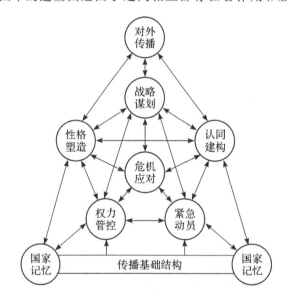

图 6-2　新世界主义视野下国运因子相互作用

---

① 习近平在亚非领导人会议上的讲话[N]. 人民日报,2015-04-23(02).

的命运是否能稳定、持续地向上发展,各种因子之间所形成的相互配合、相得益彰的阵列结构,就如同擎天支柱具有一种强大的支撑力量,正是一个国家的社稷命运安危之所系。

在一个国家的"传播与国运"子系统关系的阵列模型中,笔者将"对外传播"放置在国家战略谋划的顶端,这是因为"对外传播"实际上是"传播与国运"系统影响环节最远端的因子。然而,这一因子又与最为重要的战略谋划息息相关,在某种程度上可以看成是战略谋划的一部分,或者说是战略谋划的国际版、全球版。由此可见,本章所研究探讨的对外传播战略问题,在一国范围的"传播与国运"子系统中占据高端位置,具有引领性的作用。

二、新世界主义的主要特征与国家对外传播的内在要求

赵可金从公共外交的视角认为中国对世界的看法正在从欧美主导的"国际社会观"走向"人类命运共同体观",而正确理解人类命运共同体的核心在于准确把握共同体和人类命运两个关键词内涵,共同体不同于社会,人类命运不同于片面的国家命运。① 在笔者看来,这种"人类命运共同体观"正是新世界主义的基本内核,新世界主义不是丛林政治,而是人类大同;在这种理念下,国家命运与人类命运具有共生性和一致性,这必然对国家对外传播提出了不同以往的内在要求。

新世界主义的提出使得国家对外传播的任务要求发生了一种根本的转变。在这种新世界主义理念之下,各个国家和地区的对外传播,应该以人类命运共同体为核心出发点,基于新世界主义理念,寻求更丰盛的信息交换、价值包容和文明理解,而不是以民族主义、保护主义或孤立主义、利己主义、干涉主义为核心出发点。一个国家的对外传播战略当然还需要谋求本国国运的繁荣昌盛,但又不仅仅是本国需求,而是要谋求全世界的国家和地区一起协调发展的共同的繁荣昌盛,而且需要依靠全世界共同的繁荣发展作为其必要条件。国家的对外传播在某种程度上就是人类命运共同体内的对内传播,因而可以成为一种普遍意义的、日常基本的传播形态。

三、新世界主义视野下的国家对外传播的作用

刘擎撰文勾勒出新世界主义的大致轮廓特征表现在三个层面:首先,在

---

① 赵可金.人类命运共同体与中国公共外交的方向[J].公共外交季刊,2016(4):4-10,140-141.

价值立场上,新世界主义秉持人类和平、合作共赢与共同发展的理想,寻求根本改变国际政治的霸权结构,建立一个公正的"后霸权世界秩序";其次,在认识论层面上,新世界主义理论主张一种"关系性的文化观念";最后,在规范意义上,新世界主义试图重新阐释文化的特殊性与普遍性,主张一种后形而上学的普遍主义理论——作为世界秩序之规范性基础的普遍性原则,既不是先验给定的,也不是由某种强势文明单独界定的,而是在各民族文化之间的相互对话中建构的。① 他所提出的后两个轮廓特征,主要是从文化遭遇论(encounterism)的理论视角推证的。在此前提下的这种对话"包括彼此的商谈和相互理解,同时也包含相互的竞争和斗争"②。在笔者看来,这种对话的一种日常基本的形态就是国家对外传播,通过全方位的传播,达成文化遭遇的过程和结果。

因此,国家对外传播就是一种建设新世界主义的方式,是建构人类命运共同体的一种互动方式。进一步而言,在此互动方式中在一定范围内也必然存在着议题设置和框架解释的竞争乃至舆论斗争,在这个过程中除了需要立足于人类命运共同体的言说,还需要能进行换位思考式的倾听。在这种新世界主义理念下,各个国家和地区的对外传播,需要不断地"遭遇"与建构,即面对不同的文化主动学习、对话和调整,并互相影响,形成一种共商共建的行动态势,才能达成一种共赢共享的格局结果。中国作为倡导建构人类命运共同体的国家,更需要在现实当中身体力行,以自己的扎实实践,体现出一种引领风范,并使得这种思想获得更多认同而发扬光大。

同时,新世界主义本身也在不断地对外传播进程中发展完善。我们从新世界主义当中既可以看到中国对外的一贯主张和原则立场,同时,也可以看到中国在崛起过程中的更为开放包容发展的建设性姿态。

第三节 新世界主义视野下中国对外传播战略的价值启示

新世界主义如何能引领中国的"大传播"进一步走向世界并赢得响应呢?根据前文分析,至少有如下三点重要启示。

---

① 刘擎.重建全球想象:从"天下"理想走向新世界主义[J].学术月刊,2015(8):5-15.
② 刘擎.从天下理想转向新世界主义[J].探索与争鸣,2016(5):67-69.

一、大力扩充对外传播的主体

中国对外传播应该不限于传统意义上的传媒业,特别是在互联网时代,人人都有麦克风,对外传播的主体应该是所有的人、企业、社会组织、社区、城市和乡村等全方位、不同层次的主体。新世界主义精神不排斥任何主体的参与,它为大家提供了广泛的世界交往舞台和广阔的全球传播空间,任何主体都能够成为新世界主义传播当中的一员。

2017年2月3日,澳大利亚纽卡斯尔大学宣布,马云通过马云公益基金,拿出2000万美元设立"Ma—Morley"奖学金,马云说这项奖学金将用于"支持那些想自己看看这个世界,经历它、用自己的脑袋思考它的人们"。[①] 这应该说是新世界主义视野下中国企业家主体的一次对外传播和价值引领的行动。而这一举动本身肇始于1980年16岁的马云在西湖边与澳大利亚人肯·莫利的一次美丽邂逅。这是一个传播共赢的美好故事,其产生影响的时间延续到37年之后并将持续产生影响,从传播学的角度看,其传播主体从一名中学生、成长为大学生,并慢慢延续到一个企业组织,这也说明一次普通的对外传播能够引发后续的迭代互动,并在多年之后产生长久的价值回响。这启示我们要注意培植新世界主义的传播主体,不论其最初身份地位何等卑微,依然平等尊重每个传播主体,放眼长远,积土成山,涓流成海。

2017年2月初,美国哥伦比亚大学宿舍发生了"撕名牌"事件,该大学几位中国留学生为此制作发布了一则短视频《说出我的名字》,介绍自己的中文名字的优美意义和文化内涵,从而搭建了"一个友善的、平和的对话平台"。截至2月18日,该视频仅在海外社交媒体上就已获得5.9万人点赞,4.4万人转发,并获得了300余万次的播放量。[②] 这次传播行动,传播主体是这些留学生自己主动担当的,对于不了解汉字名字的外国人而言,他们的表达无疑能起到传递美、传达善意和增进文化理解的作用。因此,在新世界主义视野下,传播主体就是每个人,当机会在面前时,要能勇于担当,要争取时机,发出让人印象深刻的声音。

---

① 徐迅雷.西湖边那一场美丽的邂逅[N].杭州日报,2017-02-06(2).
② 袁怡.《说出我的名字》背后的故事:访视频制作者闫呼和[N].人民日报(海外版),2017-02-23(9).

二、积极拓展对外传播的场域

中国对外传播应该不限于国内与国外之别，特别是在全球化时代，你中有我，我中有你，对内传播与对外传播的界限也在模糊，即便在国内，也存在广泛的世界交往。正如 2008 年北京奥运会主题歌词所唱的："我和你，心连心，同住地球村。为梦想，千里行，相会在北京。来吧！朋友，伸出你的手。我和你，心连心，永远一家人。"

新世界主义精神不搞内外有别，而是内外一致，但也需要注意提升自身的能力，如一些学者指出的诸如全球思维、文化描绘、自我展现和交际校准的全球传播能力①，同时也要考虑到接受方的跨文化认知学习过程和传播效果。正如一项对美国、日本、俄罗斯、泰国、黎巴嫩 5 个国家 16 所孔子学院的调查发现，中国文化在不同文化圈层的传播效果有很大不同，而且国与国之间也存在较大差异，因而提出针对非儒家文化国家要让中国的物质文化先于行为文化、精神文化走出去。② 由此，在拓展传播场域的时候，要循序渐进，不断深化。

新世界主义的价值目标与中国国家发展的最终目标一致，正如国家主席习近平 2017 年 1 月 18 日在联合国日内瓦总部发表题为《共同构建人类命运共同体》的主旨演讲所言："中国人始终认为，世界好，中国才能好；中国好，世界才更好。"③因此，新世界主义理念下的中国对外传播要的是全时段、全频段、内嵌式的人类命运共同体的价值表达，不应是权宜之计，而是永续之本，而是一种内圣外化的本然存在。唯其如此，才能不做作，才可能使得对外传播效果更为持续长久、真切真实，才能真正打动人心，消弭隔阂，取得认同，形成感召。

三、持续优化对外传播的结构

中国对外传播应该是由浅入深、从下到上地循序展开，同时又能即时反馈、迭代交融地系统建构。在"传播与国运"的穿顶模型下，国运因子都是建立在四层传播结构之上的；因此，对外传播战略的展开，也应该从这四个层面

① 陈国明.论全球传播能力模式[J].赵晶晶,译.浙江社会科学,2006(4):131-139.
② 吴瑛.中国文化对外传播效果研究:对 5 国 16 所孔子学院的调查[J].浙江社会科学,2012(4):144-151,160.
③ 习近平.共同构建人类命运共同体[N].人民日报,2017-01-20(2).

渐次进行。

首先最为底层的是传播基础结构,往往成为对外传播战略展开的底层基础,强调的是坚强有力的全球互联互通,提供高效安全稳定的传播技术基础,不仅是信息传播基础,还应包括交通基础结构等促进物流人流畅通的基础结构。其次传播渠道强调的是条条大路通罗马的顺畅;传播媒介强调的是更为丰富、立体、系统的形态;传播内容强调的是真实、有用、贴近、参与和分享。针对不同的传播主体和传播场域,这四个层面相互之间需要优化协调,补齐短板,不断迭代升级,从而形成系统高效交融的传播结构。"一带一路"的建设,不仅仅是一种传播基础结构层面上的国家网络的联结,还应该是传播渠道的通达、传播媒介的融合、传播内容的贴心沟通,以至形成更高层面上的传播文化的理解认同和传播价值的命运共担,从而形成整体意义上的结构优化和功能融洽。

例如,作为"一带一路"倡议下第一枚实现此战略性倡议而落子的"中巴命运共同体"建设,就是一个典范,不仅体现在硬件基础上,还体现在软件上的内心相交相知。这种从硬件到软件的融为一体的对外传播,是最佳的优化结构。从硬件上看,中巴双方大力推进喀喇昆仑公路升级改造、瓜达尔港等基础设施项目建设,在高速公路、轨道交通、经济园区、跨境光缆等领域合作,推进一批巴方急需的水电、火电、太阳能和风电等能源项目,全面提升了中巴交流的传播基础结构。从软件上看,2015 年 4 月 21 日,国家主席习近平在巴基斯坦议会发表题为《构建中巴命运共同体 开辟合作共赢新征程》的演讲①,体现了两国关系之铁,交往之深,字字真诚,句句温暖,赢得高度评价。② 这篇5000 字演讲本身在发表时赢得了 50 次击节叫好,足以说明这不仅是一篇高屋建瓴的指导对外传播战略的雄文,还是一篇脚踏实地的显示对外战略传播效果的暖文。习近平这种情怀"源自人类传统而又超越传统"③。

由此可见,对外战略传播的实施,不仅需要一种系统性的理论建构,也需要全面落实的实践行动以及需要讲求方式方法的互惠互利的互动交流,还需要一种持久的精神情怀。

① 习近平.构建中巴命运共同体 开辟合作共赢新征程[N].人民日报,2015-04-22(2).
② 杨迅."为巴中关系发展指明方向":国际社会高度评价习近平主席在巴基斯坦议会演讲[N].人民日报,2015-04-22(2).
③ 应琛.习近平外交演讲中的世界主义情怀[J].当代世界,2014(11):6-9.

四、结　语

总之,在"传播与人类命运共同体"的穹顶模型下,对外传播战略其实是国家战略在国际关系或世界局势应对中的一个侧面,也是最为高端的国家战略之一,牵一发而动全身。在新世界主义视野下,国家对外传播就是人类命运共同体内的对内传播,国家对外传播战略也关系到人类未来。近期,有两位学者在观察到欧美各国都出现了民粹主义上升、贸易保护主义抬头的"全球化逆向发展"的趋势后就中国角色问题展开了高端对话,提出"中国式的全球化经济需要中国式的全球化论述",并且认为中国需要相应的"中国地方性全球主义"的哲学理论。① 这其实正是呼应了基于"人类命运共同体观"的新世界主义。

---

① 郁建兴,刘涛.全球化逆转中的中国角色:中德教授的对话[N].南方周末,2017-02-23.

第七章　新世界主义:国际传播的战略选择与行动方案

　　近年来,伴随着国际政治局势紧张、反全球化情绪高涨、恐怖主义大行其道以及全球经济持续低迷,世界格局已由冷战时代的两极化缓慢转向多极化或无极化。对此,美国外交学会会长理查德·哈斯(Richard Hass)指出:"21世纪的国际关系不再是由一两个国家甚或是几个国家所主导,而是由众多拥有并行使各种权力的行为体所主导的世界。这意味着国际体系发生了结构性的变化。"①正是在国际局势动荡、新旧格局交替、世界人民渴望稳定的外在期待和中国崛起后的综合实力增强有助于推动中国全方位走出去进而带动全球共同发展的内在需求下,习近平主席及其领导集体针对世界和人类文明现状及其发展趋势提出了一系列创新性的认识、论述和主张,推出了"一带一路"、亚投行等一系列国家顶层倡议决策和全球行动方案,积极倡导"构建人类命运共同体",描画并勾连出从周边国家辐射到世界各国的共商共建、共有共享、合作共赢的图景,让陷入困境和危机的世界看到了新的希望。

　　新世界主义已经在宏观、中观和微观三个层面初步形成"一体同心多元"理论体系:"同心打造人类命运共同体"是新世界主义的核心思想;下文即将提及的"五点主张"则分别从政治、经济、文化、历史、地理等中观层面诠释出新世界主义的发展理念、战略选择和努力方向;而"一带一路"、亚投行、丝路基金等则是微观层面的行动方案。在国际传播的视维中,新世界主义具有包容性、层次性、策略性、发展性的特点,服务于新世界主义的国际传播必须遵循媒介尺度、"混合咖啡"和格创结合的三项原则,其面向未来、面向世界的发展策略和进路主要是:积极构建信息传播的命运共同体,积极建构兼容本土性和全球性的价值体系和话语体系,努力构建科学有效、层次分明的传播结

---

　　①　Haass, R. N. The age of nonpolarity—what will follow us dominance[J]. *Foreign Affairs*, 2008, 87(3):44-56.

构和机制,组建强大的具有跨文化背景的内容生产与传播队伍,为新世界主义的国际传播和落地提供强有力支撑。

因此,认同新世界主义的理念和范式,积极探寻中国传媒改革发展的新路径及其对外传播新战略,构建适用于新世界主义的传播理论体系势在必行。

第一节　新世界主义的内涵演变与传播镜像

新世界主义是基于对历史和现实的深入思考而提出来的创新性论述、主张和方案。一方面,它承接了中华传统文化中"以天下为一家"(《礼记礼运》)的内敛、德化和非战的思想特征;另一方面,它又同欧洲世界主义启蒙理论相通相融、彼此契合。

一、世界主义理论发展剪影

世界主义理论发祥于古希腊文明。背靠石灰岩地貌的巴尔干贫瘠、险峻山脉,天然缺失的地理环境使得古希腊文明的繁衍无法依赖农耕或游牧生产方式①,但三面环绕的地中海却打开了古希腊人凭借航海与世界交往的窗口,也打开了囿居于城邦体制的古希腊哲学家的空间想象,犬儒派由此提出"世界公民"②的口号来表达人类最初对于宇宙自由的憧憬与向往,构建一种无关政治优先权的人类哲学伦理体系③。

历经古希腊、亚历山大帝国、欧洲文艺复兴时期的雕琢和发展④,世界主义理论最终在欧洲一体化进程中重放异彩。康德在"世界公民"框架下阐释的"自由与和平论"是建立于人类道德的政治义务倡议⑤,为欧洲建立开放平等的市场机制给予了理论支撑。随着法德煤钢联盟的建立,欧洲一体化开始

①　张政文.欧洲世界主义传统、康德世界公民理论与全球化:关于当代全球化理论的一种历史描述与释析[J].世界哲学,2005(1):107-111.

②　Strand, T. The making of a new cosmopolitanism[J]. *Studies in Philosophy & Education* 2010, 29(2):229-242.

③　Shea, L. *The Cynic Enlightenment: Diogenes in the Salon*[M]. Baltimore: The Johns Hopkins University Press,2010.

④　Beck, U. & Sznaider, N. Unpacking cosmopolitanism for the social sciences: A research agenda[J]. *British Journal of Sociology*, 2010,57(1):1-23.

⑤　Nussbaum, M. Kant and stoic cosmopolitanism[J]. *The Journal of Political Philosophy*, 1997,5(1):1-25.

由经济联盟起步,并逐渐迈向政治的协同治理模式。① 由此欧洲的世界主义理论家开始以高调的姿态谈论世界主义政治理想的可行性。大卫·赫尔德(David Held)提出世界主义民主法律可依托康德化的公民权利与义务的宪法框架,提倡通过建立一种分权制的世界主义民主治理模式来加强区域—全球一体化的政治联结。② 乌尔里希·贝克的世界主义观点则主张"世界意识,无国界意识","推崇世界的多样性",承认"一切都是平等相同的,但每个人却又都是不同的","国家若要继续生存,就必须合作"。③ 主张破除"全球与地方、民族与国际的二元对立"思维,提倡"既要照顾到民族利益,又要对其进行合理的平衡与限制;既要反对狭隘的民族主义情绪,又要抵制霸权主义的行为方式"。试图以亦此亦彼的世界主义理路来"建立超越民族国家模式的社会和政治治理新格局"④,提醒人们爱祖国与爱世界、爱本国人与爱地球人是可以共生共存的。然而,这种基于世界主义理论重构的政治协同想象由于缺乏实践的面向和具体的行动方案而备受质疑和挑战。随着欧元缺乏制度保障的潜在危机、民族宗教的根本性隔阂、难民问题的恶化、社会福利的失衡以及民粹主义卷土重来,欧盟政治共同体也在右倾主义的鼓吹下亦步亦趋,风雨飘摇。

二、中国外交战略理念变迁

习近平在 2014 年中央外交工作会议上指出:"认识世界发展大势,跟上时代潮流,是一个极为重要并且常做常新的课题。中国要发展,必须顺应世界发展潮流。要树立世界眼光、把握时代脉搏,要把当今世界的风云变幻看准、看清、看透,从林林总总的表象中发现本质,尤其要认清长远趋势。"⑤20 世纪80 年代末,中国经历的内政风波被美国为首的西方国家委以借口、加以"制裁"。90 年代初,随着苏联的解体,冷战格局宣告结束,中国这个世界上规模最大的社会主义国家和体量最大的发展中国家随之被国际舆论推到了风口

① Beck,U. *Cosmopolitan Vision*[M]. Cambridge:Polity,2006.

② Held,D. *Democracy and the Global Order:From the Modern State to Cosmopolitan Governance*[M]. Stanford:Stanford University Press,1995:226-272.

③ [德]乌尔里希·贝克. 世界主义的观点:战争即和平[M].杨祖群,译. 上海:华东师范大学出版社,2008:4,14-19.

④ [德]乌尔里希·贝克. 风险社会:走向另一种现代性[M].何博闻,译. 南京:译林出版社,2004:117.

⑤ 佚名.中央外事工作会议在京举行 习近平发表重要讲话[N].人民日报,2014-11-30.

浪尖。面对制裁和被动复杂的国际形势，邓小平立足中国，放眼全球，审时度势，及时提出"冷静观察、稳住阵脚、沉着应付、韬光养晦、有所作为"的国际战略方针。其中以"韬光养晦、有所作为"最具战略意义，它成为中国应付复杂国际局势的英明决策并长久以来被中国外交奉为圭臬。在 1989 年到 2002 年间，江泽民主席年均出访 6 个以上国家，足迹遍及世界，先后同俄罗斯、法国、德国、英国、美国、日本建立了"伙伴关系"。这种"伙伴关系"的外交战略，意味着双方更加密切的沟通与联系，更多的相互理解与信任，更多的相互合作与支持，伙伴关系的表现形式也更加丰富。

随着中国经济的稳步增长，综合国力持续增强，中国在国际事务中的参与度日益加深，中国的对外战略也进一步地强化与完善，中国至此走上了"和平崛起"之路。2003 年 12 月 10 日，温家宝总理在哈佛大学发表演讲，首次全面阐述了"中国和平崛起"的思想。2003 年 12 月 26 日在纪念毛泽东诞生 110 周年座谈会上，国家主席胡锦涛再次强调，"要坚持和平崛起的发展道路和独立自主的和平外交政策"。

就对世界经济增长的贡献而言，中国在 2010 年超过日本，成为仅次于美国的世界第二大经济体。特别是新任国家领导人习近平在一系列外交事务中表现出积极主动的姿态，用真诚务实的形象证明中国主动与世界交往的决心。习近平在中央外事工作会议上明确指出，要着眼于新形势新任务，积极推动对外工作理论和实践创新，注重阐述中国梦的世界意义，丰富和平发展战略思想，为和平发展营造更加有利的国际环境，维护和延长我国发展的重要战略机遇期。[1] 这被外界认为是以"主动作为"的外交战略扬弃了"韬光养晦"的外交主轴。[2] 事实上，中国的历届领导人在外交战略上一直遵循连续、稳定的对外方针，从江泽民时代的"伙伴关系"，到胡锦涛时代的"和平崛起"，再到习近平的"人类命运共同体"，中国外交始终强调谦虚、务实、和平、不霸道、不独断的精气神，中国的外交战略核心依然建立在永不称霸、不做矛盾焦点、坚定和平发展的原则上。2013 年 3 月，习近平在莫斯科国际关系学院的演讲会上说："人类生活在同一个地球村里，生活在历史和现实交汇的同一个时空里，越来越成为你中有我、我中有你的命运共同体。"同年在中方召开的周边外交工作座谈会上，习近平又提出了"亲、诚、惠、容"的外交新理念。

---

① 新华社.高举和平、发展、合作、共赢旗帜[N].人民日报海外版,2014-12-01(1).
② Kuhn, R. L. Xi's grand vision for new diplomacy[N]. *China Daily*,2015-01-12.

任何方针政策都需要与时俱进的拓展与延伸才能保持鲜活并确保对当下时局的指导意义。邓小平时代的"韬光养晦"建立在中国国力薄弱、根基不稳、外权强势、内忧外患的背景下。而当下中国国力日益增强则体现在全方位的客观指标上：在经济层面，中国是世界第二大经济体，也是实体经济大国；在政治层面，作为联合国安理会常务理事国，中国分摊的联合国会费和维和摊款已跃升为仅次于美国、日本的第三大会费国，这亦是我国国际影响力大幅提升的重要标志①；在军事层面，根据福布斯网站的排名，在 2016 年世界各国军事实力排名中，中国军队排名第三，拥有亚洲最强大的武装部队；在科技层面，据亚洲开发银行 2016 年发布的《2015 年亚洲经济一体化报告》显示，中国在亚洲高端科技产品出口中所占份额从 2000 年的 9.4% 升至 2014 年的 43.7%，位居亚洲第一。综上所述，新型的国际地位决定了中国在国际事务中必须起表率作用并"主动作为"。习近平多次强调："中国为世界和平与发展做出更多努力，不是想成为所谓的'世界警察'，更不是要取代谁……中国奉行防御性的国防政策，中国永远不称霸、永远不搞扩张、永远不会把自己的意志强加于人。""中国过去是、现在是、将来也必将是世界和平的维护者、共同发展的促进者、国际合作的推动者。"②

三、新世界主义理念的核心要义

汉纳兹（Hannerz）认为，世界主义可以是一种理念、思维方式或者方法模式，世界主义者渴望和他人交往。③ 世界主义者自认为其理念和主张是一种现实主义的战略取向，而不是理想主义的。相较而言，新世界主义既是现实主义的，也是理想主义的；既追求和捍卫本国的利益特别是核心利益，也兼顾和尊重他国的利益诉求和重大关切。新世界主义理念所蕴含的相互依存的国际权力观、共同利益观、可持续发展观、全球治理观和平等交流观，符合世界多极化、经济全球化、文化多样化和社会信息化的国际形势特点和发展趋势。从提出"中国—东盟命运共同体""中国—周边命运共同体""亚洲命运共同体""中—欧、中—美命运共同体"到人类命运共同体，"命运共同体"话语体

---

① 张毅. 从联合国会费调整看国际格局和中国实力变化[J]. 世界知识,2016(3):48-49.

② 新华社. 共同开启中英全面战略伙伴关系的"黄金时代"为中欧关系全面推进注入新动力[N]. 人民日报,2015-10-19(1).

③ Hannerz,U. Cosmopolitans and locals in world culture[J]. *Theory Culture & Society*,1990, 7(2):237-251.

系呈现出由此及彼、由小到大、逐层递进的地缘拓展想象,同时也是超越领土、跨越民族、冲破国家隔阂的全球治理新目标,表明了中国政府在寻求人类共同利益和共同价值上不懈努力的决心,也表露出中国与周边国家维系睦邻友好、与世界共谋福利的发展信心。

所谓新世界主义,主要表现为:在宏观层面,其核心思想或远大理想就是"同心打造人类命运共同体"。在中观层面,其理论体系的可操作性表现为"五点主张":(1)反对霸权主义和西方中心主义,主张世界多极化和文化多元化;(2)反对地域保护主义,主张自由流通、开放合作;(3)反对利己主义,主张共商共建、共赢共享、共生共荣;(4)反对干涉他国内政,主张和谐包容、市场运作、和平发展;(5)反对否认、歪曲、篡改历史,主张牢记历史,防止历史悲剧重演。[①]"同心打造人类命运共同体"是新世界主义的核心思想,也是中国与世界各国合作与交往的基本价值准心,"五点主张"则分别从政治、经济、文化、历史、地理等中观层面诠释出中国新世界主义的发展理念、战略选择和努力方向(见图7-1)。

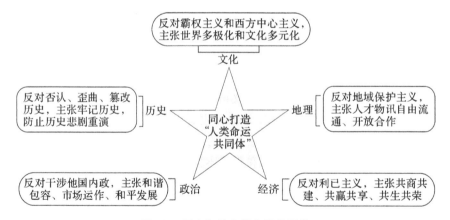

图7-1 同心打造人类命运共同体

在微观层面,它是依据新世界主义的核心思想和"五点主张"率先推出的一系列有助于"同心打造人类命运共同体"的行动方案。中国正积极推动促成其成为地区性甚至全球性的具体行动和实践探索,如区域全面经济伙伴关

① 邵培仁,周颖. 国际传播视域中的新世界主义:"命运共同体"理念的流变过程及动力机制研究[J]. 浙江社会科学,2017(5):94-104,158.

系(RCEP)、"一带一路"、上海合作组织、亚投行、丝路基金等,这些倡议决策与探索实践均致力于将共识转化为行动,推动各领域务实合作不断取得新成果。自 2013 年秋天习近平主席提出共建"一带一路"倡议以来,"一带一路"相关合作稳步推进,受到各方普遍欢迎和积极参与。仅 2017 年 5 月"一带一路"国际合作高峰论坛就有 29 位外国元首、政府首脑及联合国秘书长、红十字国际委员会主席等重要国际组织负责人出席,来自 130 多个国家约 1500 名各界贵宾作为正式代表出席论坛,来自全球的 4000 余名记者注册报道此次论坛。论坛成果清单主要涵盖政策沟通、设施联通、贸易畅通、资金融通、民心相通 5 大类,共 76 大项、270 多项具体成果。2013 年,习近平提出筹建亚洲基础设施投资银行的建议,旨在为亚洲发展中国家提供建设基础性设施及其他生产性领域投资搭建融资平台,合理推动资本的生产效益转化,促进亚洲经济可持续发展,至 2017 年 3 月,亚投行理事会宣布新批准的 13 个申请国加入该行,至此该行总核准成员国已达 70 个。凡是正确的主义必定从宏观、中观和微观三个维度进行建构,必定是既有理论也有实践,而且理论与实践相结合。新世界主义体现了理论与实践相结合,是一个从宏观到微观、由主张到行动、从抽象到具体的金字塔状的稳定信息结构模型。它不是纸上谈兵,而是切切实实的行动。新世界主义的目标就是通过世界各国的共同努力,最终建成一个持久和平、普遍安全、共同繁荣、开放包容、清洁美丽的世界。

第二节　新世界主义理念的基本特点

当前,"全球化早已超越于世界经济系统和世界市场这一单一领域,实现了全世界共有的一种世界性观察维度和想象空间"。因此,"中国未来的发展不能仅仅停留在'特殊主义'和'例外主义'的角度而在世界一隅'孤独'地论述自己……中国特别应该防范的是将自身的文化看成是一种完全与众不同的文化'特异体质''特异禀赋'甚至是特殊文化基因,这实际上排除了我们与世界对话的可能性"[①]。和以往不同的是,新世界主义致力于同国际接轨、与世界对话、同全球共命运、与世界各国互动互助、共进共演。它既"保存了民族精神与文化特性作为参与世界交往及国际传播的动力源泉,同时也破除了'民族主义对国家或政治共同体的封闭性依赖',从而为全球性政治议题的传

---

① 郁建兴,刘涛. 全球化逆转中的中国角色:中德教授的对话[N]. 南方周末,2017-02-23.

播创造了无限空间";同时,它还整合了国家战略传播的议题设置,重点围绕人类命运共同体进行价值传播的顶层规划,占据国家传播的道德制高点①,以实际行动实践人类命运共同体的构想,体现出一种既试图改变游戏规则又竭力留住玩家的具备包容性、层次性、策略性、发展性等特点的整合主义与和平主义视角,是一种具有极高政治智慧、能够彻底改变世界格局的全球战略。

一、包容性

新世界主义展现出的包容性源自中国传统文化包容并蓄的优秀品质。"春秋时期儒学的创立、战国时期的百家争鸣、汉代独尊儒术旗号下的兼综众家以及魏晋时期的会通儒道是这种包容性发展的早期典型表现。"②汉魏以降佛教、伊斯兰教、基督教文化和近代西方文化在中国的渐次广泛传播和最终的兼并、吸纳、再生,最终交织成儒释道三教并存的中国特有文化景观,进一步彰显了中国传统文化"和而不同,交而遂通"的包容品格。③沿袭到当代,这一包容性品格又融入了中国接轨世界的国家战略,表达了"同心打造人类命运共同体"的共同价值和世界口号,为不同文明间的交流对话与深度经济合作建立"求同存异、兼容并蓄、和平共处、共生共荣"的包容机制。④在 G20 杭州峰会上,"包容发展"主导理念进入峰会公报,中国承诺"消除贫困,解决经济发展中的不平等现象,不让任何国家、任何人掉队"⑤。新世界主义是一个包容开放的思想体系,不同的思想文化都可以从中找到适合自己认识和理解的位置。新世界主义没有假想敌,不是排他性的,也不是唱独角戏,亦非囿于周边或亚洲区域的经济复兴,更不是局限于"一带一路"亚欧板块的垄断专营,而是鼓励世界各国(不论意识形态、宗教信仰、文化亲疏、贫富悬殊)积极加入新兴经济产业链创造下的机遇建设,以"一带一路"形设话语体系,以亚投行实现经济供给机制,整合漂移的离散力量,加固亲密的合作力量,齐力点亮人类命运共同体熔炉的冲天烈焰。

---

①　袁婧华. 中国的"新世界主义":"人类命运共同体"议题的国际传播[J]. 浙江社会科学,2017(5):105-113,158-159.

②　周东娜. 中国传统文化的包容性发展及其当代启示[J]. 理论学刊,2014(12):114-120.

③　邵培仁,姚锦云. 和而不同 交而遂通:中华优秀传统文化的当代价值[J]. 新疆师范大学学报(哲学社会科学版),2015(6):52-62.

④　国家发展改革委,外交部,商务部. 推动共建丝绸之路经济带和21世纪海上丝绸之路的愿景与行动[N]. 人民日报,2015-03-29(4).

⑤　外交部. 二十国集团领导人杭州峰会公报[J]. 中国经济周刊,2016(36):98-105.

二、层次性

关于新世界主义的论述、阐释和建构体现了由此及彼、由浅入深、层层递进的尺度关系，让文化、信息、情感在各个层次之间慢慢浸润与流淌。"命运共同体"的范围由东盟、亚洲延伸至世界；又由"中国外交层面"上升到了"国家安全高度"，既重视自身安全，又重视"共同安全"；最后还从"现实世界"延伸到"虚拟空间"，提出构建"网络空间命运共同体"。从"中国梦"到"亚洲梦"到"世界梦"进而到各国梦的层层勾连，实现了从单元—组织—系统的不同层次的结构展延。"打造人类命运共同体"不可能一蹴而就，必须分层次、分阶段、根据各个国家的特殊情况逐步推进。在推进"亚洲命运共同体"和亚洲区域、亚太区域的优化合作战略时，习近平主张以亚洲国家与亚太国家间的互联互通来深化亚洲命运共同体的战略关系，实现基础设施、规章制度、人员交流三位一体，达成政策沟通、设施联通、贸易畅通、资金融通、民心相通。与贸易相比，文化交流更加复杂。对此，习近平指出，在与不同国家、民族的文明交往中，中国应该"维护世界文明多样性，尊重各国各民族文明，正确进行文明学习借鉴，科学对待文化传统"①。在人类命运共同体论述和实践过程中，随着时间的推移和空间的演变，新世界主义内涵、外延和层次还会因时因势不断变化和演进。

三、策略性

在建构和打造人类命运共同体的过程中，中国不仅发挥着越来越大的作用，其动员、说服的策略和手法也将越来越娴熟、高明。在动员和说服东盟及周边国家时，中国采取亲邻策略，用文化上的接近性唤起深埋于文化基因中的历史记忆，用地域相邻的互利共赢事实让其切实感受到获得感和受益感。亲邻话语策略的基调多为"与邻为善、以邻为伴""紧密结合""守望相助、心心相印"，其目的也在于"睦邻亲近、官通民和、增加交往、互帮互惠"。②就动员、说服非洲等欠发达国家而言，习近平强调要始终遵循"真、实、亲、诚"的传播策略，倡导"提高亚非合作水平，继续做休戚与共、同甘共苦的好朋友、好伙

---

① 罗容海. 学界热议习近平主席在纪念孔子诞辰 2565 周年国际学术研讨会上的讲话[N]. 光明日报,2014-09-25(2).
② 陆地,许可璞,陈思. 周边传播的概念和特性:周边传播理论研究系列之一[J]. 现代传播(中国传媒大学学报),2015(3):29-34.

伴、好兄弟"①。对待美国等世界大国,中国不卑不亢,主张以"不冲突不对抗、互相尊重、合作共赢"②来构建新型大国关系,倡议共同维护全球秩序。可以看出,中国推行的多层次多边外交战略和传播策略,是以低姿态亲善欠发达国家、区域,以平等姿态携手发达国家、地区,在尊重各国发展不均等、规章体制不统一、风俗文明不一致的多元差异的前提下,求同存异,努力寻找共同点,整合互利共赢的合作共同体。新世界主义对中国政治修辞和话语策略的优化也开启了新的理论视角,中国应建立完善的信息和新闻资源整合机制、传播战略与策略互动协调机制,"'走出去'与'请进来'相结合,国际化与本土化相结合,'有所为'与'有所不为'相结合",通过信息"牵引辐射""韧性、柔性传播"③,更准确、全面地向世界传输中国的新世界主义理念。

四、发展性

新世界主义是一种不断生成、发展的开放性理论体系,它能够依据动态的全球政治经济格局与时代发展进步的脉络,不断调试、变换自己的战略思维和行事姿态;能够依据中国智慧型的外交准则和判别依据,不断地对世界政治多极化、经济多层化、文化多元化、种族多样化等纷繁复杂的国际形势提出化解矛盾焦点和难点的各种妙招。新世界主义的发展性意味着变化性、伸缩性、弹性和张力,意味着需要用一种上下互动、左右联通、内外结合、多方呼应的弹性和韧性关系处理原则应对世界变化和时局挑战。从"韬光养晦"到"伙伴关系",从"和平崛起"到"主动作为",从"二元对立"到"命运共同体",中国对世界的认识、理解、论述及其态度始终与时俱进、不断调适自身以适应世界的变化与发展。即使处理同世界上头号大国美国的关系,也是依据"和合共生"、责任共担的理念,以发展、开放、灵活的姿态应对美国政局的变化。

第三节 基于新世界主义的中国国际传播原则

"在寻求全球治理体系重新定位的过程中,新世界主义的意识形态已经深深根植于中国传媒的生产与传播的过程之中,经过媒介话语的社会内化,

---

① 习近平. 弘扬万隆精神推进合作共赢:在亚非领导人会议上的讲话[N]. 新华社(雅加达),2015-04-22.

② 《南方日报》评论员. 中美新型大国关系具有强大生命力[N]. 南方日报,2015-09-26(F02).

③ 李建军. 提升新疆文化对外传播力的路径选择[J]. 当代传播,2012(2):76-78.

最终成为国家转型过程中的社会共识和政策方向",同时,"预示中国国际传播顶层决策正在不断调试、探索新的路径和面向"。① 中国传媒必须积极有效地为新世界主义的国际传播提供全方位、多渠道、全媒体服务,使其尽快为世界各国政府和大众理解和接受,成为全球共识和行动。为此,在充分理解、领会和认识新世界主义理念与特性的基础上,中国传媒在国际传播中还应遵循媒介尺度、"混合咖啡"、格创结合三项原则。

一、媒介尺度原则

"媒介尺度(medium scale),是指在考察、研究和运营中对媒介体征、形式和内容所采用的空间或时间的度量衡单位,是对管理法度和制度的要求、对实践水平或状况(高度、深度、热度、角度、知名度和美誉度)的期待以及为保持媒介的质的稳定性对量的界限、幅度和范围的把握。"在国际传播中,"要建构整体互动、均衡和谐的媒介尺度机制,最重要的就是要把握好媒介尺度辩证统一的生态关系,处理好媒介尺度两端或中间的矛盾或融合的关节点和临界点,努力将媒介运营和信息传播的各种矛盾关系置于一种互动互助、共进共演、和谐协调、整体均衡、不偏不倚、恰到好处的张力状态中,争取做到媒介与传播的质和量的统一,内容与形式的统一,本土性与全球性的统一"②。以本土性与全球性传播为例,在新世界主义的语境下二者不再是简单的二元对立或零和博弈关系,而是共生共存、互动互助、共进共演的生态关系。我们需要对传播本土性和全球性尺度的过分异质和背离保持高度警惕,以防引爆民粹主义和排外主义,但也需要给两者之间无节制的相互亲近、相互渗透画定红线,以防文化的同质化、全球化或"和平演变"。虽然新世界主义的媒介尺度要求我们用更宽广的视野和胸怀来理解本土性和全球性之间的互渗与杂糅,但也应以历史使命感和民族认同感向文化的本土性与多样性投去赞赏的目光,并深信本土文化基因已经深藏于中华文明的骨髓和灵魂深处,不可能被全球性完全吞噬。当然,"全球化其实也创造了某种文化平台,可以使各种文化真正地凸显其独特性"③。

---

① 邵培仁,王昀.新世界主义视野下的中国传媒发展[J].编辑之友,2017(1):5-11.
② 邵培仁,夏源.媒介尺度论:对传播本土性与全球性的考察[J].当代传播,2010(6):9-12.
③ 郭英剑.译序[M]//[英]约翰·汤姆林森.全球化与文化.南京:南京大学出版社,2002:12.

二、"混合咖啡"原则

在复杂多变的国际传播语境下,中国传媒还应遵循符合新世界主义理念的"混合咖啡"原则。"混合咖啡"原则是乌尔里希·贝克在设计欧洲世界主义政治结构时提出来的整合原则,试图"以渗透、连接和混合地区的、国家的、种族的、宗教的和世界主义的文化和传统来推翻个性、社会和政治的地域囚禁理论的局限性"①。这为我们解决国际传播中非此即彼、非黑即白以及对立性、单一性、矛盾性、偏执性等问题提供了一种灵活的理性的综合的思维面向。纯粹的单品咖啡很苦涩,但若加入不同品种的咖啡或适量的牛奶、糖、蜂蜜等,就可调配成清香扑鼻、风味独特、滑润爽口的上品咖啡。同样,中国的国际传播和对外文化传播也要遵循"混合咖啡"原则,采用不同的媒介、符号、形式、主题和风格,运用不同的艺术种类、形态、器具,通过不同的渠道、路径和平台,依据国际传播的特点和规律以及当地实情和需求,进行混合式、立体式、全方位、有目的、有针对性地传播。中国国际传播中的"混合咖啡"应该是:本土性是符合新世界主义理念的具有国际视野、全球内涵的本土性;全球性是符合本土传统、中国国情和文化内涵的全球性。我们不会顾此失彼、拣小丢大,而是要让本土性与全球性混合杂糅、比翼齐飞,既寓全球性于本土性之中,用本土特色来包容和含蕴全球性,又以全球平台来接纳与扩展本土性,让本土性文化借助全球性媒介走向世界。

三、格创结合原则

在新世界主义的语境下,本土化和全球化是当今世界范围内并行不悖的两种潮流和趋势,同时涉及如何将全球文化本土化和如何将本土文化全球化两种动能。对于前一种动能,我们曾主张以"三义"化解,即"原义——文法层面的本土化,格义——语义层面的本土化,创义——思想层面的本土化"②。其实后一种动能亦可反向使用"三义"化解。而对于两者来说,格创结合原则更为重要。"原义"是指将输出国的语言、符号转换改制为输入国的语言、符号,而基本内容和思想观点不变的传播策略。"格义"是指将输出国的文本用输

① [德]乌尔里希·贝克. 世界主义的观点:战争即和平[M]. 杨祖群,译. 上海:华东师范大学出版社,2008:9-14.

② 邵培仁. 传播的魅力[M]. 北京:首都经济贸易大学出版社,2014:68.

入国文化精粹加以重新阐释、解读、转化和升华,形成不同于原有的具有输入国文化特色的文本。"创义"就是依据国际视野、全球精神,在中华文化基础上直接提炼、生成或创造出具有共同价值和世界特点的理论与思想,并让世界接受和认同。如果再进一步将格义与创义两者结合起来,那么中国的国际传播必将势如破竹、无往不胜,就可以与处于话语霸权地位的西方展开平等对话,逐步消除和打破本土性与全球性之间的隔阂与疏离,不断增强中国媒介在国际传播中的传播力、影响力和美誉度。

第四节　国际传播的新世界主义策略和进路

依据新世界主义的核心思想、理论体系和中国国际传播的三项原则,中国的国际传播面向未来、面向世界的发展策略和进路是以下几点。

一、积极构建信息传播的命运共同体

习近平指出:"互联网发展是无国界、无边界的,利用好、发展好、治理好互联网必须深化网络空间国际合作,携手构建网络空间命运共同体","推动全球互联网治理朝着更加公正合理的方向迈进,推动网络空间实现平等尊重、创新发展、开放共享、安全有序的目标"。[①] 这是万物互联互通的时代。要消除"数字鸿沟"、化解文明冲突、"建立世界信息传播新秩序"、打造人类命运共同体,就不仅要让全球人、财、物互联互通、开放共享,也要将全球新闻、信息和文化资源相互联通,让人类自由、平等地获取和共享信息,并团结起来共同克服面临的危机和困难。[②] 还要搭建资源互惠、技术共通、人员共作、渠道共享的传媒共同体平台,努力创造条件搭建如"'一带一路'媒体传播联盟""丝路电视国际合作共同体"等国际传媒共同体平台,携手发展中国家媒体共同推进国际新闻的生态平衡。还可以效仿"中央厨房"式的媒体资源统一配置机制,携手世界各国传媒集团或机构进行新闻联合报道,实现分工协作、优势互补、合作共赢的传媒共同体模式,更高效、先进、全面地报道世界。

---

① 习近平. 在第三届世界互联网大会开幕式上的视频讲话[N]. 新华社,2016-11-16.
② 邵培仁. 信息公平论:追求建立世界信息传播新秩序[J]. 浙江传媒学院学报(哲学社会科学版),2008(2):25-29.

二、积极建构兼容本土性和全球性的价值体系和话语体系

新的体系应该既不是西方中心主义的，也不是东方中心主义的，而是以跨文化交流为基础的全世界、全人类都能接受的包容性和开放性体系；它不仅可以避免本土性被同化、同流或者合谋的命运，能在全球性的平台上找到自己的位置，而且也可以让全球性在新的体系中进一步丰富和充实自己的内涵和面向，让两者都能再次找到焕发活力、再现辉煌的新路；它需要尽快消除和打破两者之间的隔阂与疏离，寻找共同点，扩大共通点，取长补短，求同存异，增加共识；还应该坚持文明对话、文化平等的思想，鼓励跨文化对话和批评，在不断地"遭遇"、碰撞和建构中达成和谐相处、共同发展；要改变原有单一的结构性话语，还要公平、公正、平等地对待每一个传播机构和传播主体，不论其大小和贫富，通过激发其勇于创新、敢于担当的精神，形成感召力和向心力。

三、努力构建科学有效、层次分明的传播结构和机制

在传播全球化、经济信息化、万物联通的当下，国内传播与国际传播的原有边界正在坍塌、模糊，一种你中有我、我中有你、合作生产、共传共享的传播机制正在形成。新的传播机制的构建是一项从硬件到软件、从体制到流程的深刻变革，也是一项由浅入深、由内到外、由下到上的迭代交融的系统工程。其传播基础设施建设强调的是全球联通，要求提供高效、安全、稳定的传播设备和传播技术；"传播渠道强调的是条条大道通罗马的顺畅；传播媒介强调的是更为丰富、立体、系统的形态；传播内容强调的是真实、有用、贴近、参与和分享"①。中国必须主动作为、率先垂范。首先，要以市场运作的方式在全球范围内开展大规模传播基础设施建设，为国际传播搭建新平台。其次，要在向外拓展中积极采取兼并、收购、重组等多元化战略手段做大做强中国的国际传播媒体，也鼓励私营资本和企业包括海外华人资本和企业参与媒体全球化进程，提高媒体的国际竞争力、传播力和影响力。最后，要进一步加快和完善传统媒体与新兴媒体的融合发展。鼓励媒体机构以科技驱动推进创新，全面升级新闻生产体系，加速新闻客户端的移动智能化，丰富"互联网＋媒体"

---

① 廖卫民. 新世界主义与对外传播战略：基于"传播与人类命运共同体"穹顶模型的理论思考[J]. 浙江社会科学,2017(5):114-120,159.

的合作机制,跻身世界最先进、最庞大、最完善的信息传播主体。

四、组建强大的具有跨文化背景的内容生产与传播队伍

随着全球信息传播一体化、协同化和市场化趋势的不断增强,对抗转向对话、封闭转向联通、单向度传播转向多向度传播正成为世界的共识,而新世界主义和构建人类命运共同体的倡议恰好顺应了这一系列的转向和变化。因此,更新传统观念,顺应时代潮流,让内容生产与传播积极服务于新世界主义的战略理念与人类命运共同体的建构是中国媒体义不容辞的使命和职责。中国传媒不仅要培养本土的跨文化新闻采编人员,选好和用好人才,更要积极招揽和吸引优秀的世界人才;不仅要组建强大的专司信息传播的各类专业人才队伍,还要鼓励和欢迎所有愿意参与或介入新世界主义内容生产与传播的个人、群体、企业、社会组织、国际机构等不同层次、不同民族和国家的传播主体;不仅要用多语种、多媒体、多层面、多维度、全方位公正、客观、真实地报道世界新闻,而且要学会用西方报道中国的技巧报道西方,用世界媒体通用的报道规则报道世界,不断扩大和增强中国国际传播的辐射力和影响力。

新世界主义的提出与推进既顺应世界格局重大变化和时代发展趋势,也因应大国崛起的历史经验和中国腾飞的内在要求。这给中国的国际传播带来无穷的想象空间和巨大的发展机遇。中国的国际传播必须顺应时代潮流和历史趋势,振奋精神,鼓足干劲,一方面坚守国家的根本利益、重大关切、文化基因和本土特色,另一方面又要具有全球视维、共同价值和国际情怀,从"共同构建人类命运共同体"的视角向社会大众和国际社会大力传播、讲述中国故事。

第八章 适度是美:新世界主义的媒介尺度与传播张力

媒介尺度是媒介地理学的重要概念,是指"在考察、研究和运营中对媒介体征、形式和内容所采用的空间或时间维度的衡量单位;是对管理法度和制度的要求,对实践水平或状况(高度、深度、热度、角度、知名度和美誉度)的期待,以及为保持媒介的质的稳定性,对量的界限、幅度和范围的把握"①。媒介尺度虽然基于地域范围考量媒体布局、信息传播的张弛之道,但尺度所具有的时空双重维度,以及对范围和频率双面表达的多重意涵②,致使媒介尺度在突破地理框架外的文化、政治范畴,同样具有强大解释力和约束力。整体互动模式告诫人们,传播过程牵一发而动全身,人类的传播行为具有极其复杂多变的性态。它"所面对的不只是支撑信息传播过程的几种要素和一些单纯的信息传播现象,而是从一定角度和层面上面对整个世界"。"它不仅要充分考虑本系统与外部世界的复杂关系,而且要重视传播过程中各种因素共同构成的整体关系以及人类传播的全部现象。"③因此,面对当今国际传播格局多极化、复杂化的态势,必须在新世界主义的宏大视野中寻找因应之策,依据变动不居的传播活动及其表征不断调校媒介尺度,始终保持适度的传播张力。

沙拉比(Chalaby)将 19 世纪以来的国际传播进程分为三个阶段:第一个阶段是以技术为驱动的国际化传播,第二个阶段是以资本为驱动的全球化传播,第三个阶段是以人本主义为驱动的跨国/世界主义传播。④ 沙拉比的第三阶段范式革命和"世界主义拐点"(Cosmopolitan Turn)假说得到众多全球化

---

① 邵培仁,夏源.媒介尺度论:对传播本土性与全球性的考察[J].当代传播,2010(6):9-12.
② 邬建国.景观生态学:格局、过程、尺度与等级[M].北京:高等教育出版社,2000:71.
③ 邵培仁.传播学[M].3 版.北京:高等教育出版社,2015:84-85.
④ Chalaby, J. K. From internationalization to transnationalization [J]. *Global Media & Communication*,2016,1(1):28-33.

学者的支持①②,无论是从个人社会日常生活到国家政治治理的世界化表征③,还是构建基于爱国主义文化认同的世界主义道德伦理④,无可否认,传统的全球化范式对区域化、本土化模块的解释式微⑤,亦难以从理论微观层面诠释发生于"国家内部的全球化"⑥以及跨越国族的区域性联结等文化杂糅现象。

近年来,中国积极推动的"一带一路"、亚投行、丝路基金等一系列国际传播顶层决策,对外传播的话语表达也透露出一种顺应世界潮流的新世界主义观点。⑦中国的新世界主义不同于乌尔里希·贝克偏向于欧洲乌托邦式的政治一体化理想,它是"对世界和人类文明现状以及发展趋势所持有的系统性认识、论述、主张与行动方案"⑧。在具体实操语境中,新世界主义理论指导下的媒介尺度不仅有效化解了本土性与全球性、民族性与世界性、特殊性与普适性的二元对立矛盾,而且透过命运共同体打造和范式重构,描绘并展示出新世界主义在微观层面的传播结构和科学机制。

第一节　文化传播中的本土性与全球性

全球性与本土性在国际传播学界一直存在两极化的争论。一种是全球化的同质性,论者认为本土性与全球性密不可分,本土性终将被全球性渗透和重塑。例如吉登斯(Giddens)将全球化定义为"全球社会关系的强化,导致人们在本土发生的事件是由于受到了千里之外事件的影响,而反之亦然"⑨。而"文化帝国主义"理论,也认同文化的全球化同质性,如席勒(Schiller)的定

---

① Strand, T. The making of a new cosmopolitanism[J]. *Studies in Philosophy & Education*, 2010,29(2):229-242.

② Beck, U. & Grande, E. Varieties of second modernity: the cosmopolitan turn in social and political theory and research[J]. *British Journal of Sociology*,2010,61(3):409-443.

③ Beck, U. *Cosmopolitan Vision*[M]. Cambridge: Polity,2006.

④ Appiah, K. A. Cosmopolitan patriots[J]. *Critical Inquiry*,1997, 23(3):617-639.

⑤ Rantanen, T. From international communication to global media studies. What next? [J] *Nordicom Review Nordic Research on Media & Communication*,2008, 29(2):31-34.

⑥ Beck, U. The cosmopolitan society and its enemies[J]. *Theory Culture & Society*,2020, 19(1-2):17-44.

⑦ 邵培仁,王昀.新世界主义视野下的中国传媒发展[J].编辑之友,2017(1):5-12.

⑧ 邵培仁,周颖.国际传播视域中的新世界主义:"命运共同体"理念的流变过程及动力机制研究[J].浙江社会科学,2017(5):94-104,158.

⑨ Giddens, A. *The Consequences of Modernity*[M]. Cambridge:Polity,1990:64.

义:"当一个社会被卷入现代世界体系,该社会居于统治地位的阶层被引诱、强迫、压制甚至被贿赂,以形成符合甚或促进该世界体系主导性的中心价值和结构的社会体制,这一过程以及同类进程的集结,便是文化帝国主义。"①

另一种是全球化的异质性。中西方二元对立的思想为全球化的异质性提供了有力的学理支撑。亨廷顿提出的"文明的冲突",便是建立在西方文化霸权学理基础上,认为东西方文明具有不可调和性。萨义德从《东方学》到《文化与帝国主义》,试图阐释"东方并非一种自然的存在"②,而是想象和建构。帝国主义文化思想的核心——身份认同观③,是造成西方帝国主义文化蚕食东方文化的根本原因。有些全球化学者则宣称,本土的文化多元性始终独立存在于全球范围内。汤姆林森曾在《全球化与文化》中指出全球化带来的邻居关系的改变,客观原因是全球化进程导致了距离的萎缩,造成了复杂的相互依存关系,产生了"强迫的亲近感"④,因全球化而增进的交往密度,并非从本土性价值观的消弭层面来思考本土性与全球性的共存关系,也就是说,本土性的价值观始终是客观存在的。

特希·兰塔能在系统梳理了全球性与本土性论争的两极化观点后,指出"我们不能不承认,由于具体环境的不同,全球化既可能产生同质化也可能产生异质化的结果,甚至两者皆有"⑤,并进一步追问"全球化之后的范式是什么?"⑥这一追问引发了对全球性与本土性两者互动关系尺度在新全球化语境下,特别是在新世界主义视野下的重新思考。

那么,全球性与本土性相互作用的合理尺度是什么呢?它不应该是全球化同质性的媒介尺度,即所谓世界范围内应该只有一种共同的传播理论体系、学术规范和研究方法,由处于话语高地的西方文化和思维主导,处于高度依赖的话语低地的文化区域只能追随、服从西方中心主义的传播理念和研究范式,将本土性视为全球性的次级维度(见图 8-1)。

它也不应该是全球化异质性的媒介尺度。无论是基于"去领土化"(de-

① Schiller, H. *Communications and Cultural Dominations*[M]. New York:Sharpe,1976.

② [美]爱德华·萨义德. 东方学[M]. 王宇根,译. 北京:生活·读书·新知三联书店,1999:6.

③ [美]爱德华·萨义德. 文化与帝国主义[M]. 李琨,译. 北京:生活·读书·新知三联书店,2003:21.

④ [英]约翰·汤姆林森. 全球化与文化[M]. 郭英剑,译. 南京:南京大学出版社,2002:267.

⑤ [英]特希·兰塔能. 媒介与全球化[M]. 章宏,译. 北京:中国传媒大学出版社,2013:82.

⑥ Rantanen, T. From international communication to global media studies. What next? [J]. *Nordicom Review Nordic Research on Media & Communication*,2008,29(2):31-34.

图8-1　本土性作为全球性的同质、次级维度

territorialization)的观点，认为媒介受众具有的地方性文化认同与地理位置的捆绑关系已然消解，还是基于"再领土化"（re-territoriliaztion）的观点，认为"全球化虽然造成了人类的迁徙，但人们会试图在定居地重建文化家园（cultural home）"①，它们都认为流动的本土性是独立于全球性而存在的价值尺度，其异质性和矛盾性是根深蒂固的（见图8-2）。

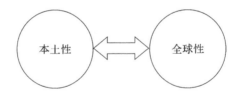

图8-2　本土性作为全球性的异质、对立维度

　　持有全球化异质性修正立场的文化多元主义理论家认为，全球化传播体现了"本土性寓于全球性，全球性寄生本土性"（the global in the local, the local in the global）的文化杂糅现象②；认可全球化流动的景观、信息、技术、人才等元素造成的文化拼凑，是"形式从现存的实践中分离，并和新的形势在新的实践中重新结合的方式"③，但并不认同尺度过于亲密而完全混淆全球性与本土性的独立价值的"全球本土化"（globalization）④。在媒介与传播本土性

　　①　[英]约翰·汤姆林森. 全球化与文化[M].郭英剑,译.南京:南京大学出版社,2002:148.

　　②　Curran, J. P. & Gurevitch, M. *Mass Media and Society*[M]. 4th ed. London: Hodder Arnold,2005:93-119.

　　③　William, R. & Schelling, V. *Memory and Modernity：Popular Culture in Latin America*[M]. London:Verso,1991:231.

　　④　Robertson, R. Globalization：Social theory and global culture[J]. *London England Sage Publications*,1992,69(3):134-136.

与全球性的较量中,中国本土性媒介在全球性尺度掌控上具有示范性,能释放出巨大的能量,使之成为文化传播竞争中的生力军。因为,"我们提倡的媒介本土性是具有国际视野、全球内涵的本土性,就如同我们接纳的也是符合本土传统和文化内涵的全球性。在传播全球化、媒介全球化的背景下,我国的媒介传播和文化交流必须在主动融入全球化的历史进程之中,才能继续保持其本土性和民族性"。这就要争取做到本土性与全球性的辩证统一,"寓全球性于本土性之中,用本土特色来包容和含蕴全球性;又以全球性来会通与融合本土性,让本土性的文化借助国际性的媒介走向世界"①。新世界主义认为,世界多极化和文化多元化是客观存在的事实,反对霸权主义和西方中心主义,也反对搞民族主义和孤立主义,主张以信息公平、均衡的尺度来消除全球信息交流的不对称和不平等。因此,新世界主义所主张的本土性与全球性的互动关系,是一种适度交叉、和谐协调、整体均衡、恰到好处的媒介尺度和张力状态,它们既各自独立,又相互交融(见图8-3)。

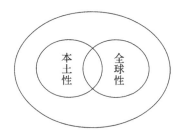

图8-3 本土性与全球性新型互动关系

而新世界主义衡量本土性与全球性互动关系的标尺,是以"同心建构人类命运共同体"为基本价值准星,强调万事万物的和谐统一,"蕴藏着天人合一的宇宙观、协和万邦的国际观、和而不同的社会观、人心和善的道德观"②,为文化传播本土性与全球性的关系重构提供了一种全新的范式。

---

① 邵培仁,杨丽萍. 媒介地理学:媒介作为文化图景的研究[M].北京:中国传媒大学出版社,2010:142.

② 袁靖华.中国的"新世界主义":"人类命运共同体"议题的国际传播[J].浙江社会科学,2017(5):105-113,158-159.

第二节　国际传播中的民族主义与世界主义

从唯物史观的视角来看,"尺度是斗争和妥协过程产生的社会产物"①。而民族性与世界性的关系尺度,也总是处在一种此消彼长的斗争状态(见图8-4)。对民族性尺度的理解通常是建立在民族主义的基础内涵上,而探讨的世界性尺度则囊括了世界主义的一系列阐述。西方学者认为,世界主义的理念最早出现在公元前4世纪,由犬儒派哲学家迪奥格尼斯提出,他号称自己为"世界公民"(citizen of the world),随后持有与之共同理想的人们都将"世界公民"奉为共同追求,他们追求不局限于某一特定民族或国家的利益,而更注重整个人类和世界具有普遍意义的价值和利益。在世界主义理论发展演变史上,卢梭、康德、马克思和恩格斯等哲学家都对世界主义理论的早期构建有所建树,但二战后民族主义的情绪高涨使得世界主义悄然退出了主流思想舞台。② 而随着冷战结束,和平发展成为时代的潮流,各国开始把焦点放在经济发展上。在国际货币基金组织(IMF)、世界银行(WB)和世界贸易组织(WTO)三大国际经济组织的推动下,经济全球化特征愈发明显,随之也加速了文化的全球化步伐。全球化现象在当代社会的凸显客观上为世界主义的再度兴起提供了必要的生存土壤。③

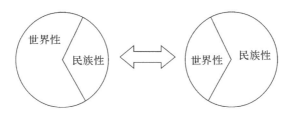

图 8-4　此消彼长的世界性与民族性

随着全球化进程的加剧,人们对于民族主义与世界主义的关系尺度有了新的思考,开始由"非此即彼"的二元现代性逐步转向"亦此亦彼"的复杂糅合性。当今世界,"一切国家,即使是最富裕、最强大的国家,由于其有限的能

---

① 邵培仁,夏源.媒介尺度论:对传播本土性与全球性的考察[J].当代传播,2010(6):9-12.
② 王宁.世界主义、世界文学以及中国文学的世界性[J].中国比较文学,2014(1):11-26.
③ 王宁.世界主义及其于当代中国的意义[J].山东师范大学学报(哲学社会科学版),2012,57(6):2,49-55.

力和不完善的基础设施,仅依靠其自身力量,都无法解决所遇到的困难和问题,都变得越来越易受伤害。这极大地改变了传统的国际政治—经济模式,导致一种不以地区、民族和疆域来界定的新的社会图景"①。传统的以民族国家为人类社会组织的本体论开始遭到全球化学者们的质疑,哈贝马斯指出,全球化带来的风险挑战,是主权国家间普遍采用的协议形式所无法解决的,以民族国家为基础的福利政策在经济全球化竞争下难以维系,基于此,应该建立"跨国性世界经济体"②,构建一种协调一致的"世界内政模式"③。全球化学者对于"去领土化"(de-territorialization)的探讨,也扬弃了民族国家限制于国界线的尺度思考,汤姆林森指出全球化带来亲近感、移位感,削弱或是消解了日常充满活力的文化和领土定位之间的联系,全球化"复杂的联结"造成了社会结构的转型。④ 莫利(Morley)和罗宾斯(Robins)对于"去领土化"现象也曾这样表述:"地方再也不是人们认同感明确的支撑物。"⑤因此,一些理论家亦喜欢用"去地方化"(delocalization)(汤普森)或是"移位"(dis-placement)(吉登斯)来表述文化、地理和社会领土自然关系的丧失。⑥

乌尔里希·贝克在思考欧洲的世界主义社会时提出了"第二现代性"的概念,认为第二现代性社会扬弃了旧现代性以民族国家主权统一性划分国界势力范围,参与世界政治的基本体系,强调一种新型的世界主义治理模式。但是,"世界主义的现实主义并不否定国家主义,而是将国家主义作为前提,并将它转换成一种世界主义的国家主义"⑦。"全球化深入改变固有社会结构,产生新的社会现象和社会制度,如人们网络社会关系的不均质分布;新型跨国跨民族政治、经济体的出现;市民社会的产生;加剧的社会风险;社会新法规(比如人权)、新型战争、全球性的犯罪、恐怖主义等等的诞生"⑧,造成了

---

① 章国锋."全球风险社会":困境与出路:贝克的"世界主义"构想[J].马克思主义与现实,2008(2):45-53.

② [德]尤尔根哈·贝马斯.欧洲的民族国家:关于主权和公民资格的过去和未来[M].曹卫东,译.上海:上海人民出版社,2002:140-143.

③ [德]尤尔根哈·贝马斯.欧洲是否需要一部宪法?[J].曹卫东,译.读书,2002(5):83-90.

④ 郭英剑. 译序[M]//[英]约翰·汤姆林森全球化与文化.南京:南京大学出版社,2002:5-12.

⑤ Morley, D. & Robins, K. *Spaces of Identity*:*Global Media Electronic Landscapes and Cultural Boundaries*[M]. London:Routledge,1995:87.

⑥ [英]约翰·汤姆林森.全球化与文化[M].郭英剑,译.南京:南京大学出版社,2002:157.

⑦ [德]乌尔里希·贝克. 世界主义的观点:战争即和平[M].杨祖群,译. 上海:华东师范大学出版社,2008:65.

⑧ Sztompka,P. Review essay—Ulrich Beck and cosmopolitanism[J]. *International Journal of Urban and Regional Research*,2009,33(4):1079-1082.

以民族国家为基础的现代性体制难以解决的棘手问题。因此,只有"建立超越民族国家模式的社会和政治治理新形势","既要照顾到民族利益,又要对其进行合理的平衡与限制;既要反对狭隘的民族主义情绪,又要抵制霸权主义的行为方式"①,参照"世界化的共同指标"②,才能化零为整,持续社会平衡性运转。"非此即彼的民族国家逻辑"已经不合时宜,新的指标应遵循"亦此亦彼"的国家理念,提倡"民族国家的自律",在尊重民族主权,承认民族差异的前提下,加强国家合作,实现世界治理。③ 但这种"非中心的、领土上可变的、被精英所主宰的跨民族协商系统",忽略了"政治体系中不可避免的冲突、不平等、权力和国家地位等反世界主义的因素"④,是一种理想主义的世界主义。

不同于贝克乌托邦式的世界主义观点,本书提出的新世界主义主张,承认并尊重以国家利益为出发点的现代性思考,并从民族主义维护本国利益的基本面向中汲取养分,转向更高层面的智慧考量,联合其他民族国家追求人类共同的利益。本书里的新世界主义并非联结任何具有政治色彩的联盟友邦,而是基于经济同盟出发的世界民族协作,"同心打造命运共同体"。在"一带一路"、亚投行、丝路基金等一系列以中国为主导的全球经济合作项目的顺利推进下,新世界主义的叙事理念也正在从理想转变为现实。

基于新世界主义的媒介尺度批判仅从主权、国界、民族利益出发,以国家为全球媒介基本活动单位的"媒介帝国主义"观点⑤,也不赞同脱离了现实语境"去主权化"的媒介运动,全球化时代的大众媒介提供了崭新的规则和资源来建构"想象中的自我和世界"⑥。新世界主义的媒介尺度以第三种眼光看待分布于全世界的媒介整体互动、有机依存的多元、碎片化的复杂关系。阿帕

① [德]乌尔里希·贝克. 风险社会:走向另一种现代性[M].何博闻,译. 南京:译林出版社,2004:117.

② Sztompka, P. Review essay—Ulrich Beck and cosmopolitanism[J]. *International Journal of Urban and Regional Research*,2009,33(4):1079-1082.

③ [德]乌尔里希·贝克,埃德加·格兰德. 世界主义的欧洲:第二次现代性的社会与政治[M].章国锋,译. 上海:华东师范大学出版社,2008:18-21.

④ Martell,L. Beck's cosmopolitan politics[J]. *Contemporary Politics*,2008,14(2):129-143.

⑤ Boyd-Barrett,O. Media imperialism: Towards an international framework for the analysis of media systems 116-135[C]// Curran, J. & Gurevitch, M. *Mass Communication and Society*. London:Edward Arnold,1977.

⑥ [美]阿尔君·阿帕杜莱. 消散的现代性:全球化的文化维度[M].刘冉,译. 上海:上海三联书店,2012:4.

杜莱认为,"全球化造成的邻里语境的缺失,使得复杂多变的民族国家、流离者的流动、电子和虚拟社区等地方性景观与全球电子媒介营造的世界景观构成了断裂"①。新世界主义的媒介尺度提供了新的视野来串联这些断裂,将民族性与世界性之间的隔墙转变为沟通互动的桥梁,民族性与世界性也从对立关系被重新置于新世界主义的融合、平衡的天平之上,并以区域性或其他共通性原则来填补这两者的沟壑而实现平衡和共赢(见图8-5)。

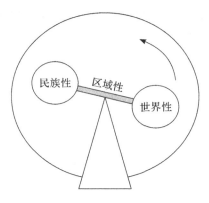

图 8-5 新世界主义尺度天平

第三节 特殊性与普遍性的媒介尺度

特殊性与普遍性,是将本土性与全球性、民族性与世界性上升到理性哲学层面的更宽泛的尺度单位。"普遍性总是相对于特殊性而言,而且总是不能离开特殊性而存在,普遍性是特殊的普遍性,否则普遍性就是空洞虚幻。"②特殊性与普遍性的哲学探讨也有助于更好地理解新世界主义视域下本土性与全球性、民族性与世界性相互交叉、亦此亦彼的复杂关系。

特殊性与普遍性是中国传播学者在建构本土传播理论中不可回避的话题。有学者反思"中国化"传播理论在追求"放之四海而皆准"的人类传播共同规律的探索道路上,数十年来成果差强人意,认为本土化的研究要注重中文传播的独特现象和独特规律,从西方理论中选择相关且具有操作性的概

---

① [美]阿尔君·阿帕杜莱. 消散的现代性:全球化的文化维度[M].刘冉,译.上海:上海三联书店,2012:42-56.

② 高兆明. 关于"普世价值"的几个理论问题[J].浙江社会科学,2009(5):53-58,126.

念、命题或框架，建构适用于中国受众的传播理论[①]；也有学者认为现有的理论并不适用专属于某一文化的特质，且中国文化传统中没有现成的、符合科学研究定义的理论，因此必须以本土文化为根基，融合创新西方理论，提炼出华人传播理论的"胚胎"[②]。那么，中国本土传播理论建构的目标是解释中国特殊的传播现象，还是建构具有普遍性的传播理论呢？辩证唯物主义认识论认为，矛盾的特殊性与普遍性是辩证统一的。矛盾的普遍性范畴表明，矛盾无处不在、无时不有，所以要坚持用两点论的方法观察和分析问题；矛盾的特殊性范畴表明，矛盾及其各个方面在不同发展阶段各有特点，所以要坚持具体问题具体分析。新世界主义的媒介尺度，也遵循矛盾认识论的辩证统一原则，认为中国特殊的传播现象，是构成中国本土化传播普遍理论的基础，也是理论切入点的关键，构建本土传播学既要抓住中国传播的特殊性问题，也要生成中国传播的普遍性规律。

在国际传播视维中，全球化媒介塑造的全球图景是普遍性的，但被包容其中的地方景观却是特殊的；地方媒介塑造的地方景观是特殊性的，但串联起的全球图景又是普遍的。这种普遍性寓于特殊性，特殊性反衬普遍性的杂糅状态，对媒介尺度的适用范畴造成了挑战，而建立在新世界主义视野下的媒介尺度，却完好地涵盖和融合了这种杂糅状态。在分析国际传播特殊性与普遍性的规律时，新世界主义的媒介尺度遵循一种"混合咖啡"原则和"宝塔糖"策略。贝克在构建欧洲世界主义的结构原则时，引用了德国作家托马斯·曼的"混合咖啡"原则中一种从混合了一半牛奶、一半咖啡的法式咖啡原理得到的启发："以渗透、连接和混合地区的、国家的、种族的、宗教的和世界主义的文化和传统来推翻个性、社会和政治的地域囚禁理论的局限性。"[③]同理，如果让肚里有蛔虫的小朋友直接吃驱蛔蒿难度较大，但将驱蛔蒿与砂糖、香料、香草片和水混合做成宝塔糖，小朋友就喜欢吃了。新世界主义媒介尺度倡导的"混合咖啡"原则（见图 8-6）和"宝塔糖"策略，"既是经济全球化背景下文化交流与文化繁荣的直接结果，也是主张和支持文化多样性而应有的基

————————

① 祝建华.中文传播研究之理论化与本土化：以受众及媒介效果的整合理论为例[J].新闻学研究,2001(68):1-21.

② 汪琪,沈清松,罗文辉.华人传播理论：从头打造或逐步融合？[J].新闻学研究,2002(70):1-15.

③ [德]乌尔里希·贝克.世界主义的观点：战争即和平[M].杨祖群,译.上海：华东师范大学出版社,2008:9-14.

本取向"①。它虽然稀释、磨平和减少了部分本土性和民族性的成分,却在总体上提高了本土性和民族性向外传播的总量和效果,保留了活力极强的文化基因和民族精神,而且传播对象还乐于接受,同时这也为"解决国际传播中非此即彼、非黑即白以及对立性、单一性、矛盾性、偏执性等问题提供了一种灵活的、理性的、综合的思维面向"②。针对国际受众口味不一的混杂性,新世界主义媒介尺度主张具体问题具体分析,借用中国本土化传播"原义、格义、创义"③的逆向思维来调试国际传播活动与现象中的特殊性与普遍性,用中国的传播符号替换西方符号,在中国传统文化中适当融入西方文化和当代元素,用普适的传播技巧诠释中华传统文化和核心理念,借助国际化的渠道、平台传播中国故事、中国方案、中国模式,顺应世界潮流,输出中华文化。

图 8-6 新世界主义媒介尺度的混合咖啡原则

<hr>

① 邵鹏,左蒙.新世界主义视域下的中国电影国际化[J].当代电影,2017(8):196-198.

② 邵培仁,沈珺.新世界主义语境下国际传播新视维[J].新疆师范大学学报(哲学社会科学版),2018(2):96-104.

③ 原义——"文法层面的本土化",是指将别国的语言、符号转换改制为本土的语言、符号,而基本内容和思想观点不变;格义——"语义层面的本土化",是指将西方的文本用中国文化精髓加以重新解释、解读、转化和升华,形成不同于原有的具有本土特色的文本;创义——"思想层面的本土化",就是依据西方传播学的精神,在中国文化的基础上,根据中国实际、运用科学方法直接提炼、生成或创造出具有中国特点的本土传播学,并与处于霸权地位的西方传播学界展开平等对话。见:邵培仁.传播的魅力[M].北京:首都经济贸易大学出版社,2014:68.

第四节　新世界主义媒介尺度在全球版图中的多维应用

综上所述,新世界主义视域下的媒介尺度,在承认媒介运营或信息传播标准多极化、杂糅化的前提下,允许并鼓励某些共同性和共通性特征;在遵循世界"普世性"、标准化的原则下,重视并保护民族性、地方性的生存空间,提倡构建整体互动、均衡和谐的媒介尺度机制。

新世界主义的媒介尺度,在处理本土性与全球性的地理尺度上,拆除本土性包含于全球性的同心圆构造,降除本土性与全球性的对立尺度维度,视两者为相互交叉的次级维度,解释了媒介既能勾勒无差别的全球景观,又能凸显本土性历史文化风貌的实时性和共域性。

新世界主义的媒介尺度,在对待民族性与世界性的政治尺度上,将民族性与世界性的对立冲突,化解为融合状态,并通过区域性等其他调节尺度,来勾连流动的社会结构中离散的因素,填补世界性媒介图景中的离散沟壑。

新世界主义的媒介尺度,在调适特殊性与普遍性的哲学尺度上,主张用"混合咖啡"原则来调试传播活动与现象中的特殊性与普遍性,赋予媒介在呈现"普遍性寓于特殊性之中,特殊性离不开普遍性"的哲学辩证关系的灵活多维功能。

新世界主义体现的是外交战略的智慧之道,通过更开阔多维的眼光来处理国际传播场域中媒介尺度多元混杂、有机拼凑、辩证统一的生态关系。在实际应用层面,新世界主义媒介尺度也为媒介制度设定、媒介经营管理、国际话语建构及信息传播活动提供了全新的衡量标准。

在媒介制度层面,以更开阔的视野看待媒介制度与政治权力的博弈关系。在全球化多元政治权力的博弈场中,要学习西方媒介体系公正为大众服务、善尽社会职责的正义感,发挥东方媒介体系步调一致、团结协作的高效率,调动南方媒介体系推进社会经济变革的积极性,基于人类道德高点建立传媒共同体,为世界提供公平、正义、高效的传媒公共服务。[①]

在媒介经济层面,处理好媒介公司经济利益与社会责任的平衡尺度,调

---

① 〔美〕J. 赫伯特·阿特休尔. 权力的媒介:新闻媒介在人类事务中的作用[M]. 黄煜,裘质康,译. 北京:华夏出版社,1989:315-336.

试媒介产品全球规模化与区域市场标准化的合理尺度。既要充分开发跨国媒介公司的商业功能,也要注重权衡其政治文化功能。整体的眼光看待全球化经济多元杂糅性,以多层次的媒介尺度划分跨国媒介的区域管理①:在整体经营治理上运筹帷幄,依从统一管理原则,实现技术、物资、人力的灵活配置,媒介产品和媒介信息的合理分配,同时用分层区域的制度准则适度调整经营管理模式,定制更有市场针对性的媒介产品和服务。

在话语建构层面,用全球传播的技巧,展现中国本土文化景观;用世界通用的话语体系诉说中国故事,提升中国话语国际影响力;在新闻叙事中尊重民族文化,追求民族间共通的情谊志趣,用文化交流、文明对话的亲和力和感染力促进国家、区域合作的命运共同体意识,为中国开创全方位对外开放新格局奠定坚实的民意基础和社会基础。② 同时,权衡双向话语场域的平衡尺度,在国际传播中不仅"要让中国民众对他国的政治、经济、文化、宗教等有充分的认识和了解",也应建立"对象国家媒体与中国媒体之间的双向对话,甚至要充分利用对象国家的媒体资源,向中国民众讲述须知而未知的'外国故事'"。③

在信息传播层面,尊重信息传播受众在不同国家、地区的媒介使用偏好规律,同时掌握寓于受众媒介使用偏好多元化中的趋同特征,依据灵活的尺度原则进行信息用户类型学分析(user typology),了解用户媒介表现(media behavior)的深层原因,并通过深入研究媒介意图(preference),有针对性地制定信息传播方案。④

---

① Rowan 提出的著名跨国公司全球分区运营策略:分区域设立子公司(P&G);以地理区域定制市场营销规则(McDonald's);以地理语言片区划分销售市场(P&G);以地理文化集群划分区域经营跨国管理(Coca-Cola)。见:Sinclair, J. & Wilken, R. Strategic regionalization in marketing campaigns: Beyond the standardization/glocalization debate[J]. *Continuum: Journal of Media & Cultural Studies*,2009,23(2):147-157.

② 蔡武.坚持文化先行 建设"一带一路"[J].求是,2014(9):44-46.

③ 邵鹏,陶陶.新世界主义图景下的国际话语权:话语体系框架下中国国际传播的路径研究[J].新疆师范大学学报(哲学社会科学版),2018,39(2):105-110.

④ Eynon, R. & Malmberg, L. E. A typology of young people's internet use: Implications for education[J]. *Computers & Education*, 2011, 56(3):585-595.

第四节 新世界主义媒介尺度在全球版图中的多维应用

综上所述,新世界主义视域下的媒介尺度,在承认媒介运营或信息传播标准多极化、杂糅化的前提下,允许并鼓励某些共同性和共通性特征;在遵循世界"普世性"、标准化的原则下,重视并保护民族性、地方性的生存空间,提倡构建整体互动、均衡和谐的媒介尺度机制。

新世界主义的媒介尺度,在处理本土性与全球性的地理尺度上,拆除本土性包含于全球性的同心圆构造,降除本土性与全球性的对立尺度维度,视两者为相互交叉的次级维度,解释了媒介既能勾勒无差别的全球景观,又能凸显本土性历史文化风貌的实时性和共域性。

新世界主义的媒介尺度,在对待民族性与世界性的政治尺度上,将民族性与世界性的对立冲突,化解为融合状态,并通过区域性等其他调节尺度,来勾连流动的社会结构中离散的因素,填补世界性媒介图景中的离散沟壑。

新世界主义的媒介尺度,在调适特殊性与普遍性的哲学尺度上,主张用"混合咖啡"原则来调试传播活动与现象中的特殊性与普遍性,赋予媒介在呈现"普遍性寓于特殊性之中,特殊性离不开普遍性"的哲学辩证关系的灵活多维功能。

新世界主义体现的是外交战略的智慧之道,通过更开阔多维的眼光来处理国际传播场域中媒介尺度多元混杂、有机拼凑、辩证统一的生态关系。在实际应用层面,新世界主义媒介尺度也为媒介制度设定、媒介经营管理、国际话语建构及信息传播活动提供了全新的衡量标准。

在媒介制度层面,以更开阔的视野看待媒介制度与政治权力的博弈关系。在全球化多元政治权力的博弈场中,要学习西方媒介体系公正为大众服务、善尽社会职责的正义感,发挥东方媒介体系步调一致、团结协作的高效率,调动南方媒介体系推进社会经济变革的积极性,基于人类道德高点建立传媒共同体,为世界提供公平、正义、高效的传媒公共服务。[1]

在媒介经济层面,处理好媒介公司经济利益与社会责任的平衡尺度,调

---

[1] [美]J.赫伯特·阿特休尔.权力的媒介:新闻媒介在人类事务中的作用[M].黄煜,裘志康,译.北京:华夏出版社,1989:315-336.

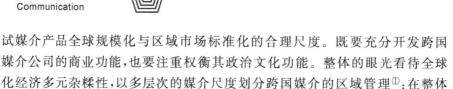

试媒介产品全球规模化与区域市场标准化的合理尺度。既要充分开发跨国媒介公司的商业功能,也要注重权衡其政治文化功能。整体的眼光看待全球化经济多元杂糅性,以多层次的媒介尺度划分跨国媒介的区域管理①:在整体经营治理上运筹帷幄,依从统一管理原则,实现技术、物资、人力的灵活配置,媒介产品和媒介信息的合理分配,同时用分层区域的制度准则适度调整经营管理模式,定制更有市场针对性的媒介产品和服务。

在话语建构层面,用全球传播的技巧,展现中国本土文化景观;用世界通用的话语体系诉说中国故事,提升中国话语国际影响力;在新闻叙事中尊重民族文化,追求民族间共通的情谊志趣,用文化交流、文明对话的亲和力和感染力促进国家、区域合作的命运共同体意识,为中国开创全方位对外开放新格局奠定坚实的民意基础和社会基础。② 同时,权衡双向话语场域的平衡尺度,在国际传播中不仅"要让中国民众对他国的政治、经济、文化、宗教等有充分的认识和了解",也应建立"对象国家媒体与中国媒体之间的双向对话,甚至要充分利用对象国家的媒体资源,向中国民众讲述须知而未知的'外国故事'"。③

在信息传播层面,尊重信息传播受众在不同国家、地区的媒介使用偏好规律,同时掌握寓于受众媒介使用偏好多元化中的趋同特征,依据灵活的尺度原则进行信息用户类型学分析(user typology),了解用户媒介表现(media behavior)的深层原因,并通过深入研究媒介意图(preference),有针对性地制定信息传播方案。④

---

① Rowan 提出的著名跨国公司全球分区运营策略:分区域设立子公司(P&G);以地理区域定制市场营销规则(McDonald's);以地理语言片区划分销售市场(P&G);以地理文化集群划分区域经营跨国管理(Coca-Cola)。见:Sinclair, J. & Wilken, R. Strategic regionalization in marketing campaigns: Beyond the standardization/glocalization debate[J]. *Continuum: Journal of Media & Cultural Studies*, 2009, 23(2):147-157.

② 蔡武. 坚持文化先行 建设"一带一路"[J]. 求是, 2014(9):44-46.

③ 邵鹏, 陶陶. 新世主义图景下的国际话语权:话语体系框架下中国国际传播的路径研究[J]. 新疆师范大学学报(哲学社会科学版), 2018, 39(2):105-110.

④ Eynon, R. & Malmberg, L. E. A typology of young people's internet use: Implications for education[J]. *Computers & Education*, 2011, 56(3):585-595.

第九章 共进共演:全球传播新视野与新策略

国际传播无疑是国家与国家之间的话语较量,话语本身就是欲望与权力的联系,是各种政治势力斗争的手段和目的。话语是权力,人通过话语赋予自己权力。从表面上看,国际话语权是一个国家在国际舆论场上发言的资格、机会和权力。从深层次来看,国际话语权的大小显然与一个国家的经济、军事等硬实力紧密相连。从更深层次看,"国际话语权则常常被赋予更丰富的内涵,被作为一个国家国际影响力、控制力的主导因素和一国'软实力'的重要构成和体现,成为制约一个国家在国际社会展现其地位作用、展示整体形象或国际社会对一个国家进行整体判断的重要组成部分"①。"长期以来,全球范围内的新闻、信息和舆论传播格局始终处于严重失衡的状态。少数国家凭借着自己强大的经济、技术和传媒实力掌控着世界上大部分新闻、信息和舆论的生产和传播,并在多年的传播实践中建构起一套以西方为中心的国际秩序,旨在维护以美英为首的西方发达国家在全球传播中的优势乃至垄断地位,而包括中国在内的广大发展中国家只能服从于这一'秩序',被控制、受支配。"②这种国际话语权的失衡使得大多数国家在经济社会发展中失去了自主性,并难以摆脱西方传播体系建构下被压制和被支配的地位。

对当今的中国来说,国际话语权已经成为一个事关国家发展的重要领域。随着国家经济、军事等硬实力的不断发展和壮大,物质空间的争夺不可避免地向认识空间和传播空间扩散。他国对于中国崛起的关注和警惕,尤其是当崛起必然在不同程度上挑战原有的世界秩序和格局时,也就必然引发与他国之间的矛盾冲突,这是国家在综合国力提升和国际地位快速跃升进程中注定要面对的宿命。在中国持续发展、壮大的历史进程中,面对复杂的地缘

---

① 陈正良,周婕,李包庚.国际话语权本质析论:兼论中国在提升国际话语权上的应有作为[J].浙江社会科学,2014(7):78-83.

② 史安斌,张耀钟.建构全球传播新秩序:解析"中国方案"的历史溯源和现实考量[J].新闻爱好者,2016(5):13-20.

政治格局,话语权与认知空间的对抗已成为与世界大国的长期而持续的较量。

崛起的中国在世界舞台上已经有了完全不同的地位和形象,但并不意味着中国已经掌握与其地位和形象相匹配的国际话语权和影响力。国际传播面对的是更为复杂的传播环境:不同国家地域的受众、不同历史文化观念的冲突,以及差异化的传播场域和空间格局。新世界主义作为一种创新性的世界观或全球观,为中国国际传播开辟了新视野和新策略,中国正在通过人类命运共同体的话语和"一带一路"的实践,向全球民众展示一种有别于西方的新世界图景。增强国际话语权意识,建立明确的国际传播战略,以及凭借国家硬实力的增长获取国际社会上应有的传播地位和话语权力,已经成为中国当下和未来发展的重要保障。

第一节 新世界主义与传播的话语内核

在西方占据主导的国际传播话语体系中,中国作为一个快速崛起的新兴大国要拥有与之相匹配的国际话语权,就要打破与西方过分"求同"的话语误区,主动建构和完善国际传播话语体系,形成有自身特色的核心话语,才能完整表达和准确阐述中国的发展目标与利益诉求。这也就决定了在国际传播中中国的话语应该有自己的范式和特征:中国话语是以"'天人合一'的本体论为基本世界观,以'辩证统一'的知识论为基本思想方法,以中华文化'言不尽意'为言语生成范式和理解规则,以'贵和尚中'的言语交际道德为中国话语理论的核心"[①]。因此,新世界主义作为一种创新性的世界观或全球观,为中国开辟了国际传播话语体系的新视野、新思路,正是中国在 21 世纪甚至更长时间内的国际话语传播的核心主旨和重要内容,即以打造人类命运共同体为理念,以讲好中国故事为核心,通过多元化的传播主体、"软硬兼施"的传播战略、新旧媒体分化组合的渠道布局,以及柔性化的传播叙事,实现一种有别于西方中心主义或传统世界主义的世界图景。"命运共同体"作为"一种全新的思想观、发展观和价值观,突破了地域与空间限制,由中国内部向东盟、周边和亚洲扩展,延伸至全球各大板块,直到提出'人类命运共同体'的新世界

---

① 王岩,魏崇辉.协商治理的中国逻辑[J].中国社会科学,2016(7):26-45.

主义核心理念"①。2013 年,习近平主席在莫斯科的演讲中正式向世界提出人类命运共同体的思想,并将其作为全球治理的"中国方案"。人类命运共同体的核心聚焦于共同发展,即在谋求本国发展的同时促进世界各国的共同发展,在维护本国利益的同时能够兼顾他国的合理关切,它借助于"一带一路"、亚投行、"世界政党对话会"、"中国—中东欧国家合作机制(16+1)"、"世界互联网大会"等具体的战略和行动将中国的理念落到实处。

作为国际话语体系中的核心主旨和重要内容,必须高瞻远瞩,具有前瞻性、前导性、战略性和可扩展、可延伸、可细化的特点,可以多形态、多媒介传播。总之,新世界主义话语体系的核心主旨和重要内容体现为"一个核心",即"同心构建人类命运共同体",以及"五项坚持":(1)坚持对话协商,建设一个持久和平的世界;(2)坚持共建共享,建设一个普遍安全的世界;(3)坚持合作共赢,建设一个共同繁荣的世界;(4)坚持交流互鉴,建设一个开放包容的世界;(5)坚持绿色低碳,建设一个清洁美丽的世界。② 也可以归纳为"一心五体"或"同心多元"的原则体系。③ 这种与国际战略相结合的国际传播话语体系,一旦落实于具体的行动,必然会向全球政治、经济、文化、教育等各领域中延伸、扩展,进而彻底改变世界传播格局与走向。

第二节 "大国形象"与传播主体的多元化

新世界主义话语体系所要呈现的是一个有全球责任、全球担当的新兴大国形象。在新中国成立以来的国际传播和国家形象建构过程中,政府和官方媒体扮演了更多的传播主体责任。国际传播的实施主体、议程设置和传播渠道主要依赖于政府和官方媒体,尤其是在近年来一系列国际重大活动和会议的组织筹划过程中,政府在国家形象建构中更是发挥了突出作用,这与传统媒体时代官方媒体的实力与功能定位相符。

随着互联网技术的发展和新媒体的普及,全球的传播格局正在发生转变,传统媒体的传播力与影响力正在逐渐被新媒体所取代。在这个"人人都

---

① 邵培仁,周颖.媒体视域中的新世界主义:"命运共同体"理念的流变过程及动力机制研究[J].浙江社会科学,2017(5):94-104,158.

② 习近平.共同构建人类命运共同体:在联合国日内瓦总部的演讲[N].人民日报,2017-01-19.

③ 邵培仁,周颖.媒体视域中的新世界主义:"命运共同体"理念的流变过程及动力机制研究[J].浙江社会科学,2017(5):94-104,158.

有麦克风,人人都是自媒体"的网络传播时代,民众的声音可以通过新媒体平台在全球范围被传播、放大,来自民间的声音和舆论呈现出更为强大的传播力和影响力,国际传播的传播主体也开始变得多元化。任何一个网络空间的使用者都可能随时从受众转化为传播者,而每一个中国公民都可能成为中国话语、中国形象、价值观、生活方式、意识形态的代言人。所有人都是国际传播者,这当中既包括官员、学者、艺术家、科学家、影视明星,也包括生活在这个国家的每一个普通人,他们无不在以自己的方式向世人诠释着不同层面的中国形象。多元化传播主体的复杂性使得中国软实力建设已经成为长期且艰巨的系统工程,甚至应该是以提升公民素养和公民自觉为目标的持续努力。

要打造大国形象、提升国际话语地位,意味着要调动和凝聚多元化的传播主体力量,通过建构从官方到民间、从组织到个体、从传统媒体平台到新媒体平台的多元合一的传播主体,推动全社会各方力量加入到维护和宣传国家形象和提升、拓展国际话语权的进程中,才能真正实现国家形象和国际话语权的双重跃升。

第三节 "软硬兼施"双重布局的传播战略

国际传播中的"软实力"与"硬实力"并不是一个全新的提法。而"硬实力"也一直被视为"软实力"的基础与保障,正如亨廷顿所指出的,"物质上的成功使文化和意识形态具有吸引力,而经济和军事上的失败则导致自我怀疑和认同危机"[①]。中国的国际地位和大国形象与 40 多年改革开放取得的巨大成就所积累的"硬实力"紧密联系,尤其在 2008 年全球金融危机之后,中国成为全球率先复苏的经济体,高速增长的中国经济不仅为世界经济打入了强心剂,更成为世界经济的"新引擎",从而也使得中国具备了雄厚的综合国力和舆论基础去赢得相应的国际地位和国际话语权,塑造和建立良好的"大国形象"。与之相对的,冷战时期东西方经济社会发展水平的差距和突如其来的经济危机摧毁了社会主义阵营国家的民心士气,历史虚无主义、西方中心主义盛行一时,并导致国家的瓦解、政权的更迭,其教训不可谓不惨痛。因此,从"硬实力"的角度来说,维护政治、经济、社会长期持续稳定发展,促进综合

---

① Keohane, R. O. & Nye, J. S. Power and interdependence in the information age[J]. *Foreign Affairs*, 1998, 77(5):81-94.

国力不断增长,始终是中国国际传播和国际话语权提升的最坚实基础。但"硬实力"并不能一定改变国际话语格局。中国迅速崛起招致各种攻击、贬损,妖魔化中国的言论接踵而来,西方媒体一边叫嚣着"中国威胁论",一边又大谈"中国崩盘论",自相矛盾的观点凭借着西方媒体强大的宣传力量,影响国际话语的同时,甚至影响到中国国内的民心士气。此时,"软实力"就意味着"做得好,更要说得好",将人类命运共同体作为中国国际话语的核心内涵,无疑代表着一种先进的世界观,预示着中国的崛起将建构一个不同于西方中心主义的世界新格局。在中国的倡导和带动下,"一种以交通、能源、基础设施等为先导,以经贸合作为抓手,以文化交流为支撑的跨国合作机制,达成贸易畅通、资金融通、民心相通的全球协同发展模式正在形成,一种多元、平等、互利、共赢的新世界主义愿景在世界各国共同努力下必将逐步成为现实"①。让硬实力与软实力互动互助、相辅相成、共进共演,合理使用"软硬兼施"的双重传播战略,才能使中国的国际地位和国际形象更为稳固,使国家的长期发展更有保障,形成"硬实力有颜值、软实力有气质"的中国形象特色。

第四节 "新旧媒体"与传播渠道的分化组合

国际传播的格局与媒介产业发展趋势紧密相关。在传统媒体时代,大型通讯社和跨国新闻媒体是冷战后西方国家推动"话语霸权"的重要工具。在网络传播时代,新媒体已经成为国际话语权争夺的重要场域。一方面,新旧媒体的权力正在产生更迭,社交媒体的快速崛起正在成为全球受众的主要信息获取平台,Twitter、Facebook 和 YouTube 等新兴媒体已经成为接替传统媒体的重要话语平台。2016 年 Facebook 以 15 亿 9000 万活跃用户和全球18%的市场份额成为当今世界名副其实的传媒霸主。另一方面,政府和公众人物正在展开一场新媒体空间话语权的争夺战。譬如,美国政府早在 2008 年便开始在 Facebook、Twitter 两个主要的新媒体平台发挥影响力,奥巴马则成为第一位运用新媒体力量成功当选的美国总统,而新任总统特朗普更是被称为一个以 Twitter 治国的"网红总统"。

在传统媒体时代,扩大中国声音在全球范围内的"覆盖面"和"辐射面"是增强国际传播实力和效果的基本思路和布局。随着近年来综合国力的提升,

---

① 邵培仁. 作为全球战略和现实考量的新世界主义[J]. 当代传播,2017(3):1.

中国传统媒体已经初步形成了全球覆盖的信息传播能力。其中,中央电视台的 7 个国际频道在 170 多个国家和地区实现落地入户;中国国际广播电台信号覆盖了 160 多个国家和地区;成立仅 7 年的新华新闻电视网也实现了 80 多个国家和地区的覆盖。但是,在新媒体传播领域,中国的国际传播还处于起步和尝试阶段,尤其是在 Facebook、Twitter、YouTube 这些全球主要社交媒体平台上的传播力和影响力还远远不足。具体而言,中国在全球新媒体平台发声依然依赖少数几家担负国际传播职能的官方主流媒体,如新华社开设的 Twitter 账号 @XHNews、《人民日报》的 @PDChina、中央新闻频道的 @cctvnews、《中国日报》的 @ChinaDailyUSA,缺乏更多的国内地方媒体和有影响力的自媒体人介入,国际传播中"内外有别"的传统观念影响依然深重,"内外一体"外宣机制还远未形成,从而使得中国和西方国家在全球新媒体平台的话语权处于失衡的状态。

网络空间国际传播绝不仅仅是几个国际媒体所能担负的,而是需要内宣媒体与外宣媒体、地方媒体和国际媒体、官方媒体与民间自媒体等多方共同担当。这就需要所有媒体和个体都应具有相应的主体意识、全局思维和全球视野,对国家形象塑造和国际话语体系建构有充分的认识,懂得如何统筹协调、相互配合、适时把握有利时机介入和参与新媒体的国际传播,从而建构一种多主体、多媒体、多层次、多视角的中国国际传播的整体互动体系。

第五节 "讲好中国故事"与柔性化的传播策略

2016 年习近平主席在中央电视台调研时再次强调,要用好国际化传播平台,客观、真实、生动地报道中国经济社会发展情况,传播中国文化,"讲好中国故事",促进外国观众更多更好地了解中国。"讲好中国故事",当然要讲"好故事",不要讲坏故事,但重点应该是"讲好"故事,注意讲故事的策略和技巧。同时,也不要只顾自己讲,也可以让别人讲,请别人讲,或者分工合作一起讲。通常外国人讲中国故事的效果会更好,所在国的民众会更爱听。"讲好中国故事"作为国际传播新理念,从根本上改变了我国以往国际传播中注重宣传、灌输、鼓动,且带有鲜明政治和意识形态色彩的传统宣传思维模式。在传统宣传思维模式中,国际传播常被海外受众辨别为一种"不正确、不可靠"的宣传和信息灌输,并带有明显的推销、灌输、煽动、鼓动、洗脑和偏执的特征,往往导致受众产生戒备和厌弃心理。"讲好中国故事"的国际传播理念则强调以国际社会习惯的话语体系和表述方式介绍、讲述中国精彩、有趣、好玩的内容,一方面更多地照顾到国外受众的接受心理和文化习惯,另一方面也对中国在国际传播中的内容质量和传播效果提出了更高要求。故事本身是一种精心编排的叙事,故事的文本也同样是意识形态和价值观的载体,而被隐藏在文本中的精神内核在受众不知不觉地接受中更能够达到较好的传播效果。

"讲好中国故事"是国际传播的一种柔性化传播策略,它不是刚性的、显性的宣传手段,而是通过文本叙事与海外受众之间形成双向沟通,通过故事情节的起伏跌宕形成与受众之间情感的联系与共鸣,进而实现一种潜移默化的引导和影响。因此,故事是增进沟通、相互了解、实现认同的桥梁和纽带。"把握住当代中国价值观念的精神核心地位,讲好中国故事,在传承和传播中国文化的同时,也软化了国家间政治、经济等领域的冲突对抗。"①但是,要"讲好中国故事",其核心并不是一定要将多少中国的价值观念、意识形态植入其中,而是充分认识人类在世界观、价值观、法律、伦理、心理、审美等方面的相通性、一致性和共同性,并通过寻找和瞄准最大公约数进行故事讲述,让故事的接受者觉得就如同讲他们的故事,中国故事与他们故事之间建立起了某种关联,从而有利于实现最佳的传播效果。成功的国际传播与其说是"讲好中国故事",不如说是"讲好中国与他们的故事"。我们既要"巧用西方技巧,讲好中国故事",还要坚守中庸、和合、谦逊、非侵略性的文化传统,高举和平、和谐、善良与同情的文化大旗;不仅要尊重与理解不同文明之间的差异,而且要以由衷的喜悦的心情欣赏它们。"讲好中国故事"是魅力展示、亲善外交,是为中国和平崛起和共同构建人类命运共同体营造良好的舆论氛围。

第六节　结语:建构共进共演的全球传播新图景

新世界主义主张体现的是以国家根本利益和人类命运共同体为核心出发点的政治智慧,也体现了中国在国际传播顶层决策中不断调试并试图打破西方话语垄断进而建构同国际接轨、与世界对话、同全球共命运,与世界各国、各国际组织和区域组织互动互助、共进共演的全球传播新图景。新世

---

①　方毅华,郝赫.如何向世界讲好中国故事[J].吉林师范大学学报(哲学社会科学版),2016(7):74-77.

主义中既包含了对国家核心利益和人民幸福生活的坚守和追求,也包含了对中国传统文化基因、优秀的革命传统和社会主义本土特色的继承和弘扬,还体现了应对国际风云变幻和世界格局异动而采取的具有全球视维、共同价值和国际情怀的一系列内外结合、左右联通、多方呼应、包容互动、互利共赢的新理念和新策略。与新世界主义的宏观布局和顶层设计相配套的是协同各方运作的行动方案,这使得新世界主义既有别于传统的全球化模式,也不同于乌托邦式的传统世界主义理念。随着中国在国际传播中基于人类命运共同体的兼容本土性和全球性的价值体系和话语体系的建构,科学有效、层次分明的传播体制的建立,以及中国故事、观点和主张叙述机制的逐步完善,那么中国就不只是提出一个伟大的构想,而且也才能有与世界各国全面实践共商共建、共享共赢、公平发展的综合实力和思想资源,也才能真正实现国际传播话语体系的优化升级和理论与实践的内在统一。

编 首 语

　　文化是一个国家和民族的灵魂,也是世界人民的共同精神财富。

　　向全球传播中国文化,要以"构建人类命运共同体、共同建设美好世界"为基本理念,以"共商、共建、共享"的共赢主义为基本追求,以文化多元和文化平等为基本原则,求同存异,融汇整合,寻找跨国跨民族文化的最大通约性和共通性,不断探索新的传播路径和模式,采用灵活多样的策略、手段和技巧,消除和打破西方文化对中国文化的防范与敌意。

　　向全球传播中国文化,要高举"整体全球化"的旗帜,超越零和博弈,以更加宽广的胸怀、新颖的理念和崭新的思维,从世界格局、时代潮流的变化和人类文明的发展趋势进行整体思考和战略谋划,摒弃民族主义、本土主义和利己主义的思维偏向,既反对"西方中心主义",积极传播中国文化,也不搞"中国中心主义",主动开展文化对话和交流。

　　向全球传播中国文化,必须积极争夺国际话语权,重构全球价值体系和话语体系。中国话语体系中的一些具有本土价值特点的理论和概念,如人类命运共同体、"一带一路"、以人为本、科学发展、协商民主、新型大国关系、和谐世界、共商共建共享、中国梦等,需要在全球性语境中提升并嵌入全球价值体系和话语体系之中,同时要采用西方学者、媒体和民众能够理解、接受的灵活多样的传播策略和技巧进行科学解释和大力传播。

　　向全球传播中国文化,还要大力加强中国本土文化的自信心和自主性,坚守中国文化领地的固有疆界,诉求中国文化的特殊权利,对抗和消解西方文化的同质性、单向度和破坏性,不断增强中国文化的传播力、辐射力和影响力,从而不仅改变全球文化的格局和版图,转移全球传播的语境和重心,还能够以中国文化匡正全球性文化,以异质性文化稀释同质性文化,在交流合作中逐步将中国文化上升到全球性文化层面,不断扩大中国文化的领地和空间,使中国文化成为与其地理版图、文化传统、综合实力相适应的多极文化中的重要一极。

　　向全球传播中国文化,必须站在人类命运共同体和文化平等的立场上,

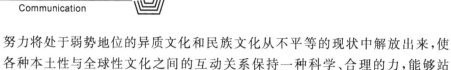

努力将处于弱势地位的异质文化和民族文化从不平等的现状中解放出来,使各种本土性与全球性文化之间的互动关系保持一种科学、合理的力,能够站在本土性与全球性相结合的文化多元的立场上进行权利平等的文化交流,进而促进人类的相互理解和社会的共同进步。

第十章　新世界主义与国际话语权

　　国际话语权是大国崛起中的"催化剂"和"稳定器",它所代表的不仅是国家在国际舞台上说话的权利,更是话语的影响力。在国际传播过程中国际话语权则主要表现为由谁说、说什么、对谁说、如何说,以及通过什么渠道说的传播策略问题。当下中国正以"一带一路"为实践,以人类命运共同体为话语,向各国人民展示一个全新的世界图景,建构一种多元、平等、互利、共赢的世界新格局。这就需要中国媒介在国际传播中形成具有中国特色的大国话语体系,以"中国故事"为内容,以海外民众为对象,以网络新媒体为渠道,以和平合作、互利共赢为核心重构国际话语权。

第一节　新世界主义话语生成及其意义与价值

　　人们对世界的认知既是客观的又是主观的,既是相对稳定的又是不断变化发展的。但是,人类对于整个世界真实的地理认知和想象源于 1492 年哥伦布发现美洲大陆,以及 1498 年达伽马绕过好望角进入印度洋和太平洋,这两次海图上的延展让世界认知进入了全新的历史阶段。在此之前,每个古老文明都不约而同地认为自己就是世界的中心,地图的边缘便是世界的尽头。"天圆地方""盖天说"和"浑天说"就是古代汉族人在肉眼观察的基础上加以丰富的想象来构想的天体结构和世界图景。"中国"概念本身就是世界文明中心的意思,体现古代中国对世界的认知和主张。其实,在中世纪,世界上很多民族或国家也都具有某种文化中心主义的自信和表现。

　　尽管地理大发现之后的世界在地理上是真实的和完整的,但在阐述世界的话语上却往往是割裂和冲突的,一方是独立于"他者"之外的所谓进步的创新的开放的"西方世界",另一方则是落后的守旧的封闭的"东方世界"。知识生产中的"欧洲中心论"成了我们正确认识、理解和阐述世界的思想障碍。因此,只有"突破这道欧洲中心主义防线",在"知识上打破欧洲中心论,我们才有可能具备真正的国际眼光和全球视野!否则中国学人只能在昏暗的'欧洲路灯'下鬼影般地徘徊",看不清国际话语"它后面的真实世界"。①

欧洲中心主义和资本主义全球资源配置的世界在两次世界大战后被逐步瓦解,世界成为东西方两大阵营对峙和博弈的舞台,两种意识形态、两种社会制度形成了犬牙交错的世界图景。在 20 世纪 70 年代,毛泽东关于"三个世界"的国际话语,不仅对世界政治、经济格局和国际关系产生了深刻影响,甚至对西方话语霸权也构成了某种冲击。但是,随着冷战的结束,西方国家在国际话语权上取得更加强势的地位,各种攻击、贬损、妖魔化中国的言论也接踵而来,所谓的"历史终结论""文明冲突论""人权高于主权论""民主和平论""失败国家论"等等政治论调,都"借由强大的媒体传播力量,几乎成为霸权性的国际话语"。②

近年来,随着中国综合实力的迅速崛起,习近平主席及其领导集体对世界发展的现状和趋势所持有的创新性的系统性认识、论述和主张也顺势居于抢占国际话语权的有利位置,一个构建人类命运共同体的新图景随之展现在世人眼前。早在 2012 年习近平就指出:"我们的事业是同世界各国合作共赢的事业。国际社会日益成为一个你中有我、我中有你的命运共同体。"③2015年 9 月他郑重提出:"当今世界,各国相互依存、休戚与共。我们要继承和弘扬联合国宪章的宗旨和原则,构建以合作共赢为核心的新型国际关系,打造人类命运共同体。"④几年来,基于对世界大势的准确把握和对人类命运的深刻思考,习近平主席近百次提到"命运共同体"的话语,提出要"构建人类命运共同体,实现共赢共享";在国际交往和合作中,要坚持对话协商,建设一个持久和平的世界;坚持共建共享,建设一个普遍安全的世界;坚持合作共赢,建设一个共同繁荣的世界;坚持交流互鉴,建设一个开放包容的世界;坚持绿色低碳,建设一个清洁美丽的世界。⑤

本书提及的新世界主义的理念灵感来源于习近平"治国理政"的伟大实践和政治智慧,也是对中国传统文化中"天下一家""协和万邦"理念的承续与升华,反映了崛起的中国对国内社会需求和全球发展变局的准确把握和对全

① 陈燕谷.重构全球主义的世界图景[J].读书,2000(2):9-16.
② 陈正良,王宁宁,薛秀霞.新中国成立以来中国国际话语权的演变[J].浙江社会科学,2016(6):36-43.
③ 钱彤.习近平同外国专家代表座谈[N/OL].新华网,2012-12-05.
④ 习近平.携手构建合作共赢新伙伴 同心打造人类命运共同体:在第七十届联合国大会一般性辩论时的讲话[N].人民日报,2015-09-29.
⑤ 习近平.共同构建人类命运共同体:在联合国日内瓦总部的演讲[N].人民日报,2017-01-19.

球治理以及国际秩序的创新思考。将人类命运共同体作为中国国际话语内涵的核心,无疑代表着中国要在世界话语权的争夺中打破西方中心主义的话语霸权,将世界各国重新建构到一种多元、平等、互利、共赢的新格局之下,形成以交通、能源、基础设施等为先导,以经贸合作为抓手,以文化交流为支撑的跨国合作机制,达成贸易畅通、资金融通、民心相通的全球协同发展模式。

其实,新世界主义既是国际话语,也是国际行动;既是理想主义,也是现实主义。没有现实的新世界主义的国际行动,话语往往就是理想主义的空中楼阁、纸上谈兵。因此,新世界主义也是理论与实践结合、纲领与行动结合,其内在逻辑是:"世界好,中国才能好;中国好,世界才更好。"只有改变自己才能改变世界,只有解放自己才能解放全人类,但解放自己最终是在解放全人类的过程中完成的。其话语本质是基于"万物同源""天下一体"传统理念,将全人类视为荣辱与共、唇齿相依的利益与命运共同体,正是为了促进全人类的共同发展与繁荣。

第二节　新世界主义国际话语体系的构成要素

在不同历史时期,人们对于世界的认知和论述是不尽相同的。这背后是大国综合实力的此消彼长和对国际话语权的争夺,而国际话语权也是大国崛起中的"催化剂"和"稳定器"。争夺国际话语权必须从建构和完善话语体系开始,而话语体系作为以价值观念为核心的话语表达系统,"需要辩证地关注中国与世界、中国化与全球化、中国话语与世界话语的联系和统一"[①],关注话语体系诸要素的整体协调和有机互动。国际话语体系主要由话语者、话语内容、话语对象、话语方式、话语渠道五个要素构成。新中国成立以来,我国的国际话语体系以及各种要素的互动关系一直在不断地变化和调整之中,并逐步走向完善和成熟,最终形成了新世界主义国际话语体系。

一、话语者:定位"大国形象"

国际话语体系中的话语者一般是指主权国家的官方组织机构及其代言者,也可以是非官方组织或群体,而更重要的是这些组织机构背后的国家身份定位。中国在国际社会的身份定位是一个不断变化、逐步明晰的过程。在

---

① 王海洋.在道路探索中构建中国学术话语体系[N].中国社会科学报,2015-06-01.

开国之初,由于同国际社会交流的阻断和隔膜,中国在国际上的声音几近于无,谈不上国际话语权;经过朝鲜战争、越南战争和中国原子弹、氢弹爆炸成功,中国让世界刮目相看,一言一行自然受到关注;美苏对峙的冷战时期,中国一方面扮演第三世界代言人角色,另一方面在中美苏三强角逐中走独立自主的外交路线,特别是重返联合国获得常任理事国席位后,国际话语权状态有所改善。"当然,从总体上看,建国后至 20 世纪 80 年代这段时期,由于缺乏强大厚实的国力支撑,终究话语力量有限,国际话语权也主要体现在政治和意识形态的独特性上。"①由于特殊事件的影响,中国在 20 世纪 90 年代至2008 年间,虽然国力渐强但国际话语权并未同步增大、相偕共进。

2008 年全球金融危机爆发,中国用 4 万亿元的经济刺激计划,投资基础设施(铁路、桥梁等),给企业贷款,帮助中国企业渡过难关,推动经济高速增长,为世界经济打入了强心剂,成为带动世界经济的"新引擎",从而也积聚了雄厚的综合国力和舆论基础,赢得了相应的国际地位和国际话语权,塑造和树立起良好的"大国形象"。对于如何塑造中国大国形象,习近平主席指出:"要注重塑造我国的国家形象,重点展示中国历史底蕴深厚、各民族多元一体、文化多样和谐的文明大国形象,政治清明、经济发展、文化繁荣、社会稳定、人民团结、山河秀美的东方大国形象,坚持和平发展、促进共同发展、维护国际公平正义、为人类做出贡献的负责任大国形象,对外更加开放、更加具有亲和力、充满希望、充满活力的社会主义大国形象。"②这"四个大国形象"既准确地传达出中国作为一个具有 5000 年悠久文明的国家具有无限发展的潜力,又向世界人民表达了中国和平崛起下承担着为全球和平发展应尽的责任和义务,显然也是当下对中国国际传播话语者的准确定位。

二、话语内容:人类命运共同体的延伸与细化

在国际话语体系中,"对世界说什么"和"以什么身份说"同等重要。在国际话语传播中,如果说"谁在说""以什么身份说"是一个角色性和代表性的问题,"怎么说"是一个思维性和表达性的问题,那么"说什么"就是一个主旨性和内容性的问题。在国际话语传播中,"说什么"是整个话语体系的核心要

---

① 陈正良,王宁宁,薛秀霞.新中国成立以来中国国际话语权的演变[J].浙江社会科学,2016(6):36-43.

② 习近平.建设社会主义文化强国着力提高国家文化软实力[N].人民日报,2014-01-01.

素,其本质关乎一个主权国家根本利益、国家形象、国际责任和义务等国际事务中的基本观点和立场。习近平主席在瑞士联合国大会上讲了"五个坚持",在北京"一带一路"国际合作高峰论坛上,他连用了 6 个"不":"'一带一路'建设不是另起炉灶、推倒重来";"不会干涉他国内政,不会输出社会制度和发展模式,更不会强加于人";"不会重复地缘博弈的老套路";"不会形成破坏稳定的小集团"。① 作为国际话语体系中的核心主旨和重要内容,必须高瞻远瞩,具有前瞻性、前导性、战略性和可扩展、可延伸、可细化的特点,可以多形态、多符号、多媒介、多渠道传播。国际话语内容还应该是生动、鲜明、简洁、稳重和深思熟虑的。

三、话语对象:从政府到民众的拓展

由于自身实力和传媒企业的局限,中国的国际话语在很长一段时间并没有触及最广大的国际民众,而更多的是将他国的政府组织作为话语对象。"和平共处五项基本原则""和平发展、求同存异""互不干涉内政",这些外交辞令主要是建立政府间的沟通与互信。相对而言,"美国所宣扬的'普世价值',有利于美国对外传播战略的顺利推进,有利于美国在不同国家、民族、信奉不同宗教、具有不同政治信仰和价值观的人群中树立起道德感召力,从而有利于保证美国的全球战略占据国际道义制高点,牢牢地占据国际道义优势"②。如今中国的新世界主义国际话语传播将世界各国民众也视为不可忽视的话语对象,注意在即将访问的对象国重要媒体上发表国家领导人的文章和讲话,率先直接同民众沟通,从而围绕"同心构建人类命运共同体""讲好中国故事",将中国人民实现"中国梦"的美好愿望和世界各国人民追求美好生活的梦想相通相融,让他国民众切实了解真实的中国,也能使中国所倡导的"同心打造人类命运共同体"的主张、理念和愿望在世界人民心中形成话语沟通、情感共鸣和社会共识。

四、话语方式:全方位、多样化的传播

美国传媒产业的优势地位使其长期以来占据了国际话语权的垄断地位。

---

① 习近平.携手推进"一带一路"建设:在"一带一路"国际合作高峰论坛开幕式上的演讲[N].人民日报,2017-05-14.

② 冯峰.美国官方话语的对外传播战略[J].红旗文摘,2014(6):23-26.

数据显示,美国垄断了目前传播于世界大部分地区近90%的新闻,控制了78%的世界电视节目、60%广播节目的市场份额,美国电影占到世界总票房的二分之一,但放映时间却占世界电影总放映时间的80%,而且还不包括盗版的损失。同时美国的学术话语权也是美国把持国际话语权的重要源泉。①这同美国强大的灵活的全方位、全媒体、多样化的话语方式有着很大关系。

精神产品较之物质产品更有助于提升一个国家的国际话语权。中国早期经济发展主要来自于生产制造业的崛起,这并没有带来国际话语权的大幅提升。而西方是通过开放式市场,在输出精神产品和高端物质产品的同时,传输西方生活方式、价值观和意识形态,占据国际话语最高端。新世界主义主张文化多样化和平等化,强调尊重不同国家文化制度和意识形态等领域的差异,追求打破传统媒体时代信息传播的瓶颈,使不同国家间思想文化、观点意见可以充分、自由、平等地交流、沟通。近年来,中国国际传播中的话语形式也越来越灵活多样,而且创造了一些新的话语方式,如主办世界互联网大会、G20峰会、"一带一路"高峰论坛、亚投行理事会、博鳌论坛等国际性、地区性大会、高峰论坛发表中国主张、表明中国立场、宣布中国方案;通过双边多边对话会、学术研讨会、座谈会以及各类体育运动赛事、大型演艺活动等柔性活动和话语表达向世界传播中国关切、中国观点和中国文化;在各种具体场合和特定情境下灵活运用各种引导性话语、展示性话语、示范性话语、幽默性话语,这些灵活多样的传播活动和话语方式无疑为中国的新世界主义的传播和建立中国文化自信、制度自信、学术自信提供了有力支撑,也为打破西方话语权垄断、消除他国民众对中国的认识误区提供了重要保障。但是,在国际话语权的竞争中,让物质产品与精神产品、语言符号与非语言符号和谐共振、互动互助、共进共演,肯定有助于在国际传播中形成更加丰富、更加多样的话语方式。

五、话语平台:融合与转型

在国际话语体系中,话语平台是指话语表达所运用的各种载体途径,或者说是传播者信息抵达受众的渠道。在传统媒体时代,大型通讯社和新闻媒体是冷战后推动西方"话语霸权"的重要工具。在网络传播时代,新媒体已经成为国际话语权争夺的重要场域。在这样的大趋势下,各国政府、媒体、企业

① 邵培仁.传播学[M].3版.北京:高等教育出版社,2015:177.

都开始在新兴媒体平台或传播活动中设立专门的部门和人员负责新闻宣传和舆论引导。

近年来,随着中国综合国力的崛起,传统主流媒体(如CCTV)通过共商共建、市场运作在世界范围内迅速布点联网,初步形成了"6+3"的对外网络传播体系:央视网、中国网和新华网等6家国家级重点网站,外加3家城市门户网站。娱乐与电影产业、民营新兴媒体也飞速发展,有的甚至已经走在世界前列,在对内对外传播中都发挥了巨大的作用。但同新世界主义的要求还有一定的距离。未来应该在世界范围内积极布局一种适应新世界主义要求的市场化运作的合资共建、合作生产、共赢分享的融合传播机制,充分利用传播主体本地化、话语平台本地化和语言本地化,并依据当地文化的特点和民众的信息需求,立体地全方位地报道世界,传播中国新闻、中国故事和中国的态度和观点。

第三节 中国国际传播的路径方略

中国作为一个快速崛起的新兴大国,随着综合国力的增强,国际地位的提高,特别是中国特色发展模式下国际影响力的扩大,都客观上对西方世界的价值体系、发展模式甚至接受心理构成独特的挑战。这些状况在整个中国崛起发展的过程中,恐怕都得持续下去。但是,不掌握国际话语权特别是高端话语权,则意味着西方社会随时可以扛着"国际道义"的大旗对中国进行批判。"中国崩溃论""中国威胁论""中华帝国主义"都是西方国家包括周边国家近年来对中国别有用心的描摹和攻击,而在涉藏、涉疆问题上西方则更是采取一边倒的抹黑政策,使得中国在国际话语权上一直处于被动辩解的弱者地位。

将"同心构建人类命运共同体"作为中国国际话语内涵的核心,无疑代表着中国要在世界话语权的争夺中打破以西方为中心的世界观,将世界各主权国家重新建构到一种多元、平等、互利、共赢的新格局之下。而新的格局将是以交通、能源、基础设施等为先导,经贸产业合作为核心,文化价值交流为支撑的跨国合作机制,达成贸易畅通、资金融通、民心相通的人类命运共同体协同发展模式。新世界主义既是中国争夺国际话语权中一个响亮的概念、主张和口号,也是一系列具体、切实的行动。"一带一路"、亚投行、丝路基金以及各种基础设置建设项目付诸实施,都是中国为国际社会共同发展所做的努力。在此过程中,中国的国际传播如何配合新的战略实践,扩大传播力和影响力,让人类命运共同体的核心价值观得到更多他国民众的接受和认同,则还需要从以下五个方面入手。

一、构建多层次的话语者体系

国际话语权是主权国家所有声音的汇聚,其中既包括代表官方声音的主流新闻媒体,也包括一般媒体和普通网民。要打造大国形象、提升国际话语地位,需要建构多层次的立体传播的话语体系。首先,需要持续加强中国国际媒体在传统媒体尤其在网络空间中的传播力和影响力,尽快打造几个拥有全球公信力和影响力的媒体品牌,基于网络技术和新媒体平台建立全渠道、多终端、融合式的国际传播机构,形成全球覆盖的传播网络。其次,在互联网时代,信息传输的国家、民族的界限越来越模糊,任何一个中国境内媒体其实都是国际媒体。在打造大国形象的过程中,国际媒体要和地方性媒体形成合力,所有新闻机构都要有全局思维和世界视野,在对国家发展战略有充分认识的前提下,积极组织力量,把握机会"讲好中国故事"。① 最后,社交网络的普及使得民众成为重要的国际传播力量,要充分调动中国民众的爱国心和凝聚力,通过对海外华侨华人、中国留学生的传播和影响,让民众自觉自愿地维护国家形象,传递中国声音。

二、提供生动鲜活的话语内容

国之交在于民相亲,民相亲在于心相通。习近平在对"讲好中国故事"进行阐述时指出"讲故事,是国际传播的最佳方式"。"讲故事就是讲事实、讲形象、讲情感、讲道理,讲事实才能说服人,讲形象才能打动人,讲情感才能感染人,讲道理才能影响人。"②"在讲述中国故事过程中,只重'讲述'而不重'讲好'的问题亟待改善。当前,对外宣传工作中讲述中国故事,国外受众很难听得到、听得懂、听得进。内容上单一呆板、晦涩难懂,缺乏生动性、鲜活性和真情实感。"③而在"讲好中国故事"上,以习近平为代表的国家领导人身体力行,以"蹄疾步稳的民众复兴故事、博大精深的中华文化故事、情意绵长的国际交

---

① 田龙过.全媒体时代中国国际传播战略布局反思[J].西部学刊,2016(5):43-46.
② 中央文献研究室.习近平总书记重要讲话文章选编[M].北京:中央文献出版社,2016:423-433.
③ 董晓彤."讲好中国故事"[J].思想政治工作研究,2016(11):33-41.

往故事、方兴未艾的和平发展故事的不同角度和不同侧面让世界感知了一个集传统与现代、古朴与时尚于一身的中国"①。

中国国际传播在"讲好中国故事"的同时,还必须讲好与海外受众相关的故事。所谓讲好与他们相关的故事包括三个方面:一是讲好与他们相关的中国故事;二是讲好与他们相关的国际故事;三是讲好中国关心的他们自己的故事。重点要讲述与他们相关的中国故事。② 这样,我们不仅要对他国民众有足够的了解和认识,甚至需要引导他国民众和媒体参与到"讲好中国故事"的进程中来,从而形成传播、放大中国声音的"海外军团"。

三、形成一对一、多对一的话语模式

随着综合国力的提升,我国的话语对象从原本的周边国家拓展到"一带一路"沿线 60 多个国家,这其中覆盖范围超过全球 64% 的人口,超过全球 30% 的 GDP,涉及 50 多种官方语言,拥有多种社会制度模式,这就意味着中国必须推动"一对一""多对一"的精准化传播。首先,突破语言障碍是推进精准化传播的首要任务,针对"一带一路"沿线国家和地区展开适合对方受众需求的小语种传播,在积极吸纳和培养小语种人才的同时要尽可能发展本土化的新闻传播队伍。其次,国际传播的过程中还要讲究"一国一策",充分尊重不同国家、不同地区和民族的文化传统、宗教信仰、风俗习惯和道德准则,一切可能伤害不同国家和民族感情、引发民族纠纷或带来消极性后果的国际传播行为都应该在禁止之列。最后,作为一种有的放矢的精准化传播,需要加强对他国传媒市场和受众的了解。只有在充分了解他国媒介生态和受众特征的基础上,向海外媒体市场提供有竞争力、符合受众和市场需求的内容产品,才能让这种"一对一""多对一"的国际传播模式成为富有活力和可持续发展的动态模式。一方面使国家的形象、政府的声音得到准确、生动、鲜明的传播;另一方面让彼此国家的文化娱乐产业得到共同的发展和提升,从而形成相生相长、共同繁荣的文化生态。

四、推动合作共赢的话语方式

共商共建、共赢共享是一个重要原则。基于此项原则,"一带一路"和亚

---

① 董晓彤."讲好中国故事"[J].思想政治工作研究,2016(11):33-41.
② 田龙过.全媒体时代中国国际传播战略布局反思[J].西部学刊,2016(5):43-46.

投行吸引了全球 100 多个国家和国际组织积极投身于建设之中,不仅积极推动了世界经济发展,而且极大增强了中国在国际话语平台上的地位。目前,中国更加迫切地需要建立双向平衡的传播体系,实现他国媒体与中国媒体之间的双向对话。这也就意味着中国的国际传播将不仅仅是让他国民众认识中国,更应该是彼此之间的增进了解和认识。"当前,讲好'中国故事'固然重要,但重要的是讲完中国故事后,中西方之间能否继续进行深入沟通,并相互理解。这需要一个双向平衡的力去完成,既应该重视国际新闻的对内传播,也要讲好'外国故事',只有在合理的双向平衡的传播秩序中才能相互理解,营造良好的发展环境。"①在让中国故事"走出去"的同时,也应该将海外的故事"请进来"。

要建立双向平衡的传播体系,首先,需要让中国民众对他国的政治、经济、文化、宗教等有充分的认识和了解,尤其是在"一带一路"积极推进的当下,在中国企业和民众急迫进入"一带一路"沿线国家和地区的市场当中,中国的国际媒体应该发挥探路者的作用,应该将所在国相关的投资政策、比较优势,乃至对可能存在的风险进行充分报道。其次,国际传播间的跨国合作也不应该仅仅是便利中国的单向传播,也应便于对象国家媒体与中国媒体之间的双向对话,甚至要充分利用对象国家的媒体资源,向中国民众讲述须知而未知的"外国故事"。

五、建立全媒体融合话语平台

如今,网络与新媒体正在逐步发展成为信息传播的中坚力量。中国的国际传播要把握好"弯道超车"的机会,加大力度做好全媒体融合工作,持续加大对外主流新兴媒体平台建设的投入。

要推动中国国际媒体的全媒体融合发展。"利用海外受众熟悉的渠道、熟悉的报道方式和报道语言,增强文化的亲和力和海外受众对中国媒体的亲切感和信任感,可以有效规避西方国家的政策壁垒和法律限制,以最小的成本,最具本土化的方式进入西方世界,并借助所在国的语言和媒体平台进行有利于中国的议题设置,从而引导国际舆论,重塑中国的形象。"②

---

① 聂绛雯.国际传播力的提升需要双向平衡:《新闻联播》国际新闻内容分析[J].新闻战线,2014(6):95-97.

② 田龙过.全媒体时代中国国际传播战略布局反思[J].西部学刊,2016(5):43-46.

　　在全媒体融合传播的过程中,不仅要重视中国国际媒体官方平台的作用,也要加强和西方意见领袖、自媒体人和普通民众的深度接触。尤其可以通过留学生培养、学术交流、项目合作等方式,让他国民众有机会真正地来到中国、接触中国,让他们成为新兴媒体平台上国家情感的维护者和联络人。

第十一章 新式路径:"一带一路"倡议全球传播话语构建

中国的全球传播建设,长期以来,一个重大的困扰就在于频频遭遇"失语"。无论是"说什么"所表现出的被动回应,或是在"怎么说"这个问题上面临的左右为难,还是在选择由"谁来说"时感受到的无所适从,这种"失语"状态,究其主要原因在于西方中心主义。由西方中心主义长期主导下的全球话语权力场域一直无法摆脱"二元对立"的霸权怪圈,即支配与被支配、依附与被依附、主流与非主流,缺少在复杂性和多元化的基础上达成广泛的认同和共识,围绕这一既有中心所产生的维护(主张者)、协调(附和或中立者)和对抗(反击者)三种话语权力的交锋也因此处于长期失衡状态。[①] 中国作为一种后起的对抗性话语权力,其式微显而易见。在这一局势下再看中国倡议的"一带一路"行动布局,在全球话语场域遭遇一些误读和误导便在所难免。然而,值得注意的是,"中国版马歇尔计划""万国来朝宗藩体系""新殖民主义"等形形色色的提法,试图去挑动和利用的却往往是人们对另外一种中心主义的担忧和警惕,即所谓的"中国中心主义"假想。

事实上,与这两种中心主义截然相反的,是世界主义,而以人类命运共同体为核心的系列新概念、新范畴和新表述,便是一种生发于中国新时代的新世界主义理念。自2011年9月,国务院发布的《中国的和平发展》白皮书首次提到"命运共同体"这一新概念,到"中国—东盟命运共同体""中国—周边命运共同体""亚洲命运共同体""中国与欧、非、拉、阿及各国命运共同体"及至人类命运共同体的新表述提出,再到2015年12月"网络命运共同体"亮相乌镇第二届世界互联网大会开幕式和2017年11月2日人类命运共同体载入联合国大会国际安全与裁军委员会决议,人类命运共同体逐步从中国理念发展为全球期待,从现实空间延伸至虚拟空间。

中国的这一理念在世界转型期和过渡期,倡导责任分担、义务共履、权利

---

① 金苗.媒介霸权论:理论溯源、权力构成与现实向度[J].当代传播,2010(5):21.

同享、利益共赢,同心致力于人类最终走向公正和平的、"去中心"的世界新秩序,既实现了"天下大同"这一中国世界主义理念在新时代的古今承续,也完成了与西方"世界主义"思潮在新时代的中外融通,可以激活文化自觉、突破中心倾向、超越二元对立、参与全球对话、走向世界交互,为"一带一路"倡议全球传播走出困扰、克服困境提供重要的逻辑起点和理论资源。

世界主义古老、多元、泛在的思想发展历程自古有之,在全球化时代,更是作为一种取向、一种倡议、一种原则、一种方案、一种现象,以不同的存在方式影响、变革、转化着这个世界。因此,有必要以多线程的方式来立体考察和构架"一带一路"倡议全球传播,即建立新世界主义与学术、政治、民间、媒体和企业等核心话语路径的关联,虑及话语内容创建、翻译转换和对外传播等全球传播构建环节,展开以下三个关键性问题的思考,并尝试予以初步解答:话语为何而说?话语由谁来说?话语如何去说?

第一节 "一带一路"倡议学术话语的世界格局

古典世界主义思想起源于古希腊政治哲学主要流派斯多亚学派,在希腊化时代公民城邦认同感出现动摇的情势下,该学派以"人际平等""四海之内皆兄弟"为核心理念,主张作为"世界公民"的每个人都居住在两个共同体中并负有伦理责任:"一是个人生而所属的共同体,二是整个人类所属的高于城邦的共同体。"[①]自此,"世界公民""人类共同体"便成为持有世界主义理念者所追求的共同理想。

进入16世纪,人们对古希腊哲学的热情在文艺复兴中复燃,个人主义对自然权利的关注成为启蒙运动中思考的热点话题,现代世界主义思潮由此兴起。作为启蒙运动中最具影响力的思想家之一,康德为实现世界永久和平提出了三条正式条款[②],即以"公民社会"支撑的共和制国家、自由国家联盟的权利共同体、普遍的友好为条件的世界公民权利,并因此被誉为现代世界主义思想的集大成者。

近30年,世界主义随着学者们对全球正义理论的聚焦再受热议,加之恐

① Nussbaum, M. C. Patriotism and cosmopolitanism[C]// Cohen, J. *For Love of Country?*. Boston: Beacon Press, 2002.
② [德]伊曼努尔·康德. 永久和平论[M]. 何兆武,译. 上海:上海世纪出版集团,2005:14.

怖袭击、金融动荡、生态恶化等全球问题将人类卷入了一个各个学科必须共同面对的风险社会，于是，当代世界主义理论在哲学、法学、社会学、政治学、历史学和文学等诸多领域以理论群的形态集中勃兴。

追溯世界主义理念的阶段性学术脉络可以发现，在关乎人类命运共同体当下与未来的问题上，因应时代挑战，以一种世界格局、时代高度自觉参与学术共议、不懈探索学术共识，是这一理念绵延至今、走向繁荣、继而影响全球格局的趋势所在。正在赢得世界认可的中国新世界主义理念，在很大程度上源于这种世界格局和世界胸襟。然而，作为一种新时代的创新思想要想成为全球社会发展的引擎，引领世界变革，其全球传播的构建路径理当优选学术话语的有效传播。毕竟，学术是一种公共知识的生产、传播和消费，较之政治话语、学术话语，具有更为天然的交流和分享特性。

当前，世界秩序空间已呈现出多中心的世界主义趋势，学术发展空间也显现出多元化的世界主义走向。"一带一路"倡议理应基于"把握当代、关怀人类、面向未来"的取向，在这一新兴学术话语领域确立具有世界格局的共同性学术视野、境界和目标，提升自身世界知识存量。在中国发起世界对话，以获取学术话语资格来提升学术话语权威，把握对外学术话语机遇，尽快探寻和融入学术话语跨文化共议进程，从而克服当前学术"中心化"所带来的困境。

一、走出学术话语的边界迷思

《重建世界主义》的著者伊夫—夏尔·扎尔卡曾说过："一个边界并不是一面墙，它是自我与他人区分的条件，也是相遇和相互承认之地。"①从传统地缘政治的角度来看，"一带一路"所覆盖的是 65 个边界清晰的国家和地区，语言相异、风俗不同、法规各立。然而，从人类命运共同体的角度，"一带一路"倡议所连接的却是 65 个频繁互动的国家和地区角色，在同一个利益共同体、命运共同体和责任共同体中共享权利、共担责任。从单元秩序观转换至角色秩序观是"一带一路"倡议对外学术话语创建应有的世界格局，也有助于解除外界对"中国中心主义"的警惕。学术无国界，当为"天下公器"。走出边界迷思，即冲破长期以来被历史自然化、被政治神化了的国家边界意识，通过"一带一路"倡议的世界格局建立跨国界的学术研究体系和思维框架。这包括两个层面的"走出"：一是走出凡事以中国划界的闭门学术思维，走出去做普适

---

① ［法］伊夫—夏尔·扎尔卡.重建世界主义[M].赵靓,译.福州:福建教育出版社,2015:9.

研究、在地研究,尝试解决世界性问题;二是走出以版图划界的单元学术思维,做交叉研究,做互动研究,尝试解决角色性问题。

二、弱化学术话语的战略意图

2016 年 7 月新华社发布了新修订的《新华社新闻信息报道中的禁用词和慎用词》,新增"不使用'一带一路'战略"的提法,而使用"一带一路"倡议。然而,"一带一路"从一开始就以国家级顶层战略的概念出现,与此相关的学术研究和交流大多以"战略"为研究意图,若不去有意克服这种思维意识,难以靠禁用特定的表达来解决他国忧虑。战略是为了达到全局性目标而进行的全盘考量和谋划,属于中国视角,在对外学术话语交流中易产生以中国为中心的误区;倡议是世界视角,强调沿线国家和地区同心参与、彼此成就,合作共赢,借助空间邻近谋求价值趋同。具有世界格局的"一带一路"对外学术话语只有有意识地不断弱化其战略意图,强化新世界主义的"去中心"思维,抵抗西方中心、拒绝东方中心,走出地方中心、消解世界中心,才能真正立足于关怀人类,面向未来,充分体现学术话语的中国特色、中国风格和中国气派。

三、淡化学术话语的政治色彩

"一带一路"倡议往往作为政治话语在国际政治舞台被提及,然而其当前的建设成果却被誉为 21 世纪的"凿空之旅",是一场破除文化政治地域空间禁锢的征途。在跨文化学术共议过程中,浓厚的政治色彩表达和意识形态输出,实实在在地打破了学术共议关系,缩小了学术话语内容创建的格局,加大了学术话语翻译转换的难度,造成学术对外传播的困境,最终由于学术性的弱化,导致世界学术精英群体对"一带一路"倡议本身的质疑、防范和否定。因此,政治话语与学术话语各司其职,处理好学术与政治的关系尤为关键,对此,习近平已提出解决之道:"要正确区分学术问题和政治问题,不要把一般的学术问题当成政治问题,也不要把政治问题当作一般的学术问题,既反对打着学术研究旗号从事违背学术道德、违反宪法法律的假学术行为,也反对把学术问题和政治问题混淆起来、用解决政治问题的办法对待学术问题的简单化做法。"①

---

① 习近平.在哲学社会科学工作座谈会上的讲话[N].人民日报,2016-05-19.

第二节 "一带一路"倡议政治话语的中国特色

　　复旦大学曾主办了访问学者工作坊"海客谈瀛洲：近代以来中国人的世界想象（1839—1978）"，与会诸位学者一致认同：晚清、民国、共和国等三个历史时期，体现了一个中国人认知世界、融入世界、重构世界的轮回。而 1839 年林则徐编写《四洲志》则被视为重要的时间节点，因为自此中国官僚和知识阶层不再视外部世界为可有可无、无可无不可的地理与文化空间，而是带着比较明确的政治和文化目的，主动了解中国以外的世界。① 事实上，人类命运共同体这一理念早于中国官僚和知识阶层对世界的主动探知，它缘起于春秋战国诸子思想，其中以孔子对大同思想的阐释最为集中和具体。作为中国传统思想的经典部分，伴随西方 18 世纪末对东方表现出的极大热情，"天下大同"的世界主义思想曾对西方世界主义产生过影响。

　　然而，当 19 世纪末期，现代西方世界主义思潮影响中国时，面对中国时局，梁启超清醒地认识到："世界主义，属于理想，国家主义，属于事实；世界主义，属于将来，国家主义，属于现在。"② 而秉持"天下为公"的孙中山认为，"我们受屈民族，必先要把我们民族自由平等的地位恢复起来之后，才配得来讲世界主义"③。由此可见，当时之中国，作为一个殖民地半殖民地弱国所持有的世界主义情怀以及对民族现实的无奈。

　　正在赢得世界认可的人类命运共同体这一理念，很大程度上源于中国在历史上便拥有大同思想这一世界情怀，这是一种从一开始就独具中国特色的政治话语。与历史长河中任一阶段、任一地域、任一政府、任一学者所持有的世界主义理念有所不同的是，新世界主义是基于新时代中国特色社会主义思想选择的立世取向。在此之前，全球从未也难以出现对世界主义思想的制度性支撑，新世界主义则实现了融通中外，以一种克服了中心主义、包含地方主义的社群世界主义，建立起接轨世界的政治话语。

　　以新世界主义为话语起点，经由"一带一路"倡议，向世界推出中国解读，确立对外政治话语的中国特色，可以走出一条跨文化共商路径。事实上，中

---

　　① 王申，马钊."海客谈瀛洲：近代以来中国人的世界想象（1839—1978）"工作坊综述[J].南京政治学院学报，2015(4)：84.
　　② 梁启超.中国沉思：梁启超读本[M].呼和浩特：内蒙古大学出版社，2008：41.
　　③ 孙中山.孙中山全集：第 9 卷[M].北京：中华书局，1986：226.

国政治话语体系最大的特点就是中国特色,中国特色是中国全球传播最大的挑战。当然,翻译和传播的价值也正在于不同语言、不同制度的差异,没有了特色和差异,也就没有了翻译和传播的价值。如此说来,中国特色政治话语体系的翻译过程,也是克服障碍、缩短差异、弥合缝隙、澄清迷失的过程,用对方的语言讲好自己的故事。①

一、确立话语内容的适用度

所谓中国特色不是说大量自创的、非通用的中国式政治词汇,如推进、加强、加快、取得、重视、坚持、发挥、贯彻、企图、解放、部署,又如生态、素质、文明、精神以及各种数字概括的政治口号。和而不同,其根本为"和",首要之事是解决他者"愿意看"和"看得懂"的问题,否则传播无从谈起。"一带一路"倡议的政治话语,其中国文化底蕴和中国文明深度本是锦上添花,"愿看"之人当不在少数。至于"看懂",若请翻译人员和跨文化传播行家里手介入,从政治话语的创建源头,如政策起草之初,就开始顾及他者的思维模式、阅读习惯和兴趣关切,充分考虑不同话语体系在国际交流互动中的现存问题,切实提升国际传播适用度,"一带一路"倡议对外政治话语才可能在交流的过程中处于主导地位。

二、增强话语翻译的认同感

政治口号数字化,宣传文本模式化,导致中国特色的政治话语被翻译成其他语种后,大多存在认同感缺失的问题。对于由建设设想起步,经历基金筹备、愿景行动、全球倡议,刚刚步入合作共建的"一带一路",政治话语翻译尤其需要具有针对性、解释性和当代性,以此提升跨文化认同感,从而真正地实现"一带一路"政策相通的目标。所谓针对性,需要译者拥有从跨文化语境、读者认知心理、视野融合和时代发展维度进行读者关照的心理,预判读者的"一带一路"知识储备,承认读者对"一带一路"的期待差别。所谓解释性,需要译者在述中有作,注意到沿线各国政治话语的差异性,不再一味纠结于政治话语的对等和工整,而是在把握差异性的基础上寻找相似性,即打造融通中外的表述。所谓当代性,需要译者聚焦和审视"一带一路"沿线国家和地区的当下和眼前,以现在进行时的思维架起沟通之桥,提高话语的共鸣感和

---

① 贾毓玲.论对外政治话语体系的创建与翻译:再谈《求是》英译[J].中国翻译,2017(3):101.

认同感,促成中国政治话语的世界阅读和理解。

三、维持话语传播的稳定性

热情与误解往往相伴而生,历史上不乏政治话语在对外传播中稳定性缺失的实例。比如孔子的《论语》在法国的译介延宕达 300 年,由于法国特殊的文化语境、变幻的时代背景、译介者各自不同的译介目的与处理方式,《论语》与其负载的儒学思想在不同的阅读时间与空间里经历了复杂的考验、不同的理解,这其中伴随着误读与曲解,显示出多样与多层面的形象。① 政治话语的对外传播有赖于异国政治使命和文化范式的重塑,难免会产生误解和误读。"一带一路"倡议的对外政治话语若要免受此累,需要保持一定的话语传播稳定性。这其中,首先有赖于话语的原则性和确定性,通过大量语境的再现和各种具象的描述来形塑"一带一路"倡议政治话语的核心和内涵,确保其能够被准确认知;其次有赖于话语的及时性和常态性,结合建设开展的实际进度,准、快、频地推出政治话语的常态表述,让"中国表达"具备为国际所接受的机会乃至具有稳定传播的可能。

第三节 "一带一路"倡议民间话语的公共理念

在中国本土概念中,"民间"意指"民之间",最早指向与王公统治阶层相对的下层平民百姓阶层。学者刘继林认为,中国的民间话语在 20 世纪上半叶开始了现代意义的生成与衍变,实现了"乡民→国民"的主体变迁、"乡村→都市"的空间转化,以及"边缘→中心"的功能跨越。② 无独有偶,"民间"并非中国特有的概念,在西方与其相对应的是"folk"一词,同样源自于贵族阶层的乡民观念,之后演变为资产阶级的农民想象,并最终成为现代民族国家无权阶层的代名词。无论如何,"民间"作为一个共同体"体现了大众的情感和行为,是常识的提供者,甚至是地方性和民族性格的携带人"③。基因决定了这里所探讨的民间话语与官方话语、政府话语和正统话语处于相对位置,长期以来被忽略、被贬抑、被遮蔽,与学术、政府、媒体和企业话语既保持着差异和博

---

① 周新凯.《论语》在法国的译介历程及阐释[J]. 中国翻译,2015(6):34-40.

② 刘继林.20 世纪上半叶中国民间话语现代意义的生成与衍变[J]. 兰州大学学报(哲学社会科学版),2016(4):46-52.

③ 户晓辉.论欧美现代民间文学话语中的"民"[J].民间文化论坛,2004(6):21.

弈,又产生着交叠与互动。

时至今日,随着认知理念、媒介技术和传播驱动的进步,"公众"主体、"全球"空间和"公共"功能正在成为理解"民间"一词的新标签。涉及"一带一路"这一全球倡议的民间话语构建,尤其需要一种冲破个体、社会和国家地域囚禁的理论观点作为原则,通过日常化、接地气的民间路径去完成"一带一路"倡议全球传播的内容创建、翻译转换和对外传播,最大限度地避免概念漂浮和话语空转。

世界主义恰恰就是一种人本主义驱动,冲破地域囚禁,去认知、理解、处理本土化与全球化关系、民族性与世界性关系、普遍性与特殊性关系的原则。① 可见世界主义与以人为本、以民为基的民间话语有着共同的精神特质,而那些在托马斯·博格看来"理解并尊重异域文化,到世界各地旅行并能够与各国人民顺利交往的世界主义者"②,或者说拥有人类命运共同体胸怀的"一带一路"建设实践者、项目共享者,便是以世界主义的原则实现"一带一路"倡议全球传播的民间阐释、转换、补偿、融合的绝佳人选。

"没有地方主义的世界主义是空洞的,而没有世界主义的地方主义是盲目的。"③"一带一路"倡议民间话语的构建需要更加纯粹地从公众出发,以公共理念,在全球空间融合地方主义与世界主义,在共生理性中发掘、促成和表达民间话语的多元性、动态性和整体性,从而生成一条跨文化共享路径。

一、人人平等:以人本主义为话语驱动

查拉比将 19 世纪以来的国际传播进程分为三个阶段:第一个阶段是以技术为驱动的国际化传播,第二个阶段是以资本为驱动的全球化传播,第三个阶段是以人本主义为驱动的跨国/世界主义传播。④ 民间话语的独到之处正在于把学术、政治、媒体、企业的"一带一路"实践作为背景,将人本作为主角突出,以本土"根据地"为基础凸显民间话语,以"命运共同体"为动力激活民

---

① 邵培仁,沈珺.构建基于新世界主义的媒介尺度与传播张力[J].现代传播(中国传媒大学学报),2017(10):70-74.

② [美]托马斯·博格.康德、罗尔斯与全球正义[M].刘莘,徐向东,译.上海:上海译文出版社,2010:519.

③ [德]乌尔里希·贝克.世界主义的观点:战争即和平[M].杨祖群,译.上海:华东师范大学出版社,2008:9.

④ Chalaby, J. K. From internationalization to transnationalization[J]. *Global Media & Communication*,2005,1(1).

间话语,将"和而不同"作为传而通的前提,以"人人平等"的世界主义心态和人性触动去促合不同民族、不同文化、不同意识形态的公众,在对整个人类命运的思考和对话中达成公共理念。

二、植根平凡:以民心相通为话语根基

"国之交在于民相亲,民相亲在于心相通",民心相通是"一带一路"倡议的社会根基,同样是话语根基。民间话语的构建只有跳出政治话语主导和政府力量倚重,走出"以驭其民"的统治和管理思维,真正站在草根化、日常化、自在性和原在性的"民间立场",在多元文化混合的"一带一路"共建语境下,将创造各国民众跨境自我生存和共同生存的诸多可能性视为目的,植根于平凡,以期实现民间话语口语化、真实化、平民化和本土化的跨文化沟通和交往。

三、心态平和:以普遍利益为话语目标

让"一带一路"倡议弘义融利的义利观在民间话语场域中趋于共识。意识到在"一带一路"倡议民间话语场域,"只予不取"或"少予多取"均是违背民间常识的非正常表达,顾及和惠泽各国公众之普遍利益,对义与利,即对道义与利益进行平衡、独立、真实的沟通才是民间话语的目标;意识到民间话语场域最为活跃的公众从来都不是外国的中国专家,而是不了解中国文化和历史背景、不熟悉"一带一路"倡议和建设的 57 亿外国人,从无国界意识的世界主义原则出发,了解对方发源于自我发展和相互交流的内需,从而以平和的心态创造更多的民间话语无国界流动的可能性。

第四节　"一带一路"倡议媒体话语的传播策略

涵化理论的创始人乔治·格伯纳(George Gerbner)曾做出如下定义:媒体权力指现代传播媒介是一种对个人或社会进行影响、操纵、支配的力量;具有让事件得以发生和影响事件怎样发生,界定问题以及对问题提供解释与论述,由此形成或塑造公共意见的种种能力。[①] 在这里,媒介权力被视为一种通过支配、操纵实现共识建构的力量和能力。"与其他所有的'权力'定义一样,媒介权力所指涉的是一种预存的属性和能力,是一种具有一定自主性的权

---

① 王怡红.认识西方"媒介权力"研究的历史与方法[J].新闻与传播研究,1997(2):77.

力……依附性权力与生产性权力、资源性权力等相对自主的权力彼此交织，决定了媒介不仅仅是中介、平台和工具。"①

如同媒介依附性权力将"媒介帝国主义"（Media Imperialism）推至 20 世纪 80 年代的极盛时期，媒体的生产性权力和资源性权力等相对自主的权力也在今天酝酿着"媒介世界主义"（Media Cosmopolitanism）的可能。有所不同的是，前者作为依附模式的必然结果，指一国或多国对其他国家的媒体系统、传播技术和传播内容的优势性输出、扩张、垄断和支配，尤其表现在发达国家与第三世界国家之间；后者则正在体现为世界主义的媒介化发展，通过发掘媒介内容的越界特征、积蓄媒介转换的跨域潜能，体现媒介传播的居间价值，来建立和达成世界主义意向。

学者周宁认为，世界文明的进程是一个多元发展、相互作用的系统进程，形成、创造于跨文化或文明之际的"公共领域"或"公共空间"中。② 习近平在 2015 年 9 月 28 日第七届联合国大会一般性辩论上发表的重要讲话，提出 5 点主张：建立平等相待、互商互谅的伙伴关系；营造公道正义、共建共享的安全格局；谋求开放创新、包容互惠的发展前景；促进和而不同、兼收并蓄的文明交流；构筑尊崇自然、绿色发展的生态体系。上述主张全面强调跨越地域和文化区隔的相互尊重和共同发展，去构建"一带一路"倡议媒体话语，将对世界的"公共领域"或"公共空间"有所贡献。

值得一提的是，媒体话语传播的居间价值，使其相较于其他话语建构路径，具有激活"一带一路"倡议全球传播的独特能力。以学术、政治和媒体三种话语构建现象为例，有影响力的学术话语可以引领媒介话语，继而改变政治话语，经典如约瑟夫·奈的"软实力"；而权威性的政治话语亦会首先表现为媒介话语，再为学术话语所关注和引用，"一带一路"倡议就是典例。路径方向不同，传播效果不同，其间的媒介话语策略就显得尤其关键。有必要在媒介世界主义理念的引领下，激活"一带一路"，形成对外媒体话语策略，去融合、唤醒、培养沿线国家和地区公众的人类命运共同体意识，拓展一条跨文化共鸣路径。

① 金苗.媒介霸权论：理论溯源、权力构成与现实向度[J].当代传播，2010(5)：22.
② 周宁.世界是一座桥：中西文化的交流与建构[M].桂林：广西师范大学出版，2007：1.

一、理念策略：从注重宣传到着力纪实，体现国际化、多元化和人本化

人类对陌生语言和陌生文化永远都有兴趣。以媒体记者和媒体机构为对象培育一种新世界主义导向的新闻介入伦理和新闻社会责任，立足于共同之处、草根民众和长久和谐，在"一带一路"倡议媒体对外传播的日常编辑和报道实践中建立人类命运共同体这一自觉。中国的对外媒体话语长期以来形成了"阐释重于展示，宣传高于纪录"的习惯，显然不适于跨文化传播，效果也不尽如人意。这就需要媒体话语加大纪实性、减少宣传性，更多地去尝试追踪呈现和凝视思考"一带一路"中方参与者和沿线国家及地区的公众个人、集体以及彼此之间的生命、生存和生活关系，用多元化的表达方式提升媒体话语自身的表意、传情和升华功能，同时增强与沿线国家和地区在母语表达、文化观念之间的关联度和舒适度。

二、主题策略：从讲求宏大到关注细节，寻找民族性、普适性和共通性

进入共建阶段，"一带一路"倡议对外媒体话语在主题选择上不能再以包罗整体的宏大叙事和诠释集体的宏观视域为主，毕竟全景、全方位的呈现更加适用于倡议阶段，在对外传播需求细分化的情境下，宏大无法满足民族性的凸显、普适性的张显和共通性的点亮。相较于那些触动人心的细节和回味无穷的思考，信息饱和、阐释频繁、意义强调所带来的媒体话语气势，会导致参与"一带一路"的个体以及他们的跨文化情感和心理在媒体话语中被笼统、模糊、湮没，甚至缺失。当务之急是对外媒体话语从主题而非素材的层面去重新考量这些细节，转换一种全新的思路和线索，追踪纪录"一带一路"人。

三、叙事策略：从流于模式到多样表现，挖掘多视角、故事性和艺术性

讲好"一带一路"故事，是从媒体话语这一路径构建全球传播的关键环节，而讲故事即为叙事。"一带一路"作中国主导之倡议，媒体作为叙述者，极易表现为从叙事到阐释、到评价、到抒情无所不能、无所不知。事实上，在叙事策略上应当多样交替，丰富呈现，或者选择当事人本身作为主体叙述者，或者纯粹地依靠事件发生、发展的脉络自然叙述，尝试使用全知视角、旁知视角、介入视角、隐知视角等多种叙事方式更为立体、深入、生动地诠释"一带一路"。通过故事来由表及里地开掘与提炼需要其承载的"一带一路"共商、共建、共享理念。

四、营销策略：从追求规模到诉诸常态，整合商业、艺术、娱乐和技术

鉴于"一带一路"倡议本身的国际合作性，可以考虑达成国际媒体联合投资、报道意向从而扩大传播的受众市场。适当对相关媒体产品进行商业包装，加大先期广告、营销策划的投入。甚至可以考虑加入时尚因素，有针对性地邀请沿线国当地名人明星参与媒体产品的推介工作。在技术层面，网络是跨越国界的最佳传播方式，在积极融入网络媒体平台的同时，为国际社会化媒体度身定制专项媒体产品传播营销方案，扩大覆盖面。

第五节　"一带一路"倡议企业话语的在地创新

世界主义者是稀缺的，世界主义通常是在更具体或更细微的现象维度得以表达，尤其近年来，世界主义被看作一种"在地的生活方式"。顺应同质性，调和异质性，以协商和折中的方式达成你中有我、我中有你的共生现象，从而实现共生度不断加强和深化。当前，"一带一路"由全球倡议阶段深入跨国共建阶段，需要中国企业自视为具有人类命运共同体情怀的新世界主义者，在与沿线国家和地区的跨境共生中，习得在地生存、繁荣的方式，实打实地在"一带一路"合作中担负起主体责任，去全方位推动中国装备、技术、服务"走出去""扎下根"，在企业层面形成新世界主义的现象级格局，而这一格局的实现最终取决于中国企业在沿线国家和地区的参与深度。

根据中译语通·译世界联合察哈尔学会、语言大数据联盟共同发起的年度报告《"一带一路"语言服务市场全景式分析与行业及政策建议（2017）》，"一带一路"沿线国家和地区使用的语言约2488种（64国的数据），占人类语言总数的三分之一以上，境内语言在100种以上的国家就有8个。其中，以英语、阿语、俄语、汉语为官方语言的国家同中国贸易量的综合达到58％，其他语种贸易总量占"一带一路"沿线国家和地区总贸易量的42％。"学会ABC，走遍世界都不怕"的底气似乎并不乐观，更何况这只是语种差异数据。对于"一带一路"企业而言，出海跨境，话语作为企业的表达，通过话语内容创建、话语翻译转换和话语对外传播，可以制造愿景，打开市场，也可能构成壁垒，产生隔阂。除却显而易见的语言差异，经济、政治、社会、文化的国别差异随时随地都会成为影响企业全球传播战略的因素，甚至决定整个项目投资的成败。由此引出一个不容忽视的问题，勇担重任、乐于走出的中国企业中，无语

言沟通障碍、有国际公关章法、重全球传播投入的企业少之又少,何谈深度、有效、持续的合作共建?探索"一带一路"企业全球传播路径,可以考虑从顶层设计、在地实践和平台变革等多个层级切入,前瞻性地将全球传播打造整合进跨国企业的产业链、价值链和创新链,实质性地走进"一带一路",挖掘对外行业话语的在地创新,从而发现跨文化共生路径。

一、以合作项目牵引企业话语规划,纵贯产业链

"一带一路"倡议"以项目为基"给全世界留下了深刻的印象,美国战略与国际问题研究中心的乔纳森·希尔曼2018年1月在国会作证时说,约70个国家正在参与"一带一路"相关项目,这些国家的人口加起来占到世界总人口的三分之二,项目可能包括数万亿美元的中国投资。事实上,在国家层面的规划上,确实有着极强的项目牵引意识。2018年两会记者会上,商务部部长钟山就提出了"丝路明珠"概念,即以重大投资合作项目、援外工程为重点,打造一批综合效益好、带动作用大,各方面都受欢迎的示范项目。"一带一路"企业全球传播规划可以采撷其中若干颗"丝路明珠"为牵引,从国家顶层规划切入,由专业的跨文化企业话语内容创建团队、翻译转换团队和对外传播团队针对具体项目,引导、协助企业度身策划、定制覆盖项目生产制造中端,上延伸至研发设计环节,下拓至市场服务环节,纵贯产业链,整体提升"丝路明珠"全球传播构建的高端品质和示范效应。

二、以在地协作聚焦企业话语生产,嵌入价值链

中国的"一带一路"与美国的"全球化"最显著的区别在于,前者以"共商共建共享"为原则,后者则以构建强弱分明的霸权世界为本质。"共商、共建、共享"所带来的直接结果就是相对于全球化的另一种趋势——"在地化"(localization),即从根本上认可一个地区或国家,任何一种经济或商品流动,必须适应地方需求,才有可能加速发展,并以行动加以实践。以在地协作来聚焦企业全球传播生产,要求中国跨国企业与沿线国家和地区进行项目研发设计、生产建设、品牌营销和市场服务的合作时,借助当地华人华侨或本土人力资源的优势在话语策划,表达和沟通上按特定国家或地区的语言、文化需要对项目或产品进行加工、包装,使其满足本土市场用户对语言和文化的特殊要求。价值链的关注中心就是买方,围绕沿线国家和地区进行企业话语生产,在地化程度越高,其嵌入价值链,以话语生产来衍生价值、创造价值的可能性就越高。正所谓,话语即是财富。

三、以传播技术变革企业话语服务,赋能创新链

跨国企业因其跨文化碰撞与融合而具有天然的创新潜力,创新活动可以自始至终贯穿产业链全程,形成中国本土无法复制的创新链。然而,当前跨国企业在全球传播上面临三个基本挑战:一是产品、解决方案和服务的多语言本地化问题;二是内外部交流中语言和文化障碍带来的信息不对称问题;三是上述两个问题存在任务需求庞大,专业人力严重不足的困境。这三个挑战显然阻碍了跨国企业创新成果的产生和转化,而目前基于深度学习的人工智能语言服务平台在技术上已能够实现语种全、传达准、网络化的企业话语服务,如果传播技术和专业人力融合设计充分,甚至可以从信息、文化、专业等多个层面帮助企业实现话语增值服务,为跨国企业,特别是跨境电商的创新链提供加持。这需要相关部门采取各种激励和引导举措,促成语言服务行业加速产品的技术应用创新和资源整合,面向"一带一路"企业项目提供优质先进的企业话语服务。

世界主义学者乌尔里希·贝克和埃德加·格兰德曾称,"世界主义是一种继历史地衰退的国家主义、民族主义和自由主义思想之后出现的又一种可望实现的伟大思想。它与建立一个统一、安全、可持续发展的世界目标联系在一起,指出了人类文明走出当前困境的唯一出路"①。

19世纪中叶的海因利希·劳伯却对此陷入了悲观:"世界主义这种思想是一种非常美妙的事物,但对于全体人类而言,它过于伟大因此永远只能停留在思想阶段。如果这种思想不能具备具体的个性与形态,那么它的存在将被视若无物。"②

欲去除长期以来世界主义颇受质疑的理想化色彩,基于人类命运共同体这一理念的"一带一路"倡议全球传播构建路径,或许可作为其中一种具体的形态。人类命运共同体与"一带一路"倡议作为当前中国在世界舞台的核心"话语群",可互促共进。

---

① [德]乌尔里希·贝克,埃德加·格兰德.世界主义的欧洲:第二次现代性的社会与政治[M].章国锋,译.上海:华东师范大学出版社,2008:18.

② [德]乌尔里希·贝克.世界主义的观点:战争即和平[M].杨祖群,译.上海:华东师范大学出版社,2008:1.

第十二章　世界想象:线上新闻报道中的全球地理图景

　　媒介话语影响着文化地理想象以及人们关于空间的感知。透过检视新华网国际新闻报道的语义网络与新闻框架,本章试图以此为断面讨论线上新闻建构的全球地理图景。新闻报道形塑出差序化的地理格局,少数国家在新闻生产中占据着绝对中心位置,在此之中,在"冲突的世界"中崛起的"中国梦"得以聚焦化。通过一整套话语选择机制,新闻报道呈现了关于地方性认同以及对全球霸权秩序反抗的国家表达。传统文化帝国主义理论在全球新闻传播中仍具有其适用性。受制于文化地理边界,在全球化新闻流动中,线上新闻并未实现如乐观主义者想见的多元生态。

第一节　新闻生产的世界想象与地方性表达

　　媒介地理是论及全球文化流动的中心议题。国际新闻与大众媒介产品的生产流通决定了人们如何想象当今世界体系。传统文化帝国主义理论关注全球文化霸权如何以其中心话语制造有限的文化图景。[①] 在过去许多批判主义者看来,西方所掌握的全球新闻业制造了包含经济、种族、宗教等方面诸多偏见的等级世界。[②] 不过,这种基于西方中心主义的全球文化地理被认为正在新时期得到被重新认知的机会。阿帕杜赖(Appadurai)提倡放弃"中心—边缘"模式(center-periphery models),用一种复合、交叠而又带有区别性的视角来理解全球文化经济。[③] 这意味着全球媒介实际包含了多元性竞争对象。

　　① Schiller, H. *Communication and Cultural Domination* [M]. White Plains: ME Sharpe, 1976.
　　② van Ginneken, J. *Understanding Global News: A critical Introduction* [M]. London: Sage, 1998.
　　③ Appadurai, A. Disjuncture and difference in the global cultural economy[J]. *Theory Culture & Society*, 1990(7): 295-310.

代表性案例如 20 世纪末以来文化地理显著的"反向流动"现象。① 伴随亚洲、非洲以及拉美区域化力量的兴起,其中许多国家开始重塑他们在全球地理中的文化软实力,揭示出国际关系的权力结构变化。

依据此种修正后的媒介帝国主义(media imperialism)理论框架,本章旨在探讨中国的线上国际新闻如何建构本国在当今全球地理中的位置。ICT 技术在全球范围内的广泛实践改变了媒介空间属性,媒介地理的去疆域化某种程度上消解了传统"民族—国家"概念,推动着世界主义趋势。② 伴随互联网作为一种"无所在之地"(placeless space)③拓宽人们关于空间的体验,这为远距离跨地域沟通提供了更为理想的渠道。尽管媒介帝国主义引起了关于全球化与本土现代化之间的论争,不过,如蒂尔曼(Thielmann)提醒,事实上,"几乎所有与媒介相关联的对象范畴都是'地方性'的"④。既然互联网推动了大规模的国际媒介产品流通,它能否提供更充分的他国信息?是否能够促进本土更好地理解"外界"?我们以线上国际新闻为观察对象,从而回答新媒介语境下的新闻话语乃是如何平衡地方性与全球化之间的关系,描绘世界舞台的中国形象,同时,这又包含了怎样的本国与他国力量之间的竞合。通过选择新华网国际新闻报道为案例来源,本章试图检视媒介的地方性生产特征,描述这一中国官方新闻网站的全球地理想象。

---

① Thussu, D. K. *Media on the Move: Global Flow and Contra-Flow* [M]. New York: Routledge,2007.

② Chalaby, J. K. From internationalization to transnationalization[J]. *Global Media and Communication*,2005(1):28-33.

③ Christensen, M., Jansson, A. & Christensen, C. Globalization mediated practice and social space: Assessing the means and metaphysics of online territories [C]// Christensen M., Jansson A. & Christensen C. *Online Territories: Globalization Mediated Practice and Social Space*. New York: Peter Lang,2011:1-11.

④ Thielmann, T. Locative media and mediated localities: An introduction to media geography [J]. *Aether the Journal of Media Geography*, 2010(3).

第二节 作为文化地理的线上新闻流动

一、新闻产制与媒介地理

媒介地理作为媒介研究的"空间转向"[1],旨在探讨文化地理、空间秩序与媒介系统之间的关系[2]。媒介形式既形塑了人们关于社会空间的体验,亦反过来受其影响。[3] 既然新闻媒介制造着关于现实世界的"框架",通过观察新闻生产如何建构地理景观,可以发掘其中复杂的空间力量关系。从前人研究情况来看,媒介地理研究的空间分析通常基于文化、社会或者人类学视角展开[4],其超越了物理意义的地理观念,通常考量的是媒介影响人们空间感知的方式,乃至于如何传递相应政治观念,实现"霸权秩序的强化"[5]。

如今我们正生活在充满全球媒介事件的虚拟地理环境之中。[6] 值得注意的是,信息社会同样无法脱离现实空间权力的限制。范迪克(van Dijk)在对全球新闻报纸的研究中发现,无论是在第一世界还是第三世界,西方国家总是较之其他国家在国际新闻中得到更多曝光率。[7] 早期的文化帝国主义理论也认为,以美国为中心的全球媒介不断向发展中国家输出着一整套信息内容、价值观与政治观念。[8] 而另一方面,在包含中国、巴西、印度、阿拉伯世界等在内的区域中心力量蓬勃发展的背景之下,原有的媒介地理面貌正被重新

① Döring, J. & Thielmann, T. *Mediengeographie*:*Theorie-Analyse-Diskussion Bielefeld* [M]. GER: Transcript Verlag, 2009.

② 邵培仁,杨丽萍. 媒介地理学:媒介作为文化图景的研究[M]. 北京:中国传媒大学出版社, 2010:3-10.

③ Couldry, N. & McCarthy, A. *Media Space: Place Scale and Culture in a Media Age*[M]. New York: Routledge, 2004.

④ Gieryn, T. F. A space for place in sociology[J]. *Annual Review of Sociology*, 2000(26): 463-496.

⑤ Zimmermann, S. Media geographies: Always part of the game[J]. *Aether Journal of Media Geography*, 2007(1):59-62.

⑥ Rheingold, H. *Virtual Reality*[M]. London: Secker & Warburg, 1991.

⑦ van Dijk, T. A. *News analysis: Case Studies of International and National News in the Press*[M]. Hillsdale: Lawrence Erlbaum Associates, 1988.

⑧ Tunstall, J. *The Media are Amercian-Anglo-American Media in the World*[M]. New York: Columbia University Press, 1977.

书写。① 随之而来的问题则是：这些国家的新闻生产是否表现出一种新的全球体系认知？它们又如何想象自身与外部世界之间的关系？

诚然，不同国家在描绘全球地理时均带有自身观念。地方性，这一媒介地理中的关键概念，是"由已经赋予其意义的人们所厘清与了解的现实"②。由于全球传播过程中地方与全球层面的双重认同，已经得到研究者们广泛认可。媒介话语的地理想象不仅可以作为理解地方如何定位全球化自身位置的线索，同时亦暗示他们面对国际主流议题时的潜在身份与行为。依据鲁曼（Luhmann）的观点，大众媒介所传达的并非是充满共识的世界，"人们需要做的只是接受他人观照现实的方式，并懂得如何进行区分"③。全球信息流的融合与冲突要求我们将更多关注投向地方媒介，去寻求不同世界观之下获得相互理解的可能性。因此，观察特定国家想象的全球地理空间，将有助于我们重新思考地方性与全球性之间的矛盾与张力。

二、互联网的地理界限

新的传播技术条件深刻改变着人们的地理体验。全球互联网打破了基于传统疆域的社区认同，重新建立、加强了特定场所之间的联系。④ 包含博客、微博、微信、Facebook、Twitter 等等在内的线上平台创造出更多信息分享渠道，吸引了广泛的跨地域市民参与。这在相当程度上鼓励了人们在跨文化虚拟空间发展情境认同的机会。⑤ 但是，许多研究依然质疑线上多元主义提供的乐观前景忽视了媒介运作存在的地理限制。尽管互联网进一步推动了关于"地球村"的愿景，但它无法消解地理认同，甚至于可能使之强化。斯雷伯尼（Sreberny）认为，全球化的自然扩张并非意味着普遍化，相反，全球的趋

① Tunstall, J. *The Media were American: U. S. Mass Media in Decline*[M]. New York: Oxford University Press, 2008.

② Tuan, Y. F. Space and place: Humanistic perspective[C]// Gale, S. & Olsson, G. *Philosophy in Geography*. Boston: D. Reidel, 1979:387.

③ Luhmann, N. *The Reality of the Mass Media*[M]. Cross, K. trans. Stanford: Stanford University Press,2000:93-94.

④ Haythornthwaite, C. & Kendall, L. Internet and community[J]. *American Behavioral Scientist*,2010,20(1):1.

⑤ Thorne, S. L. & Black, R. W. Identity and interaction in internet-mediated contests[C]// Higgins, C. *Identity Formation in Globalizing Contests*. New York: Mouton de Gruyter,2011:257-278.

势在于"地方性"。① 斯台波(Staple)在对全球通信行业的研究过程中也发现，这一原本意在"凝聚世界"的网络却导致地方性的激增(a explosion of places)。② "地方"作为一种世俗的社会秩序，按照卢克曼(Lukermann)的形容，即是"特殊的集合"③。因此，不同国家、地区生产的线上话语，无疑表达着特定的历史意义以及地方人群的社会经验。

鉴于早期的文化帝国主义理论多关注于美国输出的电视节目，博伊德—巴雷特(Boyd-Barrett)指出，当转向 ICT 工业时，这种原有分析路径可能是具有误导性的。④ 线上环境虽推动了全球媒介转型，但"新世界信息秩序"(NWICO)依然延续了西方既有霸权。国际新闻生产一方面被寄予了打破国界、形塑人们关于"世界主义"感受的期望⑤，这却并不能掩盖它本身存在的不平等性。传统西方新闻通讯社作为全球化的"代理者"，保持了在线上新闻环境中的主导地位。⑥ 依据皮尤研究中心数据，美联社与路透社是美国在线、雅虎与谷歌等全球大型网站的主要新闻来源。超过 86% 的雅虎新闻依赖于新闻通讯社而超过 79% 的谷歌重要新闻内容均源自专业化的新闻组织。⑦ 在对全球 35 个主流新闻网站的调查中，塞格夫(Segev)发现了一种深刻的地理偏见：这些新闻总是倾向于报道若干个国家，而另一些国家则被"隐去"。⑧ 希门博伊姆(Himelboim)亦承认，在国际信息网络中，数字新闻总是从少数派国家

① Sreberny, A. The global and the local in international communications[C]// James, C. & Michael, G. *Mass Media and Society*. London: Edward Arnold,1991.

② Staple, G. C. Telegeography and the explosion of place: Why the network that is bringing the world together is pulling it apart[C]// Noam, E. & Wolfson, A. *Globalism and Localism in Telecommunications*. Amsterdam: Elsevier,1997:217-228.

③ Lukermann, F. E. Geography as a formal intellectual discipline and the way in which it contributes to human knowledge[J]. *Canadian Geographer* ,1964(8):167-172.

④ Boyd-Barrett, O. "Global" news agencies[C]// Boyd-Barrett, O., Rantanen, T. *The Globalization of News*. London: Sage,1998:19-34.

⑤ Hannerz, U. *Foreign news: Exploring the World of Foreign Correspondents*[M]. Chicago: The University of Chicago Press,2012.

⑥ Paterson, C. International news on the internet: Why more is less[J]. *Ethical Space: The International Journal of Communication Ethics*,2007,4(1/2):57-66.

⑦ Pew Research Center. *The State the News Media* 2009 *an Annual Report of American Journalism*[M]. Retrieved from http://www.journalism.org/analysis_report 2014/09/12.

⑧ Segev, E. Visible and invisible countries: News flow theory revised[J]. *Journalism*,2015,6 (3):412-428.

流向世界。① 换而言之，围绕某些西方国家为中心，当今的全球新闻依然呈现出相当显著的利益偏向，缺乏多维度的地理声音。

在现有国际新闻生态体系下，寻找全球报道中的"非西方声音"由是成为颇为重要的研究方向。依据李（Lee）的观点，牵涉跨地域议题的线上新闻生产固然立足于本土，然而也应拥抱全球：他们是带有"全球在地化"（glocal）性质的。② 也即制作国外新闻包含了寻求国际准则与本土价值观念平衡的过程。对于互联网内容而言，研究者们已经注意到其既有界限。线上生产往往受到一系列审查管制制度的约束。③ 达尔伯格（Dahlberg）则更直接地谈道："任凭网络自由主义者的辞令，线上空间实际上从来没有摆脱过线下管理力量。"④因此，线上话语背后一系列由地方意识形态决定的程序，导致了互联网的内部边界与跨文化距离。这使得我们可以预设，即使是在淡化了物理界限的网络世界，地方亦总是依据自身为核心建构关于周边环境的想象。

三、全球传播中的国际新闻

国际新闻向来与全球化时代相联系，在认知全球景观、管理国际关系方面发挥着关键作用。奥尔伯格（Aalberg）等人曾发现，对外国事物的报道主要受到国家利益与地缘接近性两类因素驱动。⑤ 此外，由于国际报道往往与本国公众关于国外事物的了解程度与兴趣相对应，媒介在报道国外突发性事件时倾向于结合市场与政治的共同需求，已成为传播研究内部形成的共识。⑥ 在新闻内容方面，研究者们亦发现，与本国报道相比较，当面对外国事务，媒

① Himelboim, I. The international network structure of news media: An analysis of hyperlinks usage in news web sites[J]. *Journal of Broadcasting & Electronic Media*, 2010, 54(3): 373-390; Howe, S. *Afrocentrism: Mythical Pasts and Imagined Homes* [M]. London: Verso, 2001.

② Lee, A. Y. L. Between global and local: The glocalization of online news coverage on the trans-regional crisis of SARS [J]. *Asian Journal of Communication*, 2005, 15(3):255-273.

③ Morozov, E. Whither internet control? [J]. *Journal of Democracy*, 2011, 22(2):62-74.

④ Dahlberg, L. The internet and democratic discourse: Exploring the prospects of online deliberative forums extending the public sphere[J]. *Information Communication & Society*, 2001, 4(4): 615-633.

⑤ Aalberg, T., et al. International TV news foreign affairs interest and public knowledge: A comparative study of foreign news coverage and public opinion in 11 countries[J]. *Journalism Studies*, 2013, 14(3):387-406.

⑥ Shik, K. H. Gatekeeping international news: An attitudinal profile of U. S. television journalists[J]. *Journal of Broadcasting & Electronic Media*, 2002, 46(3):431-452.

介更乐于选择带有冲突危机、消极、悲观的框架。① 对于国家而言，国际新闻报道的选择成为一种建构积极政治形象的有效把关方式。② 因此，国际新闻研究广为流行的做法在于通过比较不同叙事语言，分析地方如何通过操作媒介框架建构此种"相对真实"，进而探讨全球传播中特定国家表现出的认同或抵抗。

在中国，国际新闻是传递政府外交政策的基本渠道，折射着党与国家系统的运作轨道。③ 在日益参与全球政治经济秩序过程中，国家表现出强烈的媒介"走出去"意愿，试图扭转过去在国际舞台的消极形象。④ 由是，在官方意志中，国际新闻报道既是维系国家主义认同的重要策略，亦成为海外形象宣传的一部分。除此之外，历经改革开放以来媒介系统的市场化机制，如 Wang 等人指出，由于国际新闻带有一种"高级"的符号价值，这使得其在中国本土同时兼具了市场化的适用考量。⑤

探讨中国国际新闻报道，许多研究者倾向于采用比较性分析方式，尤其是将中国与西方国家的新闻框架相对照，聚焦全球化相互冲突的国家立场，讨论这一崛起中的巨大经济体如何获取相匹配的国际声誉，展现国家软实力。这些研究以事件为导向，大多局限于纸质或电视媒体。值得注意的是，中国的国际新闻生产被认为拥有一套自身常规。有研究便以中国电视的外国报道为例，指出这些新闻将大量篇幅倾斜美国，大多时间关注该国国内政治议题与秩序，多采用政府官员与男性为消息来源，并大量呈现轰动性消息。⑥ 而 Wu 和 Ng 则发现，新闻专业主义规范以及传统的"和谐"价值观，也

---

① Greenwood, K. & Jenkins, J. Visual framing of the Syrian conflict in news and public affairs magazines[J]. *Journalism Studies*, 2013,16(2):207-227.

② Tan, Y. & Ma, S-M. Effect of sports sponsorship on building international media agenda: A study of the international news coverage of the 2009 Kaohsiung World Games[J]. *Chinese Journal of Communication*, 2013,6(2):240-256.

③ Song, Y. & Chang, T. The news and local production of the global: Regional press revisited in post-WTO China[J]. *Gazette*, 2013(14):1-17.

④ Hu, Z. & Ji, D. Ambiguities in communicating with the world: The going-out of China's media and its multilayered contexts[J]. *Chinese Journal of Communication*, 2012,5(1):32-37.

⑤ Wang, H., Lee, F. L. F & Wang, B. Y. Foreign news as a marketable power display: Foreign disaster reporting by the Chinese local media[J]. *International Journal of Communication*, 2013(7):884-902.

⑥ Lin, W. Y., Lo, V. H. & Wang, T. L. Bias in television foreign news in China Hong Kong and Taiwan[J]. *Chinese Journal of Communication*, 2011(43):393-310.

在中国国际新闻报道的媒介实践中占据着较为重要的地位。①

鉴于在新媒体革新的社会结构之下,线上环境已越来越成为中国公众认知世界的重要渠道。② 本研究试图讨论中国互联网国际新闻所建构的地理图景。当新闻编辑室生产关于遥远场所的报道时,本土相关性要远大于其他新闻价值。③ 通过择取新华网作为分析对象,我们将描绘其文本话语如何建立本土与他者之间的关系,从而以此为断面,探讨中国如何想象本土在当今全球网络传播语境中的地位。

四、新华网国际新闻作为观察案例

从前人研究来看,大部分线上用户获取的国际新闻均源自少数大型新闻网站。④ 而在国内特殊互联网政策环境下,商业门户网站通常仅仅承担新闻收集者角色⑤,主流媒体依然在国际报道方面具备相当主导优势。我们采集了新华网 2013 年国际要闻版面的所有新闻报道共 2195 篇作为样本。首先,研究者使用语义网络分析描述这些线上国际新闻涵盖的国家及议题。也即通过文本提取、网络呈现并辅以语义相应的背景知识,将文本转化为概念关系网络,从而回应信息与数据语言之间存在的抽象性与复杂性落差。⑥

其次,研究者通过内容分析将样本划分为包含军事国防、经济、政治、外交关系等在内的 9 项主题以及 3 类新闻框架:其一是"自我框架",即侧重于与本国利益密切相关的议题,譬如钓鱼岛、南海争议、海外华人现状等等内容;其二是"他者框架",直接以单一或若干对象国、经济体或地区为主要叙述对

---

① Wu, D. D. & Ng, P. Becoming global remaining local: The discourses of international news reporting by CCTV-4 and Phoenix TV Hong Kong[J]. *South-North Cultural and Media Studies*, 2011(25):173-187.

② Yang, B. Social spaces and new media: Some reflections on the modernization process in China[J]. *Procedia-social and Behavioral Sciences*,2010(2):6941-6947.

③ Cohen, A. A. Globalization Ltd: Domestication at the boundaries of foreign television news [C]// Chan, J. M. & McIntyre, B. T. *In Search of Boundaries: Communication Nation-states and Cultural Identities*. Westport: Ablex,2002:167-180.

④ Wu, D. D. & Ng, P. Becoming global remaining local: The discourses of international news reporting by CCTV-4 and Phoenix TV Hong Kong[J]. *South-North Cultural and Media Studies*,2011 (25):173-187.

⑤ Chan, J. M., Lee, F. L. F. & Pan, Z. D. Online news meets established journalism: How China's journalists evaluate the credibility of news websites[J]. *New Media & Society*,2006,8(6):925-947.

⑥ van Atteveldt, W. *Semantic Network Analysis: Techniques for Extracting Representing and Querying Media Content*[M]. Charleston: Book Surge Publishers,2008.

象,欧盟作为特殊经济政治共同体,亦被纳入考量;其三则是"普遍性框架",这一框架不局限唯一对象国或地区,而往往牵涉到国际性组织、全球性变化与危机,旨在探讨包括譬如气候、经济危机、恐怖主义、合作性会议等在内的某些国际普遍议题。研究者从整体样本中选取约 10%($N=220$)样本进行信度测量,两位编码员间整体测试信度约为 0.93。

第三节　线上新闻的全球地理图景

一、媒介话语的地理图景

　　为了使媒介话语中的地理概念变得可视化,本研究提取了不同国家被文本所提及的频数,并通过这些频数除以总样本得到的均值,将新闻报道呈现的全球国家划分为六个层级。可以说,某个国家或地区在报道中被提及的次数越多,它在新闻媒介中的"能见度"便越高。基于报道密度最高的前 50 位国家,我们在对新华网国际新闻报道进行语义网络梳理之后,进一步筛选出 28 个新闻能见度较高国家(此外,欧盟作为特殊政体亦被额外补入),并通过 Netdraw 工具呈现了研究文本建构的他国与中国之间形成的关系图。经由上述发现,不同国家在媒介内容接近性层面存在巨大的等级差异,我们可以依据其在地理图景中的特征划分出三种类型:其一是"中心国家"。极少数国家在新华网国际新闻中扮演着关键角色。其中,美国的被报道量表现出巨大优势,说明新闻话语仍视其为全球中心,这在前人研究中已得到广泛类似验证。日本作为重要邻国之一,则在被报道量层面位居第二,二战历史、台湾、钓鱼岛问题等等,均是大篇幅报道方向之一。总体而言,新闻话语不仅关注这两类中心国家的国内重大事件,更侧重于这些事件如何对本土产生影响,暗示出两者对于中国在国际舞台争取国家利益具有直接而紧密的联系。其二是"中介国家",它们处于媒介地理中心区的附属地带。这些国家由于不同突发性事件进入新闻视线,大部分位于欧美或者亚洲,如土耳其、新加坡等等。关于它们的议题常常成为一种中介,用以进一步延宕出中国与中心国家之间的互动关系。其三是"边缘国家",即新闻报道常常未能涉及的国家或地区,在媒介话语中,它们在大多数时候甚至处于"不可视"的状态。

　　地方媒介如何形容他者取决于这些地方与本土之间的联系程度,这包含了价值观、政治利益、经济关系以及地缘距离等一系列因素。① 在深入全球化网络过程中,一个国家需要不断保持对周边环境变化的信息认知,方能更好预测对外市场经济与国际外交空间的风险。但是,从新华网国际新闻来看,这种信息感知的半径具有显著偏向性。中心国家与边缘国家之间的被报道程度存在巨大鸿沟:譬如,日本的被报道数量远远超过同为邻国的老挝($N=$18)、尼泊尔($N=8$)与不丹($N=8$)等国。两类国家或者政治共同体表现对线上新闻地理想象的深刻影响:一是包含美国、欧盟等在内的传统西方力量,在文本中几乎成为无所不在的存在。从国家关系网络的有向图(图 12-1)来看,它们不仅与中国国际事务紧密相关,同时表现出对其他国家的较强影响。二是在特定地缘政治中具有一定话题的国家,新闻话语通常侧重关注其国内动态,从而映照出区域稳定乃至于全球政治经济系统方面的相关问题。

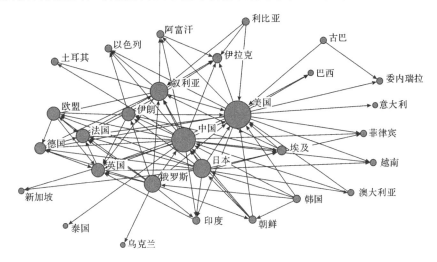

图 12-1　主要被报道国家/组织的关系网络

在信息技术推动的全球公共化背景下,新闻业被认为有必要对由网络社会联结的不同地方情况保持敏感,承担起建立世界性话语的责任。② 然而,线上新闻并未呈现出如人们想见般的多元性。一些地域在新华网国际新闻报

---

① Balmas, M. & Sheafer, T. Leaders first countries after: Mediated political personalization in the international Arena[J]. *Journal of Communication*,2013(63):454-475.

② Volkmer, I. Journalism and political crises in the global network society[C]// Zelizer, B. & Allan, S. *Journalism after September* 11. New York: Routledge,2002.

道中得到青睐。亚洲以及作为发达资本主义世界象征的欧美国家成为全球地理的核心对象,这其中隐含了一种沿袭过去的"东西方"之间的比照。另外,表 12-1 呈现了样本引用的前 20 位国外媒体。可以看到,西方媒介的输出影响力仍在国内国际新闻中发挥着相当作用。报道倾向于选择来自中心国家的外媒内容,其中,英美两国的精英媒体被引比重最高。同时,一部分与中国外交关系较为靠近国家的官方媒体(如朝中社、俄新社)与海外华文媒体(如联合早报)亦占据一定比例。这些外媒来源分布体现出当今世界信息与传播新秩序依然存在的空间不平等性。

表 12-1　样本报道中的主要外媒引用来源

媒体组织		国家	N	占比%
新闻通讯社	美联社	美国	152	6.9
	法新社	法国	118	5.4
	彭博新闻社	美国	50	2.3
	朝鲜中央通讯社	朝鲜	40	1.8
	共同通讯社	日本	142	6.5
	路透社	英国	144	6.7
	俄罗斯国际新闻通讯社	俄罗斯	45	2.1
印刷媒体	朝日新闻	日本	62	2.9
	明镜周刊	德国	48	2.2
	金融时报	英国	131	6.0
	世界报	法国	31	1.4
	纽约时报	美国	123	5.6
	产经新闻	日本	56	2.6
	卫报	英国	140	6.4
	华尔街日报	美国	93	4.2
	华盛顿邮报	美国	118	5.4
	读卖新闻	日本	50	2.3
	联合早报	新加坡	50	2.3

续　表

媒体组织		国家	N	占比%
广播电视媒体	英国广播公司(BBC)	英国	100	4.6
	美国有线电视新闻网(CNN)	美国	52	2.4

注：单篇报道可能不包括或包含多个外媒来源。

二、全球化中的中国位置

国际新闻是一项观测国家在国际秩序中所处位置的有力指标。[①] 本研究基于样本被报道国家数据，通过中心度测量进一步讨论不同节点在地理图景中的相互关系。中心度在语义网络当中通常包含点度中心性（degree centrality）、接近中心性（closeness centrality）、中介中心性（betweenness centrality）等等多种度量方式。[②] 鉴于本章的语义网络并非连通图，因而暂未将接近中心性纳入考量。

表 12-2 呈现了语义网络主要国家的中心性分析，欧盟作为特殊经济政治共同体，亦被纳入测量。一般而言，依据在网络中传递与接收信息的数量，点度中心性又可以分为出度与入度。某个国家在点度中心性的取值越高，代表它与其他国家的联系越多，在新闻报道中的显著性亦越高。在这一方面，美国、中国、日本、叙利亚与俄罗斯名列前五。其中，美国呈现出最高入度，中国则拥有最高出度。若某个节点拥有较高出度而拥有较少入度，说明当新闻报道有关其消息时，文本会将其与他国联系起来，而当报道其他国家时，该国则不一定被提及，反之亦然。因此，在新华网国际新闻的描绘中，美国、法国、菲律宾、越南、伊拉克等国更多在他国议程中出现，而例如中国、俄罗斯、古巴、韩国、伊朗等国在文本中则被更侧重于本土变化产生的外扩影响。另外，大部分国家的中介中心性接近于零，说明大多数时候，面对国际议题，它们对他国之间互动的控制力较弱。少数国家占据了国际要闻的大部分新闻资源。

① Golan, G. J. Determinants of international news coverage[C]// Golan, G. , Johnson, T. & Wanta, W. *International Media Communication in a Global Age*. New York: Routledge, 2009.

② Borgatti, S. P. Centrality and network flow[J]. *Social Networks*, 2005(27): 155-171.

表 12-2　样本主要被报道国家/组织关系网络的中心性分析

国家	出度[a]	入度[b]	点度中心性[c]	中介中心性[d]
阿富汗	137	534	671	0.000
埃及	659	296	955	0.000
巴西	0	171	171	0.000
朝鲜	1357	503	1860	0.000
德国	325	1027	1352	0.000
俄罗斯	2920	69	2989	3.333
法国	0	1490	1490	0.000
菲律宾	0	522	522	0.000
古巴	165	0	165	0.000
韩国	1741	0	1741	0.000
美国	3166	9267	12433	83.333
欧盟	829	746	1575	0.333
日本	4983	949	5932	12.167
泰国	0	104	104	0.000
土耳其	0	343	343	0.000
委内瑞拉	0	194	194	0.000
乌克兰	0	74	74	0.000
新加坡	0	160	160	0.000
叙利亚	1995	1195	3190	11.000
伊拉克	0	890	890	0.000
伊朗	1426	484	1910	2.833
以色列	0	702	702	0.000
印度	88	1025	1113	0.000
英国	193	1725	1918	1.000
意大利	0	67	67	0.000

续　表

国家	出度[a]	入度[b]	点度中心性[c]	中介中心性[d]
利比亚	301	0	301	0.000
澳大利亚	195	80	275	0.000
越南	0	301	301	0.000
中国	6067	3629	9696	33.000

注：[a] $M=603.34$，$SD=1318.61$；[b] $M=603.34$，$SD=1476.84$；[c] $M=1206.68$，$SD=2448.76$；[d] $M=3.34$，$SD=13.34$。

为了进一步概括与简化新华网国际要闻描绘的全球关系网络，本研究提取了文本前50位关键词，并绘制语义网络（如图12-3所示）。整体而言，该语义网络集中度为21.31%（$M=2748.76$，$SD=4564.84$），说明新闻话语建构的议程相对多元分散。而若干凝聚子群依然在该网络较为显著：首先，美中日三国呈现出一种明显的连接关系。绝大多数话题（其中包括如战争、军事、叙利亚危机等带有消极意义的线索）均围绕美国展开，在表现话语价值取向的同时，亦体现出该国在全球秩序中的深刻话语权。与之相反，与中国相联系的关键词则多强调和平与发展概念。整体语义网络展示出中美关系之间既存在相互重叠的利益部分，又实践着不同全球化策略。另外，牵涉到钓鱼岛争端以及历史记忆因素，中日关系亦因地缘政治考量成为语义网络的重要子群。

"国家"这一概念依然是全球媒介地理呈现的关键性单位。在样本报道中，关于国家关系、合作以及经济方面议题被最多提及。除此之外，新闻报道将中国与全球化面临的挑战或发展问题紧密相连，暗示更多参与国际治理的愿景。结合表12-2与图12-2，可以看到，诸如俄罗斯、伊朗等国家被高频度报道，一定程度上乃是因其在诸多国际议题层面与美国这一中心国家之间存在微妙关系。这或可解释为何一些特定国家在语义网络中拥有较高中心度。

三、新闻框架中的崛起"中国梦"

21世纪以来，伴随中国全球经济影响力提升，国家对于传递中国价值，在世界舞台发出自己声音的意向日趋强烈。而中国如何在全球自我定位，则被认为取决于对"国家预期目标以及它实际为适应或超越资本主义发展范式所

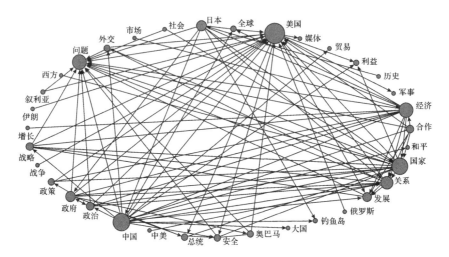

图 12-2　样本报道关键词的语义关系网络

实施的政策与能力之间落差"①的平衡。表 12-3 呈现了新华网样本报道的新闻主题与框架,以便进一步讨论这些文本如何表达中国自身的全球化政策。

　　近 75% 样本均报道的是国外突发性事件。关于外交关系的新闻主题比重最大,其次则是政治方面议题,通常牵涉国家政治会议或者外国领导人活动。自我框架方面,新闻话语倾向于介绍本国与第三世界国家的外交成果,与中心国家的关系动态亦占较高比例。另外,新闻框架将更多篇幅投注于论述本国在世界体系与全球治理中扮演的角色,体现中国试图建立"新型大国关系"的诉求,从而使得国际事务合作"逐步'舒服一点'"(《解放日报》:《中美能否建立新型大国关系》)。"中国梦",代表"中国作为一个大国不容忽视的质的飞跃"(新华国际:《西媒:"中国梦"内涵丰富并非空话》),成为强调本国"走向全球"所面临前景与挑战的关键性概念。一部分报道开始直接谈及国家利益与国际策略,譬如声明:"东亚事务要由东亚国家自己来管,不能被外部势力左右","中国要积极推进东亚以自主合作为基础的一体化并在其中发挥主导作用"(《人民日报》海外版:《中国要实现亚太战略平衡》),强调中国承担的"国际责任"以及"实现中华民族伟大复兴的中国梦"(《人民日报》:《外国政要眼中的中国梦:中哈梦相通 共筑新丝路》)。

---

① Lin, C. *China and Global Capitalism*[M]. New York: Palgrave Macmillan,2013:64.

表 12-3 新华网样本报道的新闻框架与主题

主题	自我框架	他者框架	普遍性框架	总计
军事国防	13.8 (53)	13.2 (215)	5.6 (10)	12.7 (278)
经济	14.4 (55)	10 (162)	26.1 (47)	12 (264)
政治	6 (23)	20.8 (340)	2.8 (5)	16.8 (368)
外交关系	32.9 (126)	28.2 (457)	8.3 (15)	27.2 (598)
地区稳定/恐怖主义	1.8 (7)	14.7(238)	12.2 (22)	12.2 (267)
社会问题	0.3 (1)	4(65)	5.6 (10)	3.5 (76)
基础建设/环境/健康	2.3 (9)	1.4 (22)	3.9 (7)	1.7 (38)
文化/科技/教育/体育	6.3 (24)	2.6 (43)	13.3 (24)	4.1 (91)
世界体系与全球治理	22.2 (85)	5.5 (90)	22.2 (40)	9.8 (215)
总计	100 (383)	100 (1632)	100 (180)	100 (2195)

注:* $x^2 = 369.62$,df=16,$p = 0.000$。

他者框架诠释了他国行动以及这些国家与本国之间的互动。在外交、军事国防、经济以及基础建设、环境与健康这些议题占比层面,自我框架与他者框架并未呈现太大不同。较具区别性的是,关于政治、地区稳定这两类主题在新闻报道的他者框架中比重较高。牵涉一些与中国国家利益相冲突的话题时,文本甚至采用带有情绪化趋向的语词,譬如,一些被引用的报道标题谈道:"美国烦心的一年"(《解放日报》),"人质事件凸显菲律宾'幼稚政治'"(《北京青年报》),"美国政治天平正在散架"(《国际金融报》)等等。相较于自我框架使用的话语,这些报道呈现出更加消极的价值判断。在普遍性框架方面,关于经济、世界体系与全球治理的主题比重最高。可见,全球经济环境与国际秩序变化最为吸引中国记者视线。新闻报道一方面质疑西方国家主导的国际格局,另一方面谈道:"外媒称中国是全世界勇气和进步的榜样"(新华国际),"中国梦与世界共成长"(《人民日报》),贴近过去以来的国家"走出去"战略,表现出本国希冀更多参与全球决策的决心。

全球传播是在"国内以及跨越国家界限的国际博弈、联合"①互动中展开

---

① Haggard, S. & Simmons, B. A. Theories of international regimes[J]. *International Organization*, 1987,41(3):491-517.

的。通过观察国际新闻框架的使用,有助于更好理解中国如何在不同地理层级实现自我认同。在文化帝国主义研究者看来,中心国家通过掌握全球信息流动,将有关现代性观念以及西式政治经济模式传递到新兴独立的发展中国家。从本章研究结果来看,新华网国际新闻仍试图通过策略性框架表达面对全球化的地方性抵抗。较之于国际合作议题,文本更多选择报道有关冲突、危机以及对抗性事件,关注全球地理中的国家权力冲突,形塑了一个正在发展的却又复杂、不稳定的世界想象。在此之中,中国开始寻求自身走向全球的位置。新闻报道对于全球霸权的批判性话语,亦侧面烘托了本国的和平发展价值观念。

不过,一个矛盾在于尽管新闻报道试图弱化西方存在,认为"西方国家在全球呼风唤雨的时代正在逝去"(《人民日报》海外版),但这些西方权力实际依然在其语义网络占据核心位置。赖什(Lash)与鲁瑞(Lury)认为,在后霸权时代,权力乃是通过经济、社会与政治关系长期生产的一种文化逻辑来实现的。① 样本报道的多数内容均与中心国家以及这些国家所干预的地理空间有所联系。进一步而言,结合地理关系地图以及被报道议题来看,新闻话语尤为关注美国在国际议题方面的动态,体现出其关于全球秩序的地理想象开始由传统东西方之间存在的基本矛盾转变为中美两大中心之间的竞合。

第四节 反思线上新闻的多样性

媒介地理是由社会文化实践过程决定的。新华网国际新闻建构的全球地理想象可以辅助观察中国对于全球化国家关系与权力分配的本土认知。各国在语义网络中被安置的层级体现出媒介对不同地域的接近性。少数国家占据了绝大多数新闻资源,同时,美国具有在媒介地理的绝对中心地位。这些均暗示,文化帝国主义理论在当今全球新闻流动分析中,仍具有相当适用性。

中国国际新闻生产既基于外部国际力量,又受国内意识形态与媒介市场需求的双重影响。虽然互联网提供了新的信息供给空间,发展出特殊新闻形式,但线上国际新闻的多样性仍有待考量。为了推进国家主义利益,国家总

---

① Lash, S. & Lury, C. *Global Culture Industry: The Mediation of Things*[M]. Malden: Polity,2007:56.

是需要建构自身话语系统来形成对"异类力量"的抵抗。① 通过筛选、排斥或强调特定信息,本章讨论所收集的国际新闻报道形塑出一整套关于全球空间的想象。议程设置倾向于政治性、危机性事件,整体描绘出一个冲突的世界,与此同时,话语强调了他国与本国展开对话合作的必要性,进而鲜明绘制了一个高速上升期的中国前景。

埃里克森(Eriksen)曾指出,国家将在线上环境复兴,互联网甚至会成为强化国家认同的关键技术。② 作为国内国际新闻的重要内容提供者,新华网一方面质疑全球霸权秩序扩张,另一方面则将中国置于全球地理相对中心位置,并对中国参与全球事务赋予了高价值认可。"中国梦"成为新闻内容的普遍声音,表达国家通过创造新的文化概念,向外传递自身积极形象的努力。

线上国际新闻反映了在新技术语境下,中国在迈向全球战略过程中如何感知国际秩序变化,又如何建立一套话语选择机制形塑面对西方政治经济意识形态扩张的地方认同。如桑德斯(Saunders)认为,国家认同乃是通过社会网络内部持续不断的修辞手段实现的。③ 自后冷战时期以来,中国国际新闻表现出一种复杂的历史经验。面向未来研究,我们也需要尝试在方法操作上更为详尽、全面地论述不同时间段以及不同类型中国媒介关于国际世界的想象,同时深入历史情境因素,转向诸如社会化媒体、移动传播等其他线上平台,进一步丰富中国本土关于世界性话语建构的研究。

① Whitaker, M. P. Tamilnet. com: Some reflections on popular anthropology nationalism and the internet[J]. *Anthropological Quarterly*,2004,77(3):469-498.

② Eriksen, T. H. Nationalism and the internet[J]. *Nations and Nationalism*,2007(13):11-17.

③ Saunders, R. A. *Ethnopolitics in Cyberspace: The Internet Minority Nationalism and the Web of Identity*[M]. Plymouth: Lexington Books,2011.

第十三章　安全话语：中国中亚安全话语体系演变与创新

十八大以来，中国在全球传播场域中积极引导着国家安全话语的转变和形构，并以更加积极的姿态构建对外安全话语，接轨全球安全话语体系。中亚安全问题是一个敏感而复杂的话题，具有牵动全球安全格局的战略意义，通过对全球安全话语版图下的俄美—中亚安全话语特征，对比上合组织成立前后中国—中亚安全话语的演变过程，可以揭示出中国中亚安全话语和议题的拓展、延伸和变化的脉络，以及以协商、建议的话语原则取代抵制、歧视的话语偏见和压迫、排挤的话语霸权，以命运共同体的理念制衡西方偏执失衡的话语秩序，并逐步建构具有中国基因的全球安全话语体系。

第一节　中国中亚国际传播研究现状

安全问题是一个综合性问题，与社会经济状况、政治形势、外部环境都密切相关。① 在国际话语场域中，国家安全话语一直是西方舆论界关注的热点，而西方对于中国国家安全和军事部署的话语议题设置，大多为负面的形象构建。② 近几年来，中国也逐步重视构建国家安全话语体系，一方面积极向世界论述、阐释中国的安全理念，另一方面也为了在国际场域中争取国家安全话语的主动权。一个有力的表现是，中国政府自 1998 年起到 2016 年陆续发布了 9 部国防白皮书，着力于"推动国际安全、军事研究的交流与创新发展"③，表现出构建国家安全话语的积极态度，但在国际舆论上，白皮书"一再被以美国为首的西方政府、军方、媒体、学界质疑、误解、排斥、歪曲、诬蔑"④。施旭通

---

① 孙力,吴宏伟.中亚国家发展报告(2016)[M].北京:社会科学文献出版社,2016:8.
② 吴瑛.议程与框架:西方舆论中的我国外交话语[C].上海:上海市社会科学界学术年会,2008:1-6.
③ 施旭.构建中国国防话语研究体系[N].光明日报,2016-07-06(1).
④ 施旭.国防话语的较量:中美军事战略的文化话语研究[J].外语研究,2016(1):1-10.

过对比 2015 年中国发布的军事战略白皮书,与美军参联会同年发布的战略报告,指出中美军事战略话语之间存在"巨大的复杂性、矛盾性",并进一步呼吁,必须寻根"民族、国家、文化特质","寻找对话、对比的新基础",构建中国自身的安全话语体系。[①]

其实,中国近些年在国际治理平台中体现出的新理念,即"主张世界各国携手'同心打造人类命运共同体',共同建构一个和谐包容、开放合作、共生共荣、共赢共享、和平发展的新世界"[②],正积极引导着国家安全话语的转变和形构,并在国际上取得了积极的响应和认可。其中,以中国为主导创建的上海合作组织最为典型。中国以国家身份介入与中亚民族的交往始于汉朝,汉武帝为联合大月氏,抵御匈奴对中国的安全威胁,于是派张骞"凿空"西域,此后,"经略西域"成为中国重要的对外安全话语主题。而上海合作组织的成立,标志着中国在中亚地区以安全合作为主导的新型多边关系的拓展,也向各国传递出建设普遍安全世界的"中国方案"。鉴于中亚安全问题具有牵动全球安全格局的战略意义,本章通过对全球安全话语版图下的俄美—中亚安全话语特征的分析,对比上合组织成立前后中国—中亚安全话语的演变过程,揭示出中国—中亚安全话语拓展、延伸的脉络和新世界主义的积极面向。本研究认为中国国家安全话语体系应以新世界主义为思考框架,提升对"安全"理解的道德高度、空间广度和文化深度,将立足点置于人类安危、世界风险普适感知和不同文化共同繁荣的基础之上,以协商、建议的话语原则取代抵制、歧视的话语偏见和压迫、排挤的话语霸权,以命运共同体的理念制衡西方偏执失衡的话语秩序,并逐步建构具有中国基因的全球安全话语体系。

第二节 中亚:大国博弈视角下的全球安全话语具象

现代民族国家地位的物质根基(physical substratum of statehood)在于对领土(territory)、防御工事(fortifications)等边界的明晰判定[③],维护领土完整一贯被奉为国家安全的最基础原则。上合组织中有 4 个成员国位处中亚地

① 施旭. 国防话语的较量:中美军事战略的文化话语研究[J]. 外语研究,2016(1):1-10.
② 邵培仁. 面向新世界主义的传媒发展与愿景[J]. 中国传媒报告,2017(3):1.
③ Herz, J. H. Rise and demise of the territorial state[J]. *World Politics*,1957,9(4):473-493.

区,"中亚在上合组织内部发挥着连接东西的作用……而中心影响也首先体现在安全方面……维护地区安全是上合组织成员国的共同战略,也成为上合组织建立的起因"①。历史上中亚这片文化政治沃土曾受过多个强势政权的浸润、冲刷,古希腊、波斯、匈奴、突厥、阿拉伯、蒙古帝国都将中亚视为权力笼罩的腹地。水满则溢,当这些强权中心遏制不住膨胀的野心,以中亚为桥延伸至亚洲内陆,物资繁茂的中国往往被觊觎,维护国土安全历来是中国经略西域的主要落点。再者,中亚虽属多民族、多宗教地区,但由于操突厥语诸民族和操波斯语的塔吉克族占民族人口绝大多数,伊斯兰教在中亚地区占主导地位。② 伊斯兰文化的闭塞,加之中亚历史上遭遇过多个强权文明的洗劫,长期以来多种文明与伊斯兰文明的交织抗争,容易滋生宗教极端主义和恐怖主义。而中亚地区严峻的"恐怖主义、分裂主义、极端主义""毒品""核武器""信息安全"等安全问题也早已溢出区域安全的框架,属于全球性风险议题。由此来看,中亚安全问题具有牵动全球安全格局的战略意义。因此,构建中国—中亚安全话语不仅具有区域安全治理的典型性,更是全球安全话语浓缩的具象。

事实上,自1991年苏联解体,中亚五国相继宣布独立,为欧亚地缘政治格局带来巨变,中亚地区也成为大国安全博弈的焦点。统治中亚多年的俄罗斯,始终抱有"大国雄心"复合症,视中亚为"自身的传统势力范围和战略后院"。③ 由俄罗斯主导的集体安全条例组织(Collective Security Treaty Organization),本质上是俄在中亚地区的军事联盟。集体安全条例明确规定,"禁止成员国加入其他军事联盟",并且集安组织对内部成员国负有"军事援助"(military assistance)的责任。④ 由此看来,俄罗斯针对中亚区域安全的话语主要建立在维护领土、主权完整以及维持军事联盟的传统安全理念上,且透露出对中亚各国压迫、管控的安全防御意识。

美国在2015年新发布的《国家安全战略》中,对国家安全做了全新的定义,即"国家的生存,防范针对美国领土的毁灭性打击,全球经济体系的安全,

---

① 杨恕,王琰.论上海合作组织的地缘政治特征[J].兰州大学学报(哲学社会科学版),2013(2):49-55.

② 李琪.历史记忆与现实侧观:中亚研究[M].北京:中国社会科学出版社,2016:254-255.

③ 曾向红,敬荣.上海合作组织对中俄在中亚地区互动的影响[J].兰州大学学报(哲学社会科学版),2013(2):62-70.

④ Haas, M. D. War games of the Shanghai Cooperation Organization and the collective security treaty organization: Drills on the move! [J]. *Journal of Slavic Military Studies*,2016,29(3):378-406.

盟友的安全、信心和可靠性,保护美国海外公民,'普世价值'的存在和拓展",并在同时发布的《军事战略》中,将俄罗斯、伊朗、朝鲜和中国列为"修正主义国家"(revisionist states),而将"伊斯兰国"和"基地"组织并称为"暴力极端组织"①,对中俄显示出明显排挤、歧视、打击的话语霸权。在此话语模式主导下,以美国为首的西方媒体将21世纪初在独联体国家出现的街头抗议活动称为"颜色革命",旨在用鲜花或颜色命名政治动乱,变相表达了对暴乱的褒扬,表现出明显挑拨、鼓吹的政治倾向。

不论是俄罗斯压迫、管控式的安全防御话语,还是美国排挤、歧视、打击式的安全话语霸权,皆体现出以本国安全利益为重、以民族主义为中心的、狭隘的安全话语面向。

第三节 中国—中亚安全话语的演变分析

上合组织的成立标志着中国—中亚地区最重要的多边安全对话机制的建立,其重大安全话语影响力体现在牵制以俄罗斯为主导的安全防御话语体系,和制衡以美国为主导的国际安全话语霸权。话语权力格局的转变势必对该地区安全话语格局催生质的改变。因此,本部分将上合组织的成立时间作为时间分割线,尝试理清中国—中亚安全话语的发展脉络。

一、"华戎之辩"到"华戎同轨"安全话语的考古认知

中亚的地理指涉较为模糊,据联合国教科文组织1978年的定义,"中亚地区涵盖阿富汗、伊朗东北部、巴基斯坦、印度北部地区、巴控和印控克什米尔、中国西部地区、蒙古和苏联的中亚地区"②。从狭义上来说,中亚主要由哈萨克斯坦、乌兹别克斯坦、吉尔吉斯斯坦、塔吉克斯坦、土库曼斯坦这5个国家组成。自先秦起,上述地区被笼统称为"戎""西戎"或"狄戎",如《礼记·王制》便以地域笼统区分"中国戎夷五方之民","'五方之民'实际上被置于由九州、畿服与四海等共同构织而成的'王者之制'世界图式:'天下'之中","五方"文化地理空间里的族类编码即"中国、东夷、南蛮、西戎、北狄"。③"狄戎"也泛指

---

① 许嘉,张衡.美国新版《国家军事战略》报告的新变化[J].和平与发展,2015(5):84-85.
② 李琪.历史记忆与现实侧观:中亚研究[M].北京:中国社会科学出版社,2016:3.
③ 唐启翠."五方之民"叙事中的空间模式再探:以《礼记·王制》为中心[J].湘潭大学学报(哲学社会科学版),2008(6):114-118.

"处于游牧生活逐水草而居的部族"。① 周朝对于鲁、卫等周人嫡系"皆启以商政,疆以周索",而对于狄戎外族"启以夏政,疆以戎索"。② 其中"索"是一种丈量工具,这里指土地经营管理的方法。③ "疆"在此作动词用,指以"井田制"农业生产④和游牧生产方式划分族群、分以治之。由"疆以戎索"⑤这一当时重要的边疆经略,可见周朝以降便形成了"华戎有别,分而治之"的安全话语雏形。随着张骞凿空西域,汉朝逐步与大宛(今乌兹别克斯坦费尔干纳盆地)、大月氏(即贵霜王国,位于乌兹别克斯坦、阿富汗一带)等国建交,汉朝陆续在边疆将归附民族设立属国⑥,并与周边少数民族"和戎"⑦(即和亲)修好,华夏民族也逐渐由排异"戎狄"的态度转向以求和为主的安全观。到了唐代,开放包容的社会风气引得"四夷宾服、万国来朝",唐太宗更是声称:"自古皆贵中华,贱夷狄,朕独爱之如一,故其部落皆依朕如父母。"⑧由此,中华民族对西北部广义的中亚地区呈现出"华戎之辩"到"华戎如一"的安全话语的转变,并长久以"大一统"⑨思想作为安邦治国的基础。可见,我国古代对广义的中亚地区是基于以华夏民族为主体的、以国家利益为考量的、狭隘的民族国家安全话语面向。

---

① 《春秋左传注》:"则晋国周围之戎狄尚处于游牧时代逐水草而居。则田间大径小路自必与其游牧生活相适应。"见:邱文选,范全红.从"启以夏政,疆以戎索"看周初唐国社会[J].晋阳学刊,1996(4):94-98.

② 出自《左传·定公四年》:"殷民六族……殷民七族……皆启以商政,疆以周索。怀姓九宗……启以夏政,疆以戎索。"见:晁岳佩.周索、戎索与周初分封[J].山东师范大学学报(哲学社会科学版),2002(6):88-92.

③ 晁岳佩.周索、戎索与周初分封[J].山东师范大学学报(哲学社会科学版),2002(6):88-92.

④ 赵光贤.周代社会辨析[M].北京:人民出版社,1980:25.

⑤ 《春秋左传正义》卷五四(定公元年至四年)《十三经注疏》整理本春秋左传注疏[M].北京:北京大学出版社,2000:1783-1784.

⑥ 龚荫.汉王朝对边疆民族治理述略[J].西南民族大学学报(哲学社会科学版),2008(9):49-55.

⑦ 管彦波.中国古代和亲的类型、特点及其历史作用[J].历史教学,2015(4):3.

⑧ 司马光.《资治通鉴》(卷198)。

⑨ 于逢春.华夷衍变与大一统思想框架的构筑:以《史记》有关记述为中心[J].中国边疆史地研究,2007(2):21-24.

二、上海合作组织安全话语分析

(一)研究对象及研究方法

上海合作组织是在 1996 年和 1997 年分别于上海和莫斯科签署的《关于在边境地区加强军事领域信任》和《关于在边境地区相互裁减军事力量》两个协定演变而来的,前身是"上海五国"会晤机制。发展至今,已有 8 个成员国、4 个观察员国(阿富汗、白俄罗斯、伊朗、蒙古国),以及阿塞拜疆、亚美尼亚、柬埔寨、尼泊尔、土耳其和斯里兰卡等多个对话伙伴国。上合组织成立多年以来,已在成员国军事安全、经济、文化各领域开展密切而富有成效的合作。尤其通过建立反恐中心、联合军演、联合反恐演习等多边安全合作机制,成员国内部的安全合作取得了稳固的进展。成员国在上合安全合作框架下,颁布了《打击恐怖主义、分裂主义和极端主义上海公约》《上海合作组织成员国元首关于应对毒品问题的声明》《上海合作组织成员国和阿富汗伊斯兰共和国打击恐怖主义、毒品走私和有组织犯罪行动计划》《上海合作组织成员国边防合作协定》等多个声明,为中亚安全话语体系构建了国际认可的公共准则。上合宣言中体现出的"互信、互利、平等、协商、尊重多样文明、谋求共同发展""上海精神",反映出中国和合共生、整体辩证的传统文化智慧。因此,本书以上合组织框架内签署的法律文件(仅选择含有安全话语的文件)为样本,统计上合组织自成立以来(2001—2017)(见表 13-1),相关安全话语的主要演变历程,进行兼具历时性和主题分类的话语分析,力求勾勒出上合组织安全话语体系的演变发展路径及生成原因。

表 13-1   上合宣言安全话语内容演变及相关公约

年份	内容演变及相关公约
2004	宣布成立反恐机构。
2006	展开安全领域的密切合作,中心任务是打击恐怖主义、分裂主义、极端主义和非法贩运毒品,应对非传统威胁与挑战。
2007	支持《中亚无核武器区条约》,确保中亚成为无核武器区。 《上海合作组织秘书处与集体安全条约组织秘书处谅解备忘录》

续　表

年份	内容演变及相关公约
2008	开展预防性外交;主张在解决人类资源需求问题上进行广泛国际合作,消除成员国水资源纷争。 《上海合作组织成员国政府间合作打击非法贩运武器、弹药和爆炸物品的协定》
2009	强调信息安全是国际安全体系的重要组成部分。 《上海合作组织地区防治传染病联合声明》《上海合作组织成员国和阿富汗伊斯兰共和国打击恐怖主义、毒品走私和有组织犯罪行动计划》《上海合作组织成员国和阿富汗伊斯兰共和国关于打击恐怖主义、毒品走私和有组织犯罪的声明》
2010	《上海合作组织成员国政府间合作打击犯罪协定》
2011	面临金融经济震荡、地区冲突、大规模杀伤性武器扩散、恐怖主义、跨国犯罪、粮食短缺、气候变化等威胁和挑战。
2012	在世界上建立尊重所有国家利益的、不可分割的安全空间,推动建立和平、安全、公正和开放的信息空间。成员国反对将信息和通信技术用于危害成员国政治、经济和社会安全的目的,防止利用国际互联网宣传恐怖主义、极端主义和分裂主义思想。
2013	恐怖主义、分裂主义和极端主义、大规模杀伤性武器扩散、毒品走私、有组织犯罪、网络犯罪、发展失衡、粮食市场不稳、气候变化
2014	恐怖主义、分裂主义、极端主义、非法贩运麻醉药品、精神药物及其前体、跨国有组织犯罪、网络安全威胁、大规模杀伤性武器扩散、人为和自然灾害、传染病蔓延以及全球气候变化影响等当今全球挑战和威胁
2015	《上海合作组织成员国元首关于应对毒品问题的声明》《上海合作组织至2025年发展战略》 《上海合作组织成员国元首关于世界反法西斯战争暨第二次世界大战胜利70周年的声明》《上海合作组织成员国边防合作协定》
2016	打击恐怖主义、分裂主义和极端主义,防止极端思想扩散,特别是在青年人中扩散,预防民族、种族、宗教歧视以及排外思想。
2017	应以相互尊重、考虑彼此利益、合作共赢、不冲突、不对抗、平等和不可分割安全等国际法原则和准则为基础,构建更加公正合理、符合各国共同及各自利益的多极世界格局,推动构建人类命运共同体。 支持维护和遵守《禁止化学武器公约》、提高禁止化学武器组织权威以及巩固《禁止生物武器公约》制度的努力和倡议

(二)上合安全话语框架分析

1. 由传统安全领域延伸至非传统安全领域的话语范围

在现有维护中亚地区安全问题的国际组织中,上海合作组织和独联体集体安全条约组织是最主要的两大国际合作机制。上合组织发展至今,已有 8 个主要成员国。而独联体集体安全条约组织的现有成员包括俄罗斯、哈萨克斯坦、塔吉克斯坦、亚美尼亚、吉尔吉斯斯坦和白俄罗斯等 6 国。除了成员构成的不同,两大机构对于安全问题的侧重点也不同。从集体安全条约组织框架内签署的文件来看,其组织属性侧重于军事政治防御性联盟,主要功能在于维护成员国的安全、领土完整和主权不受侵犯,成员国享有集体防御的权利和军事援助的义务。[①] 而相较于集体安全条约组织偏向传统安全领域的军事联盟属性,上合组织在官方定义中除了针对"加强成员国边防部门间的合作,增加边界互信措施,反对霸权主义和强权政治"等传统安全领域的话语构建,更是首次提出了"恐怖主义""分裂主义""极端主义"等非传统安全领域的话语构建。[②] 随后,上合安全话语进一步拓展,将禁毒行动也列入范围,在上合组织成立五周年宣言中,明确指出"展开安全领域的密切合作,中心任务是打击恐怖主义、分裂主义、极端主义和非法贩运毒品,应对非传统威胁与挑战"。接下来,上合又宣布无核承诺:"元首们支持《中亚无核武器区条约》参加国为争取同核武器国家签署安全保证议定书所做的努力,以确保中亚成为真正意义上的无核武器区。"[③]然后,信息安全也被纳入话语架构,上合宣言强调"信息安全是国际安全体系的重要组成部分,保障国际信息安全十分迫切"[④]。最终,上合宣言发展成为防御"恐怖主义、分裂主义、极端主义、非法贩运麻醉药品、精神药物及其前体、跨国有组织犯罪、网络安全威胁、大规模杀伤性武器扩散、人为和自然灾害、传染病蔓延以及全球气候变化影响等当今全球挑战和威胁"[⑤]等囊括世界性风险议题的全面综合性安全话语体系。由传统安全领域到非传统安全领域的话语拓展,体现了上合组织的宗旨并非囿于成员国内的集体防御,而是立志于维护中亚地区乃至全球安全稳定的远大目标。

---

① 王彦.独联体集体安全条约组织安全合作模式分析[J].外交评论,2007(5):37-42.
② 见《打击恐怖主义、分裂主义和极端主义上海公约》,2001 年 6 月 5 日.
③ 见《比什凯克宣言》,2007 年 8 月 6 日.
④ 见《上海合作组织成员国元首叶卡捷琳堡宣言》,2009 年 6 月 5 日.
⑤ 见《上海合作组织成员国元首杜尚别宣言》,2014 年 9 月 2 日.

2. 遵循世界规制

作为具有公信力的国际治理平台,上合组织构建的安全话语体系,严格遵守国际公约,体现出维护联合国权威,遵循联合国宪章的宗旨和原则的立场。比如宣言中多次声称:"上海合作组织各成员国将严格遵循《联合国宪章》的宗旨与原则,相互尊重独立、主权和领土完整,互不干涉内政,互不使用或威胁使用武力,平等互利,通过相互协商解决所有问题,不谋求在相毗邻地区的单方面军事优势。""本组织成员国认为,应在联合国的领导下,及时制定综合应对阿富汗毒品威胁的国际战略,重申决心在联合国毒品控制计划的框架内与联合国及其他国际组织开展密切合作。"①"本组织将为建立互信、互利、平等、相互尊重的新型全球安全架构做出建设性贡献。此架构基于公认的国际法准则,摒弃'双重标准',在互谅基础上通过谈判解决争端……"②"只有在联合国主导下,并严格遵循《联合国宪章》,才能建立有效的全球安全体系。"③"成员国呼吁在平等和共同安全、兼顾相互利益和法治等原则基础上,巩固第二次世界大战后形成的全球治理机制,首先是联合国体系。"④上合组织积极遵循全球安全规制的话语实践,也为维护国际安全话语的生态平衡,推进国际治理平台的合理发展做出巨大贡献。

3. 上合宣言呈现的中国价值观

上合宣言中呈现出的以"互信、互利、平等、协商、尊重多样文明、谋求共同发展"为基本内容的"上海精神",逐步发展演变为"国际社会需建立以互信、互利、平等和相互协作为基础的新型安全观"。⑤上合组织在历年宣言中多次强调"应互相尊重文明差异,各种文明应平等交流,取长补短,和谐发展"⑥等和合共生、整体辩证的观点,体现了中华文化的传统价值精魂。"中华文化之所以'亘古亘今'、绵延不断,就在于有着'和而不同,交而遂通'的品质。一方面,和而不同,既保持自身独立性,亦尊重他者合理性;另一方面,交而遂通,积极对话与沟通,互相学习,互为滋养。简言之,即多元、共存、接纳、

---

① 见《上海合作组织成员国元首比什凯克宣言》,2013 年 9 月 3 日。
② 见《上海合作组织五周年宣言》,2006 年 6 月 5 日。
③ 见《比什凯克宣言》,2007 年 8 月 6 日。
④ 见《上海合作组织成员国元首乌法宣言》,2015 年 7 月 10 日。
⑤ 见《上海合作组织成员国元首宣言》,2002 年 6 月 7 日。
⑥ 见《上海合作组织五周年宣言》,2006 年 6 月 5 日。

欣赏,这正是中华传统文化为今人、为世界贡献的优秀价值。"①在"以和为贵"精神理念指导下,上合组织的安全行动也体现出和谐精神。例如针对恐怖主义,上合组织强调"打击恐怖主义应在国际法准则和原则基础上进行,不能混同于反对某种宗教、个别国家和民族,不能有倾向性,不能搞'双重标准'"②。

在维系成员国间相互关系的问题上,上合组织也秉承中国对外交往的价值准心,体现出"同心打造命运共同体"的中国当代新世界主义理念,如宣言中多次指出:"国家协调员理事会应会同秘书处和反恐机构制定共同立场,使本组织能够最有效地与联合国秘书处及各委员会开展交往……"③"世界和平只有在所有国家享有同等安全的条件下才能实现。部分国家的安全不应以损害其他国家的安全为代价"④,"成员国将通过在本地区构建和谐友好伙伴关系,继续促进世界的和平、公正、民主与多元,推动各国和全人类的进步与繁荣"⑤,"各成员国呼吁在考虑所有国家合法利益的基础上,建设一个没有战争、没有冲突、没有暴力和压迫的世界,发展全面平等互利的国际合作,实现共同、综合、合作和可持续安全"⑥。

综上所述,上合宣言呈现的安全话语构架,经历了由传统安全话语衍生为囊括非传统安全话语的全面、综合性的安全话语体系;其话语体系既符合国际广泛认可的权威规制,又渗透出以中华传统价值观为主导的和谐理念,具有划时代的鲜明特色。而这一特色也正是新世界主义理论倡导的核心意义所在,即不以孤立、片面的眼光看待国家安全等人类风险命题,而"鼓励采用一种内外结合、上下互动、左右联通、多方呼应的统筹协调、包容互动、互利共赢的原则或理念,处理和应对传播世界的变化和挑战"⑦;不是囿于世界一隅的自说自话,而是致力于同"国际接轨、与世界对话、同全球共命运、与世界各国互动互助、共进共演"⑧;不以狭义的民族/文化中心主义为主体观,而是

---

① 邵培仁,姚锦云.和而不同 交而遂通:中华优秀传统文化的当代价值[J].新疆师范大学学报(哲学社会科学版),2015(6):52-62.

② 见《上海合作组织五周年宣言》,2006年6月5日。

③ 见《上海合作组织成员国元首宣言》,2005年7月5日。

④ 见《上海合作组织成员国元首叶卡捷琳堡宣言》,2009年6月5日。

⑤ 见《上海合作组织成员国元首关于构建持久和平、共同繁荣地区的宣言》,2012年6月7日。

⑥ 见《上海合作组织成员国元首杜尚别宣言》,2014年9月2日。

⑦ 邵培仁.共同构建人类整体传播学[J].中国传媒报告,2017(4):1.

⑧ 邵培仁,沈珺.新世界主义语境下国际传播新视维[J].新疆师范大学学报(哲学社会科学版),2018(2):1.

"保存了民族精神与文化特性作为参与世界交往及国际传播的动力源泉"①，核心思想与习近平提出的"构建人类命运共同体，携手建设更加美好的世界"②一致。也正因秉持上述一以贯之的初衷，上合组织"已跻身具有威望和影响力的国际和地区组织之列，成为当代国际关系体系中保障安全、稳定和可持续发展的有效因素"③。上合组织在多边安全协谈机制中体现出的理念，值得当代中国安全话语研究者总结经验，反思如何在复杂的国际格局中既能在国际安全话语体系中凸显中国精神，又能消除大众误解为世界所接受，开创出具有中国时代特色的国家安全话语体系。

第四节 新世界主义对于构建中国国家安全话语体系的启示

一、要以动态发展、整体互动的传播原则构建国家安全话语体系

国家安全离不开国家自身经济、军事、科技等硬实力的保证，亦离不开文化、价值观念、社会制度等影响国家发展潜力的软实力的保障。国家安全不仅是涉及国家自身的主权、领土完整的国防安危，更是与周边国家甚至全球安全格局息息相关。因此，国家安全问题本身就具有开放复杂的多项维度。况且，国际安全话语体系并不是一成不变，而是随着国际政治、经济、军事格局不断变化发展而推陈出新。20 世纪 90 年代，西蒙·达比（Simon Dalby）认为，处于后冷战时期的美国，其国家安全话语聚焦于四个层面：地缘政治、苏维埃的威胁、战略决策、国际关系。④ 而到了 21 世纪，美国的学者对于安全话

① 邵培仁，周颖.国际传播视域中的新世界主义："命运共同体"理念的流变过程及动力机制研究[J].浙江社会科学，2017(5)：94-104,158.
② 习近平.携手建设更加美好的世界：在中国共产党与世界政党高层对话会上的主旨讲话[J].当代世界，2017(12)：4-7.
③ 杨恕.聚焦中亚[M].北京：中国社会科学出版社，2013：320.
④ Dalby, S. American security discourse: The persistence of geopolitics [J]. *Political Geography Quarterly*, 1990, 9(2)：171-188.

语的议题分析开始涉猎生态环境①、性别与暴力②、网络安全③等全球风险议题。这种由战争引发的传统安全话语议题,到全球化引发世界风险议题,导致的非传统安全话语构建体现了国际安全话语的动态可塑性。因此,中国的安全话语体系应符合新世界主义倡导的动态发展的可塑面向,对内建构中国社会的现代性安全图景,对外传播中国协和万邦、共同追求人类命运共同体的安全主张,不断调适自身的话语构造以维持安全话语生态体系的整体平衡。

二、用"格创结合"的话语方案表明中国立场,接轨全球安全话语体系

中西方意识形态和文化价值始终存在"'你们'与'我们''西方'与'东方'的区隔,从'黄祸论'到'中国威胁论'、从亨廷顿的'文明的冲突'到布热津斯基的'全球权力危机论'、从福山的'历史的终结论'到保罗·肯尼迪的'美国的衰落论'"④,这种二元思考框架直接诱发国际话语场域中的"美国安全中心论"的西方话语霸权和"中国威胁论"的安全话语扭曲⑤。而将人类命运共同体作为中国国际话语内涵核心的新世界主义,"代表着中国要在世界话语权的争夺中打破西方中心主义的话语霸权"⑥的行动方案,势必扭转"军强必霸"的国际话语偏见。新世界主义倡导的"格创结合"原则,主张"依据国际视野、全球精神,在中华文化基础上直接提炼、生成或创造出具有普遍价值和世界特点的理论与思想,并让世界接受和认同"⑦。因此,未来的中国国家安全话语既要符合国家根本的安全利益,也应该融合世界风险的安全共识,将中国特色的安全理念以符合全球受众文化感知的面向重新阐释、解读、转化和升华,在话语误读和曲解的场域中,直接回应并表明自身的安全立场和原则,在

---

① Dalby & Simon. Security modernity ecology: The dilemmas of post-cold war security discourse[J]. *Alternatives: Global Local Political*, 1992, 17(1): 95-134.

② Dalby, S. Gender and critical geopolitics: Reading security discourse in the new world Disorder[J]. *Environment & Planning D Society & Space*, 1994, 12(5): 595-612.

③ Ralf, B. The cyberwar debate: Perception and politics in US critical infrastructure Protection[J]. *Information & Security: An International Journal*, 2001(7): 80-103.

④ 吴飞. 总序[M]//[英]安吉拉·克拉克. 全球传播与跨国公共空间. 金然, 译. 杭州: 浙江大学出版社, 2015: 2.

⑤ 施旭, 郭海婷. 学术话语与国家安全: 西方安全研究是如何制造"中国威胁论"的[J]. 学术界, 2017(5): 58-74.

⑥ 邵鹏. "新世界主义"图景下的国际话语权[J]. 新疆师范大学学报(哲学社会科学版), 2018 (2): 1-6.

⑦ 邵培仁, 沈珺. 新世界主义语境下国际传播新视维[J]. 新疆师范大学学报(哲学社会科学版), 2018(2): 1-9.

与世界接轨、与全球对话的过程中,一方面努力争取中国的安全话语权,另一方面"坚持共同、综合、合作、可持续的新安全观","努力建设一个远离恐惧、普遍安全的世界"。①

三、反对话语狭隘,兼顾多种文化利益,关爱全球安全

中国的话语往往体现中国的文化思想②,不论是俄罗斯压制、管控式的安全防御话语,还是美国排挤、歧视、打击式的安全话语霸权,或是中华民族古来有之的"华戎之辩",出发点都是以民族自身安危为出发点,以处理本民族与他者二元对立矛盾为前提的狭隘的话语建构。而上合组织对区域安全话语从外延到内涵的拓展,体现了风雨同舟、荣辱与共、包容开放、顾全多民族安全利益,追求人类多种文化安全需求下的话语体系建构。施旭认为,"中国传统文化以'仁''礼''德''和'为基准的自我观、人生观、社会观,中华话语以'言不尽意'为规则的话语构建和理解观,决定了话语这一概念不仅仅包括了说写者,同时也包括了听读者以及后者的理解、反馈乃至整个社会的期望、要求和结果"③。因此,新世界主义提倡的中国安全话语体系,不光以话语者的安全利益建构主题,更要兼顾听读者的安全认知、世界的安全共识和对全球安全话语的协同效应。中国安全话语体系应以新世界主义为思考框架,提升对"安全"理解的道德高度、空间广度和文化深度,将立足点置于人类安危、世界风险共同感知和不同文化共同繁荣的基础之上,以合作、协商、建议的话语原则取代抵制、歧视的话语偏见和压迫、排挤的话语霸权,以命运共同体的理念制衡西方偏执失衡的话语秩序,并逐步建构具有中国基因的全球安全话语体系,营造公平正义、共建共享的全球安全格局。

---

① 习近平.携手建设更加美好的世界:在中国共产党与世界政党高层对话会上的主旨讲话[J].当代世界,2017(12):4-7.

② Shi, X. *A Cultural Approach to Discourse*[M]. Asingstoke:Palgrave Macmillan,2005.

③ 施旭.当代中国话语的中国理论[J].福建师范大学学报(哲学社会科学版),2013(5):57-64.

第十四章　面向中亚:国际传播议题的拓展与深化

　　当前,反全球化潮流涌动,全球化危机重重,世界正处在发展转型的重要历史关口。作为"一带一路"向西突进、发展的重要区域,中亚地区的局势直接影响中国西部地区的社会稳定发展,影响中国在全球的战略布局。因此,以新世界主义为理论框架,重设中亚传播的核心议题,加强同中亚的文化交流与合作,强化中华文化在中亚的有效传播,构建中国中亚国际传播新格局,共享新型全球传播合作机制,是当前和今后中国进行全球传播的一个十分重要的议题和任务。

第一节　中国中亚国际传播研究现状

　　中亚是一片神奇的土地,她是丝绸之路的枢纽,东西文明在这里碰撞;她是民族迁徙的走廊,多元民族在这里融合、繁衍生息;她是宗教传承的胜地,多种宗教文明在这里争奇斗艳,交相辉映,印拓下历史的痕迹。近年来中国政府积极推行的上海合作组织、"一带一路"、丝路基金等一系列国际政治经济合作平台,旨在整合周边力量共同维护和保障地区的和平、安全与稳定,焊接欧亚大陆被历史冲淡的丝路情谊,携手共求多民族繁荣发展,最终达成"构建人类命运共同体"的终极理想。而位于欧亚大陆腹地的中亚地区,作为勾连欧亚两大板块的桥梁,也因中国开拓出的新世界美丽蓝图而注入了新的活力,封存于中亚的丝路记忆有待被激活新生。然而,中亚重要的地缘战略属性,在"一带一路"布局中的枢纽地位,决定了中亚地区是中国新世界主义视野下国际传播格局中不可忽略的关键一环。让中亚了解今日中国,知悉上海合作组织、"一带一路"、丝路基金等国际合作背后的正面动因,让民众与中国民心相通,是开展跨国合作交往的基础和润滑剂。相较中亚地区对于中国国际传播的重要意义,有关中亚国际传播研究并不如人意。根据知网以"中亚"为关键词的搜索结果,以学科分类统计(见图 14-1),研究的方向多集中于经济、政治、能源、地质、生物等学科,有关国际传播的研究不到1%。

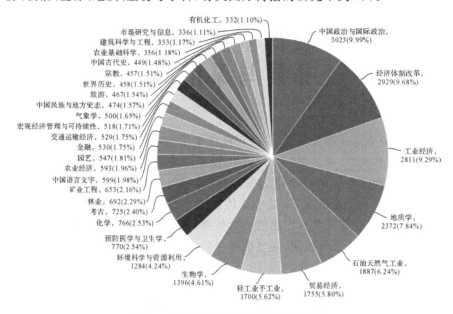

图 14-1 知网关于中亚研究的学科分类

　　究其原因,与中亚地区物质信息的难接近性、宗教/文化的排外性、语言政策的迥异性密切相关。首先,难接近性源自其压制性的媒介制度,多元流通的媒介语言环境,落后、扭曲的传媒产业。在试图构建起中亚传媒议题设置框架的研究中,埃里克·弗里德曼(Eric Freedman)和理查德·谢弗(Richard Shafer)将中亚传播研究稀缺的症结归为三点:苏维埃政权对中亚地区媒介意识形态的严格管控,对质疑媒体意识形态驱动的宣传功能的严厉打击,使得研究难以进行,即使中亚各国独立后,媒介严控的传统仍在沿袭;中亚地区多语言并用的现状,致使报纸的呈现语种繁多而加大了研究难度;中亚报业体系的不完善,大量报纸缺乏完备的档案保存,使得针对报纸内容的研究缺少完整的样本,难以形成框架性分析。① 克里斯托弗·施瓦兹(Christopher Schwartz)以中亚地区维基泄密事件为例,通过中亚五国的媒介反应及政府相关政策,揭示出中亚各国媒介被全球媒介边缘化的深层原因,

---

　　① Freedman, E. & Shafer, R. Advancing a comprehensive research agenda for central Asian mass media[J]. *Media Asia*, 2012, 39(3):119-126.

也侧面反映出中亚各国扭曲的媒介镜像。① 其次,中亚虽属多民族、多宗教地区,但由于操突厥语诸民族和操波斯语的塔吉克族占民族人口绝大多数,伊斯兰教在中亚地区占主导地位②,穆斯林民族生活、宗教传统同质化,与中国儒释道并存,人民物质生活丰富多元的社会结构截然不同。鲍尔赞·博卡耶夫(Baurzhan Bokayev)的研究表明,即使是生活在中国的部分哈萨克民族,依然使用古老的哈萨克族语言并维持原有生活习惯及族内婚配繁衍③,执着的民族文化身份认同阻碍了这些中亚侨民融入中国本土文化,在哈萨克斯坦宣布独立后毅然返回母国。在与驻扎哈萨克斯坦进行公路设计项目咨询的苏交科集团道桥二所张昕所长的对谈中,也证实了哈萨克本土对中国文化的拒绝和排斥。他说:"当地居民对中国人并不热情,也不了解中国,甚至觉得中国还很落后。当地的报纸很少看到关于中国的消息,而有关俄国的新闻比较多。"最后,闭塞的语言环境使得中华文化难以润泽这片土地。在苏维埃政权时代,俄语被法律规定为中亚五国通用语言,并强制使用西里尔字母拼写规则。④ 而中国境内的同族少数民族大多使用阿拉伯拼写规则,迥然相异的语言政策形成民族交往的天堑。媒体宣传的口子被扎死,受众语言、宗教、文化顽固排外,针对中亚地区进行的国际传播也陷入了僵局。

第二节　现有针对中亚地区国际传播策略的研究

一、跨文化传播的视角

一些学者指出,中亚不仅是一个地理概念,更是一个文化概念。"中央亚细亚之地,在人类文化史上,一方面是许多风俗习惯和艺术发源的中心,另一方面又是上古世界一切主要文化中心间的媒介。"⑤从文化上看,中亚地区"印

---

　　① Schwartza, C. "If they're collecting all of this information they're surely using it right?" WikiLeaks' impact on post-Soviet Central Asia[J]. *Global Media Journal Australian Edition*,2011,5(1):1-10.

　　② 李琪.历史记忆与现实侧观:中亚研究[M].北京:中国社会科学出版社,2016:254-255.

　　③ Bokayev, B., Zharkynbekova, S., Nurseitova, K.,et al. Ethnolinguistic identification and adaptation of repatriates in polycultural Kazakhstan[J]. *Journal of Language, Identity & Education*, 2012, 11(5):333-343.

　　④ Kellner, H. B. & Landau, J. *Language Politics in Contemporary Central Asia: National and Ethnic Indentity and the Soviet Lagancy*[M]. Landon:I. B. Tauris,2012.

　　⑤ [美]W. M. 麦高文.中亚古国史[M].章巽,译. 北京:中华书局,2004:7.

度文化、波斯文化、汉文化、斯拉夫文化、穆斯林文化相互影响、相互渗透"。当丝绸之路开拓了商品交换的渠道,也让人们接触并意识到这些不同的文化,同时也导致了对这些文化的许多误解。① 因此,针对中亚的国际传播研究,跨文化传播是避之不开的重要话题。李建军指出,"中华文化中亚传播是跨文化传播理论和实践研究的重要组成部分,对提高中华文化传播能力、提升中国文化软实力、实现中华民族伟大复兴具有重要作用,对促进中国与中亚地区文化发展繁荣具有深远意义"②。他进一步强调跨文化传播要讲求"韧性传播",即以"传教士传播宗教那种专注、忘我的心劲和无畏劳苦、敢于挑战极限的坚强意志"传播中国文化,并擅长用"柔性传播",即将民族的风俗习惯、气质个性寓于常态化表达,把"历史文化资源整合成现实的文化传播力量"。③ 现有中华文化中亚传播的优选方略研究主要集中在以下几点:(1)以孔子学院为依托,推广汉语语言文化交流,同时以"维吾尔语、哈萨克语、柯尔克孜语等符合中亚地区民族构成多样性及伊斯兰文化与中华文化沟通的穆斯林语言作为辅助方式","建立更全面的语言文化传播机制"④,为中华文化中亚传播搭建沟通的基础桥梁。(2)凝练中华优秀文化传统,以符合中亚受众感知的面向予以传播"和"文化精髓和文明传统,传达中国自先秦以来便奉行的"亲仁善邻,国之宝也"和平外交政策,以深刻的历史观、博大的世界胸襟、强大的文化感召力,激发"中亚国家要求解决边界纠纷、资源争端、缓解民族矛盾和实现共同繁荣"的精神诉求。⑤ (3)推进民间外交,助力中华文化的民间传播。充分利用政府搭建的文化合作框架,比如中国—中亚地区民间外交的三驾马车⑥搭建的多边文化交流平台,实现中华文化民间传播的长效机制。

---

① 单波.跨文化传播的基本理论命题[J].华中师范大学学报(哲学社会科学版),2011(1):103-113.

② 李建军.中华文化中亚传播的战略态势和优选方向[J].当代传播,2013(4):102-104.

③ 李建军.提升新疆文化对外传播力的路径选择[J].当代传播,2012(2):76-78.

④ 王冰雪.国际传播语境下中华文化中亚传播的共识之路[J].新疆大学学报(哲学社会科学版),2014(1):130-134.

⑤ 金文恺.试论建立新疆—中亚区域传播新格局(二)[J].采写编,2014(5):22-24.

⑥ 中国—中亚地区民间外交的三驾马车是指:对外友好协会(包含中国—中亚友好协会)、上海合作组织睦邻友好合作委员会、地方各民间外交协会。出自:吴建民,于洪君.中国民间外交发展报告[M].北京:中央编译出版社,2016:190-191.

二、区域传播/周边传播的视角

区域之内或周边国家之间往往存在着同一民族的文化基因和生活习性，因此基于区域/周边视角的传播"立足于地缘相邻、文化相近、血缘相似、习俗相同、语言相通的国家和地区的主客体之间存在着天然的、密切的历史和现实联系"①。以地缘角度出发的区域性传播研究，也为中亚传播领域输送了最为宝贵的经验。例如以中亚周边国家为研究对象的中央欧亚区域研究协会（Central Eurasian Studies Society），旨在促进欧亚大陆地区学者之间的交流和互动，从而提升欧亚地区的奖学金和教学的标准，并促进学者和有关组织在欧亚大陆的学术研究合作。② 而享誉世界的中央欧亚区域研究机构，美国印第安纳大学中央欧亚研究系（Department of Central Eurasian Studies，简称CEUS），对于中央欧亚地区的定义更为广泛，其包括蒙古、中国西部（新疆、西藏）、中亚（乌兹别克斯坦、哈萨克斯坦、土库曼斯坦、吉尔吉斯斯坦、塔吉克斯坦，以及阿富汗北部、阿塞拜疆、土耳其）、匈牙利、爱沙尼亚、芬兰和乌戈尔尼民族地区。③ 在浏览与以上机构密切合作的 *Central Asian Survey*、*Central Asian Affairs*、*Central Eurasian Studies Review* 等中亚研究顶级杂志不难发现，以区域/周边概念泛化的研究对象为中亚传播研究打开了视野。正如一些研究发现，通过对中亚及周边地区相近的媒介体制、媒介模式及媒介环境的对比分析，能更有效地提取该地区的媒体普遍发展规律，从而更有针对性地提出整改方案。卢布林斯基（Lublinski）等人通过对 OTRK（吉尔吉斯斯坦）、MNB（蒙古）、TRM（摩尔多瓦）、RTS（塞尔维亚）这4家公共媒体的转型发展过程中公共性（public sphere）与融合性（integration）功能塑造分析，套用DW Akademie 模型剖析4家媒体在政治法律机制、员工资质培养机制、新闻专业主义与盈利模式、社会参与机制框架下媒体发展的促进和制约因素，勾

---

① 陆地,许可璞,陈思.周边传播的概念和特性:周边传播理论研究系列之一[J].现代传播（中国传媒大学学报）,2015(3):29-34.

② 见：Central Eurasian Studies Society 主页：http://www.centraleurasia.org/history-and-mission。

③ Platt, A. The eleventh annual central Eurasian studies[J]. *CEUS Conference Publication of the Central Eurasian Studies Society*,2005,4(1)：56-57.

勒出吉尔吉斯斯坦及其周边国家媒介发展的优选路径。① 瑞比(Rabiee)等人从地域地缘政治的角度出发,解析因文化、能源输送通道,语言策略,历史等多维优势,伊朗的传播影响力在里海—中亚地区占据霸权主义地位的深层原因。②

由跨文化传播到区域/周边传播的不同路径探究,可以看出中亚传播研究领域由远及近、由抽象到具体、由宏观到微观的发展趋势。然而研究大众仍多数聚焦在跨文化传播策略层面,或者媒介治理层面,研究视阈较为狭窄。

第三节 以新世界主义理论框架重设中亚传播的核心议题

当今国际传播格局风云诡变,一方面以美国为首的发达国家因经济的滞后不前迸发出逆全球化的口号,另一方面以中国为首的新兴经济体却扛起了助推全球化的大旗。处于中西文明缓冲带的中亚,历史上遭遇过古希腊、波斯、匈奴、突厥、阿拉伯、蒙古等多个强权文明的洗礼,至今也仍被视为多国外交辐射、争夺外交影响力的重地。自苏维埃政权的霸权管控以来,中亚五国虽在主权上于1991年相继宣布独立,但通用的语言文字使其在政治、经济、文化等诸多方面尤其是媒介环境始终受到欧罗斯的强势浸润。然而,倾倒式的媒介注入导致中亚地区逐步实行"扼杀民主式"(stifle democratization)的媒介立法体系,尤以土库曼斯坦的媒介制度最为严厉。③ 对于2010年宣布收紧外刊报文的进口额度,土库曼斯坦总统称:"国内的报刊已经够多了,不需要引进这么多国际刊物(尤其指俄国)。"④而处于地缘隔离劣势的美国,则以网络为新媒体外交时代的联通桥梁,通过向中亚地区输送互联网自由理念、资助中亚地区网络媒体、为当地提供互联网技术培训、推进中亚国家加入开放

① Lublinski, J. Albrecht, E. Berner, P., et al. From the field: Windows of opportunity—The transformation of state media to public service media in Kyrgyzstan Mongolia Moldova and Serbia Global Media Journal: German Edition[Serial online], 2015,4(2):1-30.

② Rabiee, H. Gharehbeygi, M., Mousavi, S. S. Hegemony of Iran in the Caspian-Central Asia region from the perspective of geopolitical realities[J]. *International Journal of Communication Research*,2015, 5(1):65.

③ Sherstoboeva, E. Media law reform in post-Soviet Turkmenistan: The illusion of democratization[J]. *Problems of Post-Communism*,2014,6(5):32-45.

④ Freedman, E. & Shafer, R. Advancing a comprehensive research agenda for Central Asian mass media[J]. *Media Asia*,2012,39(3):119-126.

政府伙伴关系组织等举措①,以达到传播美国核心价值观的政治目的。事实上,中亚国家的网络普及率并不高,根据 2012 年一项全国性抽样调查,三个中亚国家的网民占比均低于 50%(其中哈萨卡斯坦 49%,吉尔吉斯斯坦 40%,塔吉克斯坦 20%),网络使用低下的原因除了网络普及率低,网络收费贵,还有个很重要的原因是政府的监控。②"阿拉伯之春"事件的警示,更使得中亚国家逐步收紧网络治理政策。在经历了历史长时段的强权压迫控制下,抗争性与排外性成为中亚地区的民族主义情绪的主旋律。美俄的单边传播并没能打开中亚自由传播的格局,却导致其施行封锁传播路径的一系列媒介立法和行政措施。以此为鉴,中国在中亚地区的国际传播活动,应建立在尊重中亚各国家民族利益的基本原则之上,避免单向注入、强势推广、意识形态为导向的传播模式,立足于同心打造人类命运共同体的合作与交往价值准心,打开中亚地区闭塞的心灵,携手共享新世界的繁荣稳定。

事实上,中国政府在"一带一路"、亚投行、丝路基金等一系列全球倡议中体现出的新主张,正是基于"尊重他国利益为出发点,并从民族主义维护本国利益的基本面向中汲取养分"的现代性思考,倡议"基于经济同盟考量的世界民族协作"③,致力于共同推进人类和平与发展的崇高事业。中国现任领导集体在国际传播活动中传递出的新理念,为针对中亚地区的国际传播活动构建了新的理论指导。

一、科学分层的文化接近策略

文化接近性理论认为,人们会偏向选择与其自身文化认同相近的电视节目甚至文化产品,包括地方的、民族的、方言/语言、宗教等多层面的因素。④而中亚地区与中国西部地区尤其是新疆存在多元文化接近的特征。在民族构成上,以新疆为例,不少跨国民族与中亚民族交往甚密,"有些民族比如哈萨克、柯尔克孜族在境外有自己的民族国家哈萨克斯坦、吉尔吉斯斯坦;有些

① 廖成梅,刘国强.美国对中亚的网络外交研究[J].国际论坛,2017(3):26-31,80.

② Elizabeth, P. K., Ronald, E. R. Social exclusion through internet awareness adoption and use: The cases of Kazakhstan, Kyrgyzstan, and Tajikistan [R]// International Communication Association, 2012:1-34.

③ 邵培仁,沈珺.构建基于新世界主义的媒介尺度与传播张力[J].现代传播(中国传媒大学学报),2017(10):70-74.

④ Straubhaar, J. D. Beyond media imperialism: Assymetrical interdependence and cultural proximity[J]. *Critical studies in media communication*,1996,8(1):39-59.

民族比如维吾尔、塔吉克、塔塔尔虽然没有独立的民族国家,却与境外的民族有着共同的文化与宗教背景;有些民族比如东干人,在中国不成为一个民族,在境外也不成为国家,但是却有着共同的民族传统"①。在宗教信仰上,现代中亚五国民众多数信仰伊斯兰教。"其中乌兹别克斯坦、塔吉克斯坦、土库曼斯坦的穆斯林人口占 90％左右,吉尔吉斯斯坦和哈萨克斯坦的穆斯林人口也占到 70％左右。"②而在中国西北部,伊斯兰教也十分活跃。根据 2010 年全国第六次人口普查,穆斯林人口已占新疆人口半数以上,而宁夏、青海、甘肃、云南、河南等地的穆斯林人口也超过了百万。相似的文化背景是中国铺展国际传播活动的良好前提,同时,新世界主义国际传播原则提倡的层次性,为以跨文化为国际传播主题的民族交往提供了有效方案。斯特劳巴尔(Straubhaar)曾以历时性眼光修正其文化接近性理论,认为"文化接近性"是通过受众"多层次文化认同""杂糅"实现的。③ 而对于现代中亚地域文化伊斯兰化、突厥化、俄罗斯化等多种文化力量并存④的混杂局面,新世界主义认为应该"构建科学有效、层次分明的传播结构和机制"⑤,在实行对中亚的国际传播活动中,要避免大汉族主义的文化帝国范式压迫,尊重伊斯兰化、突厥化、俄罗斯化等多种文化的多样性,兼顾不同层次文化的差异性,采取科学分层、整体均衡、不偏不倚的传播策略。

二、地缘优势带动人际、组织传播

中国与哈萨克斯坦、吉尔吉斯斯坦和塔吉克斯坦三国拥有 3300 多千米的共同边界线、天然的地域联通优势,为中国与中亚地区自由往来、流通提供了便利,也为国际传播活动的施展提供了条件。面对中亚闭塞的网络环境导致大众传播失灵的局面,新世界主义理论指导下的"宝塔糖"策略,主张具体针对国际受众的口味,调试传播手法。⑥ 因此,可利用来华留学生、中亚侨民、入

① 刘大先.新疆:文化差异与国家认同[J].粤海风,2008(5):7-13.
② 赵会荣.中亚国家发展历程研究[M].北京:社会科学文献出版社,2006:139.
③ Straubhaar. J. D. World Television:From Global to Local[M]. Los Angeles:Sage,2007.
④ 汪金国,黄达远.影响现代中亚社会发展的内部文化力量因素[J].俄罗斯中亚东欧研究,2004(2):74-77.
⑤ 邵培仁,沈珺.新世界主义语境下国际传播新视维[J].新疆师范大学学报(哲学社会科学版),2018(2):96-104.
⑥ 邵培仁,沈珺.构建基于新世界主义的媒介尺度与传播张力[J].现代传播(中国传媒大学学报),2017(10):70-74.

境中亚的中国商贾游客以及驻中亚机构组织等多元主体承担中国信使,在大众媒体阻塞区域发挥人际传播、组织传播的魅力。据教育部统计,2016 年仅哈萨克斯坦来华留学人数就达到约 1.4 万人次,居来华留学人数国第八位。①这些中亚留学生日后多为中亚社会精英人才,尤其在接受过汉语教学,中国传统文化的熏陶后,对中国的经济、政治、社会都具备较客观的认识,也更容易产生对中国的亲缘性,更乐于将中国的正面形象传递给本国亲戚朋友,成为中华文化中亚传播的世界主义者。再则,中国境内的中亚侨民,往往是祖辈因躲避战乱,或经商谋生,从中亚辗转至中国境内定居,但因语言或民族习俗的隔阂,其文化身份并没有融入中国国族认同,却与祖籍同族保持着血缘认同的人。一方面,中国政府应对其在政策上提供倾斜,生活上予以关怀,使这些中亚侨民向异境而居的同族传递出中国政府正面形象,加深中亚同族人群对于中国社会的正确理解;另一方面,中国因经商、旅游等因素入境中亚的人员、机构数量也相当可观,特别在当下"一带一路"的促动下,入境中亚的大量商贾游客,成为"游走的中国形象"。为了一改中国商人利己主义、素质偏低的刻板印象,中国应提升入境中亚国人的世界主义者意识,即乐于与他人交往,也善于与他人交往,以实际行动提升中国形象。对于入境中亚的组织机构,充分发挥已成规模的组织体系,如中亚孔子学院,传播中华文化,推广汉语教学宣传,并提升中亚境内中国公民、公共组织、甚至政府驻扎/合作机构的网络外交功效,以弥补因地方保护主义、网络的严格管制而造成的舆论偏向。

三、区域经济合作契机下的战略传播布局

自 2013 年,习近平主席在哈萨克斯坦纳扎尔巴耶夫大学发表演讲,提出共同建设"丝绸之路经济带"以来,中国政府开设丝路基金,创办亚洲基础设施投资银行,旨在为欧亚区域经济重注活力。中亚在这场经济接力赛中位于头棒地位。在"一带一路"经济合作互利共赢的巨大感召力影响下,中亚各国

---

① 教育部:2016 年度我国来华留学生情况统计[EB/OL].(2017-03-01)[2018-03-17].http://www.moe.cn/jyb_xwfb/xw_fbh/moe_2069/xwfbh_2017n/xwfb_170301/170301_sjtj/201703/t20170301_297677.html.

纷纷推出"光明大道"(哈萨克斯坦)①、"复兴古丝绸之路"(土库曼斯坦)②等合作对接计划,深入推进双方在贸易、基础设施建设、能源项目、信息技术设备、旅游等多个领域的合作。以经济互惠为驱动的合作交往契机,是让中亚民众了解中国科技水平、中国商品信誉,展现中国人民勤劳善良品质的有利时机,亦是改善刻板印象、提升大国形象的最佳时机。在经济交流活动中交织出的庞大人力、物资、信息网络,为区域媒体重新配置公共产品赋以新义。基于新世界主义的国际传播战略统筹谋划,主张"积极构建信息传播的命运共同体","搭建资源互惠、技术共通、人员共作、渠道共享的传媒共同体平台,携手发展中国家媒体共同推进国际新闻的生态平衡"。③ 要充分发挥"'一带一路'媒体传播联盟""丝路电视国际合作共同体"等已有国际传媒平台的共享机制,推动丝路节目落地中亚主流媒体,并壮大中国驻中亚记者站团队,携手中亚主流媒体正向引导舆论,共同推进中亚区域新闻的生态平衡。

四、政治命运共同体催生中国传媒体制改革

长期受强权政治的统治,中亚国家政治独立性意愿强烈,中亚政治历史的特殊性决定了其政治价值观和政治信仰的排他性,因此针对中亚的国际传播要避免单向注入,而要强调双向交流。从国家层面凝聚中国—中亚命运共同体政治理念,摒弃"民族主义、保护主义或孤立主义、利己主义、干涉主义为核心出发点","基于新世界主义理念,寻求更丰盛的信息交换、价值包容和文明理解"。④ 充分利用上海合作组织、"一带一路"国际高峰论坛等官方外交平台,增进中国与中亚的政治沟通,加固中国与中亚的政治互信。新世界主义强调的中国中亚政治命运共同体,对内是整合中国中亚从官方到民间的政治凝聚力,对外体现了周边政体抱团抵御美国重返亚洲"西进战略"的政治智慧,以"和谐包容、和平发展"的东方智慧消解中亚地区政治排他性立场,以便中国与中亚开展更为顺畅的政治沟通。并且,新世界主义强调以更开阔的视野看待媒介制度与政治权力的博弈关系,在全球化多元政治权力的博弈场

① 李大巍.丝绸之路连接"光明大道":访哈萨克斯坦共和国驻华大使努雷舍夫[J].中国经济报告,2017(6):99-101.
② 王尔德.中国驻土库曼斯坦大使孙炜东:土"复兴古丝绸之路"与"一带一路"倡议契合中土正商签合作文件[N].21世纪经济报道,2017-07-20(5).
③ 邵培仁.面向新世界主义的传媒发展与愿景[J].中国传媒报告,2017(3):1.
④ 廖卫民.新世界主义与对外传播战略:基于"传播与人类命运共同体"穹顶模型的理论思考[J].浙江社会科学,2017(5):114-120,159.

中,要学习西方媒介体系客观、公正报道新闻事实,善尽社会职责的正义感,发挥东方媒介体系步调一致、团结协作的高效率,调动南方媒介体系推进社会经济变革的积极性。① 在全球媒介体制系统与政治权力博弈场域中准确定位、调试中国的媒介制度,权衡中亚政治环境的特殊性,基于人类伦理道德制高点建立传媒共同体,为中亚提供公平、正义、高效的传媒公共服务。

五、丝路记忆重构中亚历史话语体系

自汉朝张骞"凿空"以来,中亚作为丝绸之路的中枢地区,从古至今遗留下许多绚烂的文化瑰宝。据史料记载,《大唐西域记》《经行记》等书中均有对中亚各国风土民情、商贸来往的详细记录。时至今日,中亚地区各民族对丝绸之路的历史记忆已经升华为"一种珍视、缅怀,甚至崇拜的情感",丝绸之路的历史元素也被冠以现代性的表征,例如用古时的"驿站、商队和商品名称命名的民族特色餐厅、旅游胜地的旅馆,甚至是现代化的星级酒店、公司、企业、街道等"。② 新世界主义建构的国际传播话语体系,以兼顾本土性和全球性的双向平衡的话语方法论,援引多重"在地"景观为素材,勾勒出具有新世界主义普遍意义的全球图景。因此在构建中亚历史话语体系过程中,要利用世界通用的话语体系,融合讲述民族交往的历史记忆和现实图景;用发展动态的话语体系,串联民族历史记忆中的璀璨瞬间,结合官方媒介记忆与民族历史记忆交错呈现中国中亚的丝路情谊,为顺利开展中国中亚国际传播提供亲缘性工具。

第四节 以新世界主义的理念建构中国中亚国际传播共同体新格局

中国中亚国际传播新格局,打破"霸权""中心"式的文化传播模式,亲近"多极""多元"的范式构架,强调以科学分层的态度区分中亚地区多层次的文化杂糅、文化拼接现象,选择文化接近的最优方案开展跨文化传播活动;充分利用地缘优势突破地域保护主义的迷思,着力打造中国形象的世界传播者,

① ［美］J.赫伯特·阿特休尔.权力的媒介:新闻媒介在人类事务中的作用[M].黄煜,裘志康,译.北京:华夏出版社,1989:315-336.
② 许涛.中亚地缘政治沿革:历史、现状与未来[M].北京:时事出版社,2016:408.

在国际传播层面以人际传播、组织传播的功效弥补中亚地区大众传播的疲软现状,拓宽中亚开放合作的大门;以经济合作为契机完善中国媒体在中亚的战略布局,同心打造中国中亚传媒共同体平台,全面推进传媒公共产品在中亚国家的落地效应,携手中亚主流媒体切实改变中国刻板印象;整合官方、民间渠道增持中国中亚的政治互信,在和谐沟通的政治共同体环境中开展民族交往,既平衡全球媒介制度的整体多元,又兼顾中亚政治环境的特殊性,在媒介体制与政治权力的博弈场域中调制出中国方案;用动态发展的历史话语体系,挖掘民族交往历史记忆中的在地特色,展现历史元素现代化的现实图景,凝聚中亚民族记忆中的丝路情谊,提取丝路历史中的媒介记忆,在历史记忆与媒介记忆的双重演绎下增进中国中亚的交往情感。

除了从以上五方面全面拓展中国对中亚的国际传播议题,中国中亚国际传播在"凿空"中亚地区的媒介阻碍、改善中亚媒介生态恶性循环进程中,应提议构建中国中亚国际传播共同体的宏大倡议。滕尼斯指出共同体意味着"人类真正、持久的共同生活",是"一种有机结合,而不是机械地聚合"。而人们在共同体中深度沟通的前提建立在"憧憬未来的美好社会,超越亲缘和地域的、有机生成的、具有活力和凝聚力"的"共同体冲动"上。[①] 新时局下的中国中亚国际传播共同体,是在达成中国中亚政治命运共同体的现实愿景下,利用中国中亚传媒共同体传播渠道,以中国中亚历史话语体系为沟通工具,由官方主导到民间参与的全方位、多层次的新型国际传播体系,应具备以下几点特征:(1)摒弃传统国际传播模式下传者与受者的二元对立身份,实现传者与受者有机转换、协同传播的合作效应。转变中亚华侨、中亚留学生、中亚网民被动接受为主动推介中华文化的态度立场;加强政府机构、民间社团、跨国企业与中亚政府、民间机构的交流合作,实现传者身份由客体变主体的转变;组建中亚区域性媒体人才库,一方面培养通晓中亚多语种的本土新闻人才,另一方面培养中亚新闻人才,采取业务培训与文化熏陶双重培养模式,着力打造既精通中亚语言、知悉中亚受众价值观,又具备中华文化视野,乐于传播中华之音的新闻团队,双向助推中国中亚文化共同体内部的信息自由传播。(2)改进传统国际传播模式倚重传统媒体的单一渠道,整合新兴媒体、新兴技术的多元渠道,改善因中亚闭塞的媒介制度、媒介环境导致的信息受阻或传播不畅的现状;既讲求共同体内部的渠道整合,又适应单个国家内部传

---

① 殷企平.西方文论关键词:共同体[J].外国文学,2016(2):70-79.

播渠道的特殊体制,努力实现最大力度覆盖中国中亚共同体的传播网络。
(3)深化中国中亚媒体间合作,打造产权共有的融合产品。充分发挥丝路文化等公共性文化资本的多层次附加值效用,利用新媒体融合技术全面打造公共融合品牌产品,从而提升丝路节目等公共传媒产品的传播效应,促进完善中国中亚国际传播共同体的合作机制。

第十五章 网络"珍珠港":全球传播视域中的网络安全

《2018年我国互联网网络安全态势综述》的数据显示,来自美国的网络攻击数量最多,且呈愈演愈烈之势。在木马和僵尸网络方面,2018年位于美国的1.4万余台木马或僵尸网络控制服务器,控制了中国境内334万余台主机,控制服务器数量较2017年增长90.8%。在网站木马方面,2018年位于美国的3325个IP地址向中国境内3607个网站植入木马,向中国境内网站植入木马的美国IP地址数量较2017年增长43%。长期以来,美国都指责中国是美国网络安全的主要威胁,但从上述数据可以看出,美国才是网络攻击的最大来源国。①

随着信息网和物流网的飞速发展以及日常生活中越来越多的连接,网络安全已经成为网络传播领域首要的话题,甚至已经有人想象出启动网络"核弹按钮"的最坏的情况,即"网络珍珠港事件"和"网络世界末日"。习近平总书记多次在重要场合提及构建全球"网络空间命运共同体"的重要表述和应对主张。人类命运共同体思想以其自身严密的逻辑体系和丰富的思想内涵获得了学术界乃至国际舆论界的广泛认可,是习近平新时代中国特色社会主义思想的重要组成部分。"网络空间命运共同体"更是中国网络治理思路、全球治理方案作为中国智慧对世界的重要贡献。"网络空间命运共同体"理念折射出中国自1994年全面接入全球互联网以来在互联网空间治理层面积累的宝贵经验,它立足于全球传播发展的整体状况,既有对丰富经验的总结和提炼,又有对未来全球网络治理发展方向的清晰洞察,"集科学性、系统性与前瞻性为一体,是不可逆的网络化与数字化时代的必然方向,也是人类命运共同体合乎逻辑的发展和延伸"②。我们认为,习近平总书记"网络空间命运

---

① 2018年我国互联网网络安全态势综述国家计算机网络应急技术处理协调中心,2019年4月数据。

② 蔡翠红.网络空间命运共同体:内在逻辑与践行路径[J].人民论坛·学术前沿,2017(24):68-77.

共同体"这一理念具有广阔的新世界主义理论的视野,蕴含丰富的全球传播学智慧,是对传统的世界主义、共同体理念及网络安全观的多重超越。

本章从全球传播理论出发,认为"网络空间命运共同体"不仅是习近平新时代中国特色社会主义思想的重要组成部分,中国网络治理思路、全球治理方案作为中国智慧对世界的重要贡献,也是对传统的世界主义、共同体理念及网络安全观的多重超越。具体研究思路如下:首先阐释了中国网络治理所孕育的智慧和经验,讨论了在全球治理体系下中国是如何打破"西方中心主义"的话语霸权,拓展了网络安全治理在地化经验的普适性。其次从"全球传播"与"共同体"的本源意义上探究两者之间的勾连,特别是从两者之间的相互依存性层面论述"网络空间命运共同体"观念背后的深层逻辑,其中网络新媒体等技术带来的革新挑战了人类既有的"共同体"经验,从基于血缘、地理位置的"共同体"向基于虚拟空间无限拓展的全体性的"共同体"方向发展,从而型塑了一种新的可能性和必要性。再次深入剖析了"网络空间命运共同体"的逻辑基础,认为数字空间和数字文化给吉登斯等社会科学研究者视野中的"共同体"带来一种新的生命力,"网络空间命运共同体"成为互联网时代解决网络安全问题最具实践张力的中国主张。最后审视了"网络空间命运共同体"的传播意蕴,我们认为当把全人类视为一个命运共同体的时候,它必须通过传播来维系其相对稳固的秩序,从而应对共同的风险。虽然层出不穷的新传播技术在助推人类文明、增进人类福祉层面功不可没,但也存在诸如网络犯罪、网络恐怖主义等全球性风险,在应对过程中,民族国家、新媒体用户都成为秩序制定的参与者,只有当多元主体共同积极参与治理,才可能使全球"网络空间命运共同体"具备从价值观念到实践行动转化的可能。

第一节 网络治理所孕育的中国智慧与经验

自从人类进入 21 世纪,世界的政治、经济格局就开始发生翻天覆地的变化,一方面部分老牌资本主义国家在长期领跑世界的过程中不断遭遇新的问题,另一方面一些新兴的发展中国家不断壮大成长为世界舞台中举足轻重的力量,有了迫切参与全球治理的愿望和需求,这就意味着以西方话语体系为中心所建构的传统全球治理理念急需更新换代、优化升级。2017 年 2 月,联合国社会发展委员会首次将"建构人类命运共同体"理念写入联合国决议。中国关于人类命运共同体、全球网络空间命运共同体的重要理论成果已经成为全球治理体系变革进程中最为重要的成果之一,也是中国对世界治理理论重要的贡献之一,而全球互联网空间治理也成为世界治理工作中的重要组成部分。

全球治理是备受国际学术界关注的重要命题。早在 1995 年,全球治理委员会就在一份题为《我们的全球伙伴关系》报告中指出,"治理是……使相互冲突的或不同的利益得以调和并且采取联合行动的持续的过程"①,既是一种制度的安排,也是特定的过程和程序。在全球治理的过程中,西方的话语体系长期以来占据主导地位,而绝大部分的发展中国家都处在边缘地位。根据1995 年这份报告,尽管明确提及所有的国家都是全球治理实践中理论上的参与者,但实际上由于政治经济格局的不平等,以中国等为代表的发展中国家实际上有参与之名并无参与之实,而从更为本质的角度来看,关于全球治理的理论架构实际上并没有摆脱西方中心主义或"美式全球化"的主导和影响。但是,今天世界格局正在发生前所未有的变化,特别是全球互联网治理领域西强东弱的态势正在面临着严峻挑战,发展中国家在网络空间的主体意识、平等意识和参与意识不断增强,以至于以西方中心主义为主导的网络治理理念已经很难适应全球传播和全媒体时代的形势和要求。习近平总书记所提出的全球"网络空间命运共同体"的主张,无疑是世界政治经济和全球传播现实背景下的崭新治理理念,是应对世界政治经济和传播秩序正在发生重大变化的理性思考,是对一系列基于全球网络空间安全做出的具有针对性和前瞻性的回应。

如同"一带一路"在赢得国际社会的广泛赞誉的同时也遭遇全球传播的话语困境一样,"网络空间命运共同体"理念也迫切需要"在世界话语权的争夺中打破西方中心主义的话语霸权"②。因此,从全球传播的角度来探讨网络空间命运共同体问题就是要思考:第一,中国关于全球网络安全治理的主张如何通过现今的信息技术进行全球传播;第二,在"网络空间命运共同体"这一体系化的论述中,蕴含着怎样的全球传播智慧。任何信息、知识、理论以及人类智慧成果要转化为变革或推动社会进步的力量,都离不开人类的传播活动。传播是人类社会沟通有无、凝聚自我、形成共识的前提,而中国关于全球

---

① 全球治理委员会.我们的全球伙伴关系[M].香港:牛津大学出版社,1995.

② 邵鹏,陶陶.新世界主义图景下的国际话语权:话语体系框架下中国国际传播的路径研究[J].新疆师范大学学报(哲学社会科学版),2018(2):105-110.

网络治理的成熟构想,也只有在广泛的对外传播基础上才有可能为全人类所知晓和理解。

人类历史上的传播革命,不只是信息在生产数量和更新速度上的提升,更重要的是技术对时空的双重压缩。也就是说,信息的流动借助技术不但实现了对时间的压缩,同时克服了物理空间对人类的认知和交往的制约,使人类言说的内容可以脱离言说的主体而独立存在。从全球传播的历史来看,除却印刷术、无线电等传播技术的革新之外,还有两场声势浩大的革命性事件成为人类发展史上的里程碑:一是地理大发现不仅使人类世界版图前所未有地联系成一个整体,也使人类对空间的认识达到一个前所未有的高度;二是互联网新技术广泛应用于人类的交往与合作,使整个世界形成了"你中有我、我中有你"的"世界之网",亦即麦克卢汉所比喻的"地球村"。但互联网技术作为一种不带有价值倾向的传播工具,却也在急速的发展中带来了某些灾难性的后果,要解决人类所面临的互联网安全问题,并不能仅仅依靠某一个或少数几个国家的努力,应将所有积极力量充分调动起来,形成一种庞大的人类智慧集合体,大家一起致力于解决人类面临的网络安全问题。全球"网络空间命运共同体",就是在这一宏大的历史背景下展开的。在若干重要场合,习近平总书记一直倡导要建立人类命运共同体、"网络空间命运共同体",而"推动构建人类命运共同体"已经成为"习近平新时代中国特色社会主义思想的重要组成部分,是当代中国对世界的重要思想和理论贡献,已经成为中国引领时代潮流和人类文明进步方向的鲜明旗帜"①。

这一理论成果具有多个维度的重要意义:第一,它是中国参与世界网络空间治理的智慧结晶,体现出中国的大国责任和担当;第二,它的对外传播构成了中国向世界表述自己的重要理念,从而在国际范围内获得认同;第三,它的内容架构和逻辑体系蕴含着丰富的政治学、传播学智慧,具有从理论构想到现实转化的实践张力。

第二节　"共同体"的阐释:以全球传播构筑共识

"全球传播"与"共同体"两者相互依存、共生共进。没有传播就没有共同体的存在和维系。于是"共同体传播"成为学界专门探讨的问题,如有学者思

---

① 本书编写组.党的十九大报告辅导读本[M].北京:人民出版社,2017:89.

考共同体传播本身在人类诸种传播实践中所具有的特殊价值和意义,即在"以'脱域'为主要特征的当代共同体中",通过各种生发和传播机制"产生心理集群并维持心理集群的稳定"①;也有学者以互联网传播为背景,探讨在西方现代性导致共同体走向消亡的过程中,所"潜隐着重建、创建共同体的积极可能性",讨论如何"基于对话和承认原则构建合作共同体"②。从全球传播的角度来探讨"网络空间命运共同体"并不仅是聚焦于这一科学化的理论如何借助大众媒体或新兴的网络技术进行跨文化的传播与交流,更为重要的是探讨"传播"与"共同体"两者之间的关系如何统一于全球网络治理的方案中。

首先,回归"传播"本身的起源意义,通过探讨"传播"与"共同体"两者的关联来思考共同体是如何建构和维系的这一问题。在传播学者詹姆斯·凯瑞看来,"传播"一词并不只意味着简单的信息的流动过程,它包含着一个复杂的共享过程。至少具有"分享""参与""联合"以及"拥有共同信仰"等丰富的含义。因而,以共享的观念为视域来考察传播活动,它"并非直指讯息在空中的扩散,而是指在时间上的一个社会的维系;不是指分享信息的行为,而是共享信仰的表征",它的最高境界是"构筑并维系一个有秩序、有意义、能够用来支配和容纳人类行为的文化世界"③。也是在这个意义上,任何关于传播的实践都带有建构共同体的意涵;传播就是建构共同体的过程,至少从英文词源来看,传播(communication)就带有"共同"的含义。在詹姆斯·凯瑞等人看来,"传播"所带有的"共同体"(community)意涵是以传播过程的"仪式"为表征的,譬如人们在观看一场盛大的赛事直播,直播的内容并不是最为关键的因素,而是观看直播这一过程本身所蕴含的共同的信仰或者价值观念。

"共同体"在不同的学科视域下的界定有着较大的差异。在《伦理学大辞典》中,"共同体"被阐释为"历史上形成的由社会联系而结合起来的人们的总和"④;而在《社会科学大词典》中则被解释为"共同处于互相熟知的关系之中的最大的人类集团,普遍见于所有的人类社会"⑤;在《政治学辞典》中被解释为"组成一定关系的人们",是"滕尼斯用语",并且区分为"血缘共同体、地缘

① 秦琼,彭涛.共同体传播:一种被忽视的传播形态[J].现代传播(中国传媒大学学报),2016(8):24-29.
② 胡百精,李由君.互联网与共同体的进化[J].新闻大学,2016(1):87-95.
③ [美]詹姆斯·凯瑞.作为文化的传播[M].丁未,译.北京:华夏出版社,2005.
④ 朱贻庭.伦理学大辞典[Z].上海:上海辞书出版社,2002:263.
⑤ 彭克宏.社会科学大词典[Z].北京:中国国际广播出版社,1989:358.

共同体和精神共同体"三种形态①。在上述若干阐释或解读中,至少可以得出关于"共同体"的三个初步判断:第一,"共同体"带有"关系"的属性,是基于"关系"形成的集合体或者它本身就是一种"社会关系",而关系的建立必然以人类各种传播活动为基本方式;第二,"共同体"要以特定的利益诉求或既定目标为支撑,而在这个过程中传播扮演的是利益主体协调者的角色;第三,"共同体"表现为一种具有强烈群体归属感和身份认同感的心理集群,毫无疑问的是,传播本身具有建立归属感的功能。进一步讲,以传播学中关于共同体的认识为出发点,可以延伸出更多有价值的思考:首先,"共同体"本身包含有"共同参与"的意思,即意味着共同体所有的成员都是平等且活跃的主体,共同致力于某种共有观念的维系并在共有观念的指导下实施某些总体一致的行动;其次,"共同体"强调所有的参与主体的利益均等性,即所有的成员都是积极的参与者,同时更是成果的共同分享者。

习近平指出:"网络空间是虚拟的,但运营网络空间的主体是现实的""网络空间是亿万民众共同的精神家园"。② "网络空间命运共同体"这一构想之所以一经提出,即引发国内甚至国际学术界的密切关注,就是因为它不再以全球的权力中心转移为关注点,而是真正关注全球传播治理中世界各国共同关心的根本性问题,而且中国所给出的方案清晰地规划了所有国家的角色。正如习近平在十九大报告中所指出的,"中国秉持共商共建共享的全球治理观,倡导国际关系民主化,坚持国家不分大小、强弱、贫富一律平等,支持联合国发挥积极作用,支持扩大发展中国家在国际事务中的代表性和发言权"③。

第三节　"网络空间命运共同体"的逻辑基础

人类社会就是一个庞大的共同体,而社会又由若干个子共同体构成,不同的共同体之间时有交叉,或基于血缘、地缘,或基于业缘、学缘、趣缘,这就决定了所有的共同体都是一个圆形结构或者心理集群。因而,共同体也往往具有某种集聚性和排他性的特征,即共同体总是围绕某个核心观念或利益关系构筑出一个具有集聚性和排他性的族群、部落,如"中华民族"就是与其他

---

① 王邦佐.政治学辞典[Z].上海:上海辞书出版社,2009.
② 习近平.习近平谈治国理政:第二卷[M].北京:外文出版社,2017.
③ 习近平.决胜全面建成小康社会 夺取新时代中国特色社会主义伟大胜利[M].北京:人民出版社,2017:60.

世界民族相异的共同体。于是,"共同体"就成了"类别"的代名词,而以共同体为核心的传播就变成了某种同化差异性观念的力量,即媒介通过展示、传播、渲染为共同体绝大多数成员所遵守的价值观念,并不断将团体成员萌生出的错误意见、观点进行修正,以使共同体维系一个动态的平衡。所以,在共同体的建构、维系和调整的过程中,传播活动所力求实现的目标是建立联系、确定身份、塑造认同及进行动员,其中建立联系、确定身份和塑造认同是共同体成立的前提、基础,而进行动员则是将共同体视为一个独立单元时,围绕具体目标进行的社会实践。

但是,"人类命运共同体""网络空间命运共同体"等概念与传统意义上的"共同体"的若干维度并不完全相同,即人类命运共同体所追求的不再是一种单向度的基于自身利益的排他性,而是站在全人类的角度全方位思考人类的整体性问题或人类的命运问题。也就是说,传统意义上的"共同体"往往立足于族群等局部利益的立场来追求以族群为核心的利益最大化,具有很强的排他性,以此为理念所建构的共同体实际上是将其他共同体(族群)视为利益竞争者或利益达成的工具;而"人类命运共同体""网络空间命运共同体"等表述尽管依然具有某种排他性,但这种"排他性"是将全人类共同的目标和追求置于至高无上的地位,将那些对人类整体安全、人类文明进步、人类共同利益不相容的元素排斥在外,不再是建立在部分群体利益诉求之上,而是致力于全人类利益的"最大公约数",即全人类的根本性利益。因此,"人类命运共同体""网络空间命运共同体"也就摆脱了传统思维中"共同体"对血缘、地缘等因素的依赖,它具有无国界、无疆域的性质,因而也是史无前例地将全人类视为一个整体。所以,从人类整体传播学的角度来探讨全球"网络空间命运共同体",就是要在全球互联互通的背景下探讨网络传播活动在全人类共识的塑造、共同利益达成过程中的发生机制,探讨传播技术如何重构人与人之间的关系,进而生成有媒介依赖特性的共同体,探讨网络媒体所建构的数字空间与数字文化如何形塑"地球村"村民的文化认同。

在第二届世界互联网大会上,习近平提出,共同构建网络空间命运共同体要"尊重网络主权、维护和平安全、促进开放合作、构建良好秩序",要"加快全球网络基础设施建设,促进互联互通;打造网上文化交流共享平台,促进交流互鉴;推动网络经济创新发展,促进共同繁荣;保障网络安全,促进有序发展;构建互联网治理体系,促进公平正义"①。这些关于"网络空间命运共同体"的系统化表述被统称为"四项原则"和"五点主张"。在第三届世界互联网大会上,习近平在视频讲话中指出,"互联网发展是无国界、无边界的,利用好、发展好、治理好互联网必须深化网络空间国际合作,携手构建网络空间命运共同体"②。习近平同志在中国共产党第十九次代表大会上的报告中又多次强调"推动建构人类命运共同体",主张"各国人民同心协力,构建人类命运共同体,建设持久和平、普遍安全、共同繁荣、开放包容、清洁美丽的世界"。③习近平总书记上述讲话引发学术界和舆论界的关注,也成为新时代中国特色社会主义理论的重要组成部分。这既是中国积极向世界贡献自身方案、智慧的举措,也是在互联网时代关于人类命运在面对共同问题时的系统化思考和应对之策。

至此已清楚表明,中国所倡导的"共同体"的概念,已经不再是吉登斯等传统的社会学家或政治学家所阐释的那种带有地域、血缘特征或族群色彩的"共同体",也不是仅仅基于抽象的精神理念所建构的想象的共同体,更不是基于西方中心主义对某种所谓共同价值推崇的单向度共同体,而是一个广泛联系、无限包容、共商共建、共享共赢的"理想范畴"——共同体的成员是全人类,共同体成员借助"基础设施建设"和"互联互通"形成水乳交融的整体,共同体以"持久和平、普遍安全、共同繁荣、开放包容、清洁美丽"等理想为共有观念,以网络空间安全和对全人类有利的良好秩序为共同体的目标或诉求。也正因如此,习近平提出的"网络空间命运共同体"成为人类命运共同体的重要组成,也成为互联网时代解决网络安全问题最具实践张力的中国主张。

无论是理论上还是实践中,"迄今为止,人类历史从未真正见证过一个力量超强的国家真心实意为全人类的共同繁荣而努力"④。习近平提出的"网络空间命运共同体"是一种富有国际眼光和中国智慧的理论创建,它具有系统的逻辑架构、严谨的理论体系和无比强大的包容性,也是一种真心实意为全球网络安全而做出的承诺和努力。它不是追求某一个国家或少数国家对互联网空间秩序的定义权,也不是站在一小部分群体利益的立场上追求一种虚

① 王晓枫.深度解读习近平提出的互联网发展四项原则和五点主张[J].新京报,2015-12-17(5).
② 张璁,张意轩,岳小乔.携手共建网络空间命运共同体[N].人民日报,2016-11-17(1).
③ 习近平.决胜全面建成小康社会 夺取新时代中国特色社会主义伟大胜利[M].北京:人民出版社,2017:22,28.
④ 李展."一带一路"倡议与康德"永久和平论":对话与超越[J].国际传播,2017(6):25-28.

拟空间的文化霸权,更不是用一个新的霸权取代一个旧的霸权,而是一个"负责任的大国"不断为"完善全球治理贡献中国智慧和力量"的体现①;它更是以"整体全球化"与"构建人类命运共同体、共同建设美好世界"为愿景,坚持以"共商、共建、共享"为基本原则,走和平发展、共同繁荣之路,着力构建相互尊重、公平正义、合作共赢、整体互动的新型国际关系②。

第四节 "网络空间命运共同体"的传播价值

习近平"网络空间命运共同体"构想是对人类信息技术发展历史、全球网络治理共同问题进行系统化观察的基础上进行的理论化总结。从全球传播的角度来看,"网络空间命运共同体"遵循世界共同性、标准化的原则,重视并保护民族性、地方性的生存空间,提倡建构整体互动、均衡和谐的媒介尺度机制,是全球治理理论与经验的宝贵财富。③

从媒介生态学角度来看,媒介技术的发展会对社会生态甚至是人类社会的整个系统带来巨大的变革,这些变革同样也会引发新的秩序问题,在凯文·凯利等一些学者看来,这些秩序性的问题已经非常明显,它包括人类本身所遭遇的技术威胁,以及信息技术滥用之后可能带来的灾难性后果等。要解决互联网发展带来的难题,并不是凭借一个国家或少数几个国家自发的努力即可达成——它是一项涉及全人类利益并且需要全人类共同参与的实践。在一个文化多元和多样的时代,想要提炼出一种为全人类普遍认同的理念作为构筑人类命运共同体的信仰基础,恐怕是十分困难的事情。诚如有学者所指出的,"问题的根源不在于价值的匮缺,而是我们欠缺一种认识人类生存方式多样性的能力,以及欠缺从多样性的生存方式中提取共同价值观的能力"④。长期以来,关于互联网秩序的定义者都掌握在少数发达国家手中,对于绝大多数国家而言,这种格局并不能真正解决互联网空间所存在的普遍问题,既有的秩序从少数群体的利益出发缔造互联网游戏规则,大部分群体被

---

① 本书编写组. 党的十九大报告辅导读本[M]. 北京:人民出版社,2017:98.
② 邵培仁,王军伟. 传播学研究需要新世界主义的理念和思维[J]. 教育传媒研究,2018(2):30.
③ 邵培仁,沈珺. 构建基于新世界主义的媒介尺度与传播张力[J]. 现代传播(中国传媒大学学报),2017(10):70-74.
④ Weeks, J. *Principle Positions: Postmodernism and the Rediscovery of Value*[M]. London: Lawrence & Wishart, 1993:192-200.

排斥在这一规则之外。网络安全既是技术问题,也是政治问题。显而易见的是,这些致力于解决问题的方案在较多的情况下并不会真正解决问题,甚至有可能会制造出更多的问题。可以说,人类能否解决互联网安全这一时代性的难题,在很大程度上将取决于能否在多样性的人类生存方式和文化样态中找到一条异中求同的路径,并且这条路径不能仅仅停留在一种乌托邦式的想象中,它需要一种全人类共同参与讨论和实践的张力。

王钰鑫认为,"推动网络空间治理需要世界各国携起手来共同努力,更要互相尊重,善于运用法治思维和法治方式"①。超越土地国界的互联网空间,长久以来一直是缺乏妥善管理的"法外之地"。近年来不论是个资外泄、商业窃密,还是对政府网路发起黑客攻击,都应该根据相关法律和国际公约予以坚决打击;这正是"网络空间命运共同体"的具体实践,以人类命运共同体为核心鼓励世界各国共同参与规则制定,为推进网络空间治理提供依据。为此,"共同体"的建构要超越地域、血缘等的边界,最大的障碍是寻求一种线索和抽象的价值观念,这种线索或者价值观念能够将有着不同文化、历史背景的人串联成一个整体,并且还要在这个基础上实现价值观念到具体行动的转化。网络与新媒体跨越时空的特性使人类交流超越了时空限制,但却不能自然而然地生成一种众所期待的共有价值,即既实现了人和人之间的"手拉手",又达成人与人之间的"心连心"。而在习近平同志所提出的"网络空间命运共同体"这一表述中,人类所面临的共有问题以及对这些问题的解决方案,就是全人类的"最大公约数",从中可以提取一种具有统领性和共同性的价值观念,成为一种从"多样性的生存方式"中提取的"共同价值观"。洛克在《人类理解论》中说,"没有思想的交流,社会的舒适和好处是无法得到的。因此,人应该找到一些外在的理性符号,这是必要的;借助这些符号,看不见的理念,即组成思想的理念,才可能为他人知道"②。进一步讲,"网络空间命运共同体"就是这种带有思想的交流,一种外在的理性符号,一种能够构筑有效共识的理念。

这样一来,习近平所提出的"网络空间命运共同体"就已经具备了一定的超越性、创造性和科学性。将全人类视为一个命运共同体的时候,这个共同

---

① 王钰鑫.习近平网络空间命运共同体思想的生成、内涵与构建路径[J].广西社会科学,2018(6):6-11.

② [美]约翰·彼得斯.交流的无奈:传播思想史[M].何道宽,译.北京:华夏出版社,2003:257.

体必须通过传播来维系其相对稳固的秩序,从而应对共同的风险,在共同体传播的过程中,每一个国家都是身份平等的成员,每一个新媒体用户都是新秩序制定的参与者,最终整个共同体以共有的价值观念、多样化的连接渠道、共同的行动目标为支撑,形成一种水乳交融的状态,不断推动着互联网秩序向着更加健康、清朗的方向发展。在整个过程中,所有的参与主体都是平等的主体,也是将全人类命运放在至高无上地位的主体。它不是单一国家霸权主义的改头换面,更不是弱肉强食丛林法则的再现,而是基于一种"不冲突不对抗、相互尊重、合作共赢的新型关系"。在这种新型的关系之下,"大国对小国要平等相待,不搞唯我独尊、恃强凌弱的霸道",针对全球性的互联网治理难题,所有国家都"通过平等协商处理,以最大诚意和耐心,坚持对话解决分歧"。① 在全球网络空间命运共同体中,中国所扮演的角色不是规则的制定者、不是少数群体利益受益者,而是方案及智慧的提供者、行动的参与者与引领者。正因如此,习近平所提出的"网络空间命运共同体"就具有了落地的可能性,它顾及了全人类最为简单、朴素的追求,也承载了全球网民对互联网新型智慧空间的期待。从这个意义上讲,"网络空间命运共同体"不仅能够成为世界互联网治理难题中独具特色的中国方案,也使这个方案拥有了从价值观念到实践行动的转化可能。正如有学者所分析的那样,"习近平全球治理思想深刻揭示了全球治理体系必须变革以因应时代发展的内在要求,对稳定不确定性的国际格局变化起到了定海神针的作用,展现出中国引领全球治理体系变革与建设的大国担当,为国际社会的发展和各国人民追求美好的未来注入了强大的正能量"②。

哈罗德·拉斯韦尔指出,"任何生命体都要维持内部的平衡。回应的过程需要特化(specialization)的方式,以便使生命体的各部分协调行动"③。共同体借助传播构筑自身,借助传播维系自身秩序稳定,借助共同的行动来推动互联网空间秩序的清朗,就是要使共同体中的每一个成员均能从互联网的发展和运用中获益,也使得每一个国家都能充分释放其主体性,助推一个最终造福于全人类而不是少数群体的"第五空间"。因此,习近平同志所提出的"网络空间命运共同体"等概念,即是调整互联网空间中所有交往主体的规

① 本书编写组.党的十九大报告辅导读本[M].北京:人民出版社,2017:92.

② 张晓君.构建人类命运共同体的中国方案[N].光明日报,2018-01-17(12).

③ [美]哈罗德·拉斯韦尔.社会传播的结构与功能[M].何道宽,译.北京:中国传媒大学出版社,2013:38.

则,它是对世界互联网空间新秩序建构、世界互联网空间治理等重大问题的系统化阐释,在这一宏大且体系化的设计中,所有的国家都被视为身份平等的行动者,所有的行动都应致力于"美丽的世界"的建设。

在中国人民大学书报资料中心等机构联合发布的 2017 年度中国十大学术热点中,"人类命运共同体与全球治理的中国方案"仅次于"习近平新时代中国特色社会主义思想"位居第二位,不仅在国内引发舆论界、学术界的高度关注,更在世界范围内"引起震撼和回响"①,这也在很大程度上印证了一种科学化、系统化的理论体系所蕴含的丰富生命力。近年来,互联网新媒体在助推人类文明、增进人类福祉层面功不可没,但也存在着诸如网络侵权、网络犯罪、网络恐怖主义等全球性的公害。为此,世界各国都有过一些探讨和尝试,但都无法避免"赢者通吃""强者独霸"的霸权主义格局,正是鉴于对全球互联网治理所面临的共性问题及基于多赢、共治、共享的合作理念,"网络空间命运共同体"思想的丰富内涵不断得到丰富和完善。从习近平总书记在第二届世界互联网大会的讲话中提出的"推进全球网络治理体系变革"的"四项原则"及"五点主张",到第三届世界互联网大会中的"四个目标"和"两个坚持"等理念和构想,无不映照着中国新一代领导集体在互联网治理认识规律和实践探索上的进步和成熟,并且正在成为世界互联网治理的宝贵经验。与以往的网络治理经验不同,习近平的"网络空间命运共同体"理念不同于网络治理的无政府主义、"代码即法律"主义以及旨在捍卫美国霸权地位的"利益攸关方"治理主义的构想,强调政府在网络治理过程中的主导地位,强调多主体参与治理的理念,强调治理成果应该为全人类共享的思想。同时,需要"积极建构兼容本土性和全球性的价值体系和话语体系。新体系应该既不是西方中心主义的,也不是东方中心主义的,而是以跨文化交流为基础的世界各国都能接受的包容性和开放性体系"②。"网络空间命运也应由世界各国共同掌握,构建共建共治共享、和平安全开放合作的网络空间命运共同体,推动全球互联网治理体系变革"③。

中国以发展中国家的身份积极参与全球网络空间治理并以全球视野、中国国情、本土经验为核心支撑形成了具有中国特色的中外融通、共享共治、多

① 《光明日报》理论部.2017 年度中国十大学术热点[N].光明日报,2018-01-17(11).
② 邵培仁.面向新世界主义的传媒发展与愿景[J].中国传媒报告,2017(3):1.
③ 侯云灏,凤翔.网络空间的全球治理及其"中国方案"[J].新闻与写作,2017(1):5-9.

方参与的网络空间治理体系。这在很大程度上反映出中国积极介入国际事务、引领国际方向的能力。这既是谋求推动新秩序变革的一种积极作为,也是通过关注全人类共同问题来实现在国际话语体系中自我赋权的重要渠道。在中国已经成为世界第二大经济体及互联网技术创新已经跻身世界前列、中国成为国际公共事务及世界互联网治理方案重要提供者的背景下,习近平关于"网络空间命运共同体"的论述也成为中国向世界表明自己身份、阐释自己主张、讲好自身故事、建构自身形象的重要组成部分。从全球传播及国际传播的视角下来审视"网络空间命运共同体"这一表述,可以发现它所释放出来的传播力与阐释力——中国在强势崛起的背景下,正在实现着从"中国制造"到"中国智造"再到"中国智慧"的跨文化共享,中国不仅仅面向世界提供自己的产品,也在提供着独具特色的中国智慧和中国方案。而以全球网络治理为代表的中国方案也正成为与世博会、奥运会等超大型国际性媒介事件具有同等传播力、影响力的跨文化叙事策略。

第十六章 出海之路:新世界主义视域下的华莱坞电影国际化

据国家新闻出版广电总局通报,2015年全国电影总票房为440.69亿元,其中,国产影片票房271.36亿元,占总票房的61.58%。如果中国市场继续保持高增速,到2017年将稳超北美,成全球第一大电影市场。① 华莱坞电影产业发展势头强劲,正迎来前所未有的繁荣与兴盛,与此同时,华莱坞仍旧存在一些值得关注的问题。一是华莱坞国际化程度较低。尽管华莱坞的国内票房节节高升,但是在北美、欧洲等传统电影市场,华莱坞票房成绩尚不足总票房的十分之一。二是本土电影市场份额有待进一步提升。2015年大陆拍摄了686部电影,但只有不到一半进过影院。三是电影原创能力不足。在电影产量和票房背后,本土电影质量参差不齐,口碑两极分化严重,特别是少数山寨和粗制滥造的电影,严重影响本土电影声誉和市场前景。

华莱坞电影国际化经历了较长时间的发展,国家也出台了一系列的鼓励政策和推进措施,电影企业也尽心竭力,但现实的社会影响与经济效益仍很不理想。在这种情况下,新世界主义则为困境中的华莱坞电影国际化提供了一种新思路。新世界主义"抛弃了传统的目的论和形而上学的假设,将普遍性理解为一种跨文化的规范建构,由各种源自地方性的'普遍主义'论述在彼此的学习与对话过程中'汇聚而成',同时又受到地方相对性的约束"②。尽管新世界主义尚未形成公众周知的社会事实或者实体,但是作为一种社会愿景,新世界主义显然具有重要的社会意义和研究价值。它倡导跨文化合作对话形成普遍性以及不同文化流通过程中所面对的地方性文化的约束。这种"渗透、连接和混合地区的、国家的、种族的、宗教的和世界主义的文化和传统"的"混合咖啡"原则,既是经济全球化背景下文化交流与文化繁荣的直接结果,也是主张和支持文化多样性而应有的基本取向。因此,没有华莱坞特

① 肖扬.2015年全国电影总票房超440亿元 国产片占了六成[N].中国青年报,2016-01-02.
② 刘擎.重建全球想象:从"天下"理想走向新世界主义[J].学术月刊,2015(8):9.

色的世界主义电影是无意义的和危险的,而没有世界主义视维的华莱坞电影国际化则是盲目的和空洞的。只有在"混合咖啡"原则的基础上,坚持华夏本位、华夏特色,融入世界元素和全球视维,充分利用国际与国内两个电影市场,广泛开展"跨莱坞电影"的交流与合作,才能真正实现华莱坞电影国际化。

第一节　新世界主义:文明中心论的终结

文明中心论的本质是文化霸权主义,即强调某种文化在世界范围内的统治地位。"西方文明中心论是近代以来西方社会对其现代文明发展模式独特性的认同意识,是以在全球范围内实现自身利益最大化为目的而建构的理论与话语。"①它是西方国家对外殖民扩张的理论依据和精神武器,其形成有着深刻的政治、经济和文化背景。工业革命以来,欧美国家凭借在军事和经济方面的优势地位不断进行殖民扩张,并在世界范围内通过普遍主义的物质与精神商品巩固和强化自身的中心地位,尤其是文化的统治地位。20世纪末以来,经济全球化所产生的影响不只局限于经济层面,也涉及政治、文化、教育和媒体,它推动了跨文化交流以及各种跨文化产品的生产与营销,同时对身份认同、地区文化、民族气质以及行为习惯等都产生影响,并催生了世界主义的思潮。

"世界主义认为,正如人们所说,其核心内容是既从内部也向外部承认其他文化的差异性,文化的差异既不能将之归因于一种差异性等级制度之中,也不能用普遍主义来化解,而是应该接受这种差异。"②经济全球化、区域一体化进程以及信息与通信技术的崛起,打破了传统的时空界限,"即时互动的社会"与世界性文化的推广已经彻底改变了传统的文化格局。文化只有差异,没有优劣;文明只有平等,没有尊卑。西方文明中心论正趋于崩溃和瓦解,随之而来的则是"世界的多样性",是跨文明对话以及多元文化主义。

第二节　跨文明对话:国际化电影的崛起

文化多样性观念的背后更为深刻的是文化接触论观念。"从世界性的角

---

① 李艳艳,朱继东.西方文明中心论的演变、本质和应对[J].国外社会科学,2012(4):41.
② [德]乌尔里希·贝克.世界主义的观点:战争即和平[M].杨祖群,译.上海:华东师范大学出版社,2008:75.

度而言,当文化接触时势必会发生一个学习的过程,但是有的情况下并非如此,可能发生相反的情况。多样性常常是文化接触所产生的后果。"①世界文化是一种文化接触和社会互动的过程,而本土文化的形成则是民族认同和文化传承。文化多样性是内部与外部因素共同作用的结果,外来文化被动融合可能为本土文化的发展与创新提供有利的客观条件与社会资源,推动本土文化多样性的创建。但是,本土文化与外来文化的接触和融合也可能对本土文化构成威胁,甚至造成毁灭性灾难。

随着全球化进程的持续深入,中国、印度、巴西等新兴发展中国家崛起,不断冲击欧美发达国家主导的世界秩序,传统的世界格局遭到了前所未有的挑战,国际政治"多极性"特征日益彰显。世界政治版图的变更形成了新的世界秩序,这种秩序也延伸到了文化格局和电影产业。一方面以好莱坞所代表的西方文化席卷全球,在世界掀起了美国文化热,另一方面以中国、印度、韩国、日本、尼日利亚等国为代表的多元文化同样也在世界电影市场占据一席之地。好莱坞一家独大的历史已到终点,世界"多莱坞"的格局即将形成。

面对好莱坞电影的冲击,"多莱坞"电影的生存与发展势必受到影响,华莱坞作为新兴的全球第二大电影市场也必将面临不可避免的市场竞争。从单纯的市场经济而言,面对好莱坞电影的大举入侵,处于弱势地位的本土电影毫无疑问会被挤压掉电影市场份额,减少经济收益,自然没有资格进行跨文明对话,更奢谈世界主义。跨文明对话与交流必须在平等的基础上才能有效开展,但它的前提却是实力的对等、价值的认同和话语的相通。否则,华莱坞拥抱好莱坞只会导致西方文化的泛滥和本土电影的衰落。

第三节 共处的世界:普遍性规范的构建

帕拉格·康纳(Parag Khanna)写道:"'旧世界'曾经专指欧洲,'新世界'专指美洲,但现在整个西方都变成了'旧世界',而亚洲则成了'新世界。'"然而,"真正的东方是以中国为中心的亚洲"②。在全球化正在进入超级全球化的时代,在从割离到连接、从分权到聚合的当下,中国的全面崛起正是得益于

① Delanty, G. Cultural diversity democracy and the prospects of cosmopolitanism: A theory of cultural encounters[J]. *British Journal of Sociology*,2011,62(4):636-642.
② [美]帕拉格·康纳.超级版图:全球供应链、超级城市与新商业文明的崛起[M].崔传刚,周大昕,译.北京:中信出版集团,2016:8-9.

全球性的互联互通和共建共享。尽管当今世界融合与离散并行,多元与单一同在,文化创新与文化消亡齐现,但中国不能停下前进的脚步,必须紧扣时代的脉搏,通过"一带一路"的倡议路径和共建共享、互联互通的基本策略,实现中国乃至世界的稳定繁荣与可持续发展。这就不仅需要"所有人享有同等的道德价值,同时也存在着某些对我们所有人都具有约束力的义务"①,而且"应该寓全球性于本土性之中,用本土性特色来包容和含蕴全球性;又以全球性来会通与融合本土性,让本土性的文化借助国际性的媒介走向世界"②。一方面要坚持全球性的共性原则,另一方面又为本土性的个性特色发展留有余地和空间。

普遍性规范是文化接触和影响的结果,同时也是共建世界的需要。真正意义上跨文化的普遍主义更多的来说是以"串联"几乎所有国家为特征的世界历史进程,而不是不同文化之间沟通的智力成果。更重要的是将两种形式的实践结合起来,并将普遍主义看作更具有反思性的建构过程:一种源自普遍主义与特殊主义之间的辩论,以及各种不同类型的普遍主义辩论的丰富成果。为了避免普遍主义的构建过程化约为经济全球化、全球西方化或者其他各种形式的同质化趋势③,普遍性规范的构建需要以承认文化的共性为基本原则,以支持多元主义文化的发展作为动力,以保护少数群体与弱势文化作为依据,以促进文化的稳定繁荣和推动共建世界的形成作为终极目标。

电影是追求文化多样性最为直接的方式之一。透过电影所接触的不仅仅是单独的电影拍摄艺术或者故事情节,还包括外国的文化、价值观念以及思维方式等内容。强势的普遍主义文化依托强大和完善的全球传播发行体系抢占发展空间,压缩弱势文化的生存空间,限制其传播影响力的发挥,显然不利于文化发展。世界秩序的基础性规范来自一种"对话取向的普遍性",但对话的意义不止于"相互理解",且在理解之后仍然各持己见,而是更积极地引导相互影响和转变的可能。④ 因此,普遍性规范应当尊重不同民族的文化和思想观念,促进不同文化的交流与互动,打造文化发展共同体,增强不同文

①　[新西兰]吉莉安·布洛克.全球正义:世界主义的视角[M].王珀,丁祎伟,译.重庆:重庆出版社,2014:15.

②　邵培仁,杨丽萍.媒介地理学:媒介作为文化图景的研究[M].北京:中国传媒大学出版社,2010:142.

③　Tong, S. J. Varieties of universalism[J]. *European Journal of Social Theory*,2009,12(4):461.

④　刘擎.重建全球想象:从"天下"理想走向新世界主义[J].学术月刊,2015(8):13.

化之间的黏性和依赖度,推动文化创新。

第四节　关系性平等:新世界主义影响下的华莱坞

外来电影对观众的影响,往往是从最基本的衣食住行以及所谓的民族文化宣传作为起点的。早期好莱坞电影中所宣扬的自由、平等的价值观以及流行文化和逐渐转入后期的大成本制作电影都对中国观众产生了巨大的吸引力,消费者愿意为电影以及周边产品买单,实现了经济价值。好莱坞等国际电影对中国消费者所产生的吸引力就像早期中国功夫电影之于美国公众所产生的兴趣,乃至轰动。

电影出口是文化产品国际化的形式之一。在竞争日益激烈的国际电影市场,文化冲突与文化交流是同时并存的。高制作水准的影片在抢占本土电影市场的同时,也为本土电影提供了现实的模板,使之获得了学习与合作的机会。尽管国际影片并非都能获得观众的认同,但国际化的电影制作以及市场化的运作模式都是对华莱坞具有参考价值的。随着好莱坞电影海外市场所占比重的不断上升,电影的叙事风格、拍摄场景以及演员挑选等方面都开始发生变化,对于"普世价值观"的推崇打破了跨文化交流中的文化壁垒,降低了观众的接受难度。

事实上,华莱坞的发展也证明了上述观点,在电影市场繁荣的同时,本土电影的产量与质量都有一定程度的提升,不少精品佳作赢得了观众的好评和市场的认可,并且涌现了一大批获得世界电影奖项的高质量电影。但是,当前的中国电影市场,以好莱坞为代表的外来电影在我国电影市场且基于进口电影限制政策,占据着超过40％的市场份额,与此同时,本土电影票房与口碑背离现象、两极分化现象严重。特别是华莱坞泛金融化的趋势以及背后潜藏的巨大行业风险需要引起关注。

与之相对应的是,华莱坞电影在当前存在着缺故事、缺好故事、讲故事能力弱的竞争劣势。影视公司大肆囤积"大 IP"的现状恰恰折射出优质的电影剧本匮乏的困境。此外,华莱坞电影中还蕴含着社会价值观无法契合不同阶段观众的需求,特定的观众群体有限,难以形成国际影响力。新世界主义理念的出现为华莱坞的电影生产提供了一种新的思路,即在当前的市场背景下,要尊重客观的市场发展规律,敬畏地方性特色和本土文化,要在坚持融入个性文化烙印的同时注意文化的普遍性内核,通过文化交流与合作实现华莱坞生产的国际化。

第五节　出海之路:华莱坞电影的国际化

当前,世界政治经济秩序有四个主要特征:首先,从政治上而言,地理位置不再重要;其次,静态和硬性的国际关系形式正在被灵活和非正式的关系形式所取代;再次,不干涉他国内政的原则正在被摒弃;最后,新秩序不可避免地落入俗套。① 在这种世界秩序下,新世界主义所主张的"关系性文化观念",为华莱坞电影的国际化指明了发展方向。即国际化需要从电影文化的内生发展与外向推广两个方面展开,在不断促进文化关系性平等的基础上推动和强化不同文化之间的影响和交流。好莱坞的全球扩张以及其他国家电影产业的崛起为华莱坞提供了参考。同时,对于日本、韩国、印度等成熟的电影市场,其本土电影在国内市场所取得的成功经验也值得我们关注和学习。

立足中华传统文化和时代精神是华莱坞电影国际化得以实现的根本路径,任何阶段和形式的电影创新都不能偏离正轨。市场经验证明,中国传统文化与时代精神中蕴藏着丰富的素材资源,如迪士尼公司出品的电脑动画电影《花木兰》和梦工厂动画出品的《功夫熊猫》系列电影,都在全球电影市场获得了良好的社会效益和经济效益。早期的国产电影如《霸王别姬》《阳光灿烂的日子》《大红灯笼高高挂》等也同样成了中国电影史上的精品佳作。可见通过诠释丰满的文化内涵是成就优秀电影的基石。

我们必须承认不同民族文化之间的差异性,但差异性之间肯定存在着一些共性。因此,电影制作要以差异和特色作为基本前提,通过塑造个性化的电影品牌形象吸引观众的眼球。嫁接在文化差异基础上的共性社会价值观念有助于消除文化隔阂,增进文化理解和融合。因此,在电影制作的过程中可以寻求不同国家与地区文化之间的文化契合点,将具有特色的故事用更加通俗易懂的叙事方式进行艺术呈现,以唤起不同国家和区域观众在心灵与认知上的共鸣。

现代化的市场运作机制也是实现华莱坞国际化必不可少的手段。通过塑造良好的品牌形象、精准的市场定位以及卓越的电影品质,是决定电影成

---

① Vibert,F. The new cosmopolitanism[EB/OL]. (2003-03). https://www.opendemocracy.net/en/article_1069jsp/.

败的关键。华莱坞电影的品牌形象塑造是一个系统性工程,在激烈的国际市场竞争环境中,需要从电影品质入手,建立起优质的电影产品形象,摆脱以往的粗制滥造。同时,要不断完善和规范电影生产环节和市场运作机制,从生产要素的层面严格控制和把关,促进品牌形象的建构和提升。还要充分关注观众的观影需求与体验,在细节上提升电影产品的服务水平,巩固和强化本土电影在国内电影市场的主导地位。

识别竞争对手并制定科学有效的华莱坞电影发展战略也十分重要。华莱坞电影以行业协会和龙头企业为依托,识别本土与海外市场的现有竞争者如好莱坞、宝莱坞、韩日电影等,充分了解竞争对手的电影风格、市场定位、目标受众。所谓"知己知彼,百战不殆"。在此基础上分析自身的核心优势和劣势,选择具有市场前景和竞争压力较小的目标受众群体和细分市场,并制定完善的"出海"战略。

在华莱坞电影国际化的过程中需要不断健全和完善现有的国际合作体系和机制,在全球范围寻找具有良好合作意愿的合作伙伴,减少市场进入阻力,同时学习有益的市场经验。在自媒体高度发达的今天,合理地利用自媒体渠道助力电影产品推广与宣传不失为一种低成本、高效率的竞争策略。如美国的家庭娱乐产业高度发达,通过这一市场渠道进入美国家庭也是十分必要的。总之,针对不同市场的特点,选择不同的市场切入点,无疑是华莱坞电影走向国际的重要方式。

编 首 语

如果说新航路的开辟是世界开始连成一个物理整体的标志性事件,那么互联网的出现则是世界连接成一个传播整体的里程碑,是人类朝着整体全球化、人类传播整体化进程迈出的关键性一步。

"整体全球化"就是以"构建人类命运共同体"为核心理念,以"共商、共建、共享"为基本原则,不论东西,无论南北,不分中外,古今联通,坚持走和平发展、共同繁荣之路,着力构建相互尊重、公平正义、合作共赢、整体互动的新型国际关系。

"整体全球化"模式无疑为解决国际关系中非此即彼、非黑即白以及对立性、单一性、矛盾性、偏执性等问题,提供了一种灵活的理性的综合的整体性的思维面向。认同和坚持整体全球化,就要既反对过去的"英式全球化"和现在的"美式全球化",也要反对刚刚有人提出的"中式全球化",还应该不接受所谓的"中国世纪"和"中国中心主义"的观点。因为,这些都是"单向度全球化"和"全球圈子化"或"全球内卷化",而非真正的"整体全球化"或"全球一体化",而且有悖于"构建人类命运共同体"的核心理念。

"人类整体传播学"是以共同构建人类命运共同体为核心出发点,综合运用多学科知识和方法,以多角度、多层面的和宏观、中观、微观相结合的以及古今中外相融通的分析视维,研究世界各民族的一切传播行为和传播过程发生、发展的规律及信息与人、社会、世界的复杂互动关系的学问和科学。学术宗旨是共同建构一个和谐包容、开放合作、共进共演、共赢共享、良性发展的新型传播世界。其基本理念与中国传统文化中"天下大同""协和万邦"的观念一脉相承,与习近平的"共同构建人类命运共同体"的思想完全吻合。

可以预期,"整体全球化"模式和人类整体传播学将在服务于构建人类命运共同体的进程中发挥其特殊的作用,成为世界全球化研究和全球传播学研究中的重要领域,其发展前景是十分广阔而辉煌的。

第十七章 整体全球化与中国传媒的全球传播

　　面对全球化迷思,中国提出的"一带一路"倡议等始终被扣以"中国威胁论"的帽子。随着英美主导的世界秩序的瓦解,全球传播格局亦面临洗牌重组。近年来学术界盛行的"中式全球化"理论,延续了英式、美式全球化基于帝国视角的自上而下的单极论调,呈现出"中国中心主义"的学理倾向,易沦为"中国威胁论"的新靶点。本章提出要以整体全球化的范式建构,突破全球化的帝国中心主义范式,并以整体主义的方法论修补全球化理论的局限性。通过对全球化内在机理的三重哲学逻辑解析,本章指出中国传媒应以整体全球化作为全球传播的行动指南,以"要素与因素、局部与整体、内在结构与外在联系的有机结合"的整体互动论逻辑建立整体性意识,以伦理学和生态学的哲学启示呼吁维护全球传播的伦理秩序,构建全球传播的绿色生态环境。

第一节 "整体全球化"提出的时代背景

　　近两年来,世界风云诡变,全球"黑天鹅""灰犀牛"事件频发,英国脱欧、美国大选、萨德事件、朝核危机、恐怖主义大行其道,都为全球化发展朝向遮盖了一层厚重的迷雾。传统的强大帝国在厚雾中迷失了方向,美国总统特朗普公然举起"美国优先"的民粹主义旗帜,陆续退出 TPP 协议、《巴黎协定》、联合国教科文组织等国际多边组织以推卸维护全球利益的责任,世界开始对全球领头羊失去信心。《2019 年全球和平指数》报告中说:"过去 5 年,对美国领导力信心的下降幅度超过了俄罗斯、中国和德国,平均而言,人们现在对中国领导力的信心超过了对美国的信心。"特朗普当选总统后,2016 年和 2017 年人们对美国领导力的信心"急剧下降"了 11.2 个百分点。报告还说,美国在过去一年中变得不那么和平,在 2019 年的指数排名中,美国在 163 个国家中已降至第 128 位。[①]

相较之下,中国近年来积极推进"一带一路"倡议、亚投行、丝路基金等一系列战略举措,有效维护了全球化机制的良性运作,显现出大国的责任担当、气魄和领导力。中国的全球治理创举引发了以美国为首的西方国家的恐慌,美国政府甚至在国家安全战略报告中将中国列为主要战略竞争对手,并对中国发起贸易战,而全球化语境中新生的"Chindia"[②]、"Pax Sinica"[③]、"sino-globalization"[④]、"锐实力"[⑤]等威胁论层出不穷,世界开始期待或担忧中国、印度等新兴经济体取而代之的领导地位。面对种种猜测和质疑,中国应该积极向世界传达出以人类命运共同体为基础的全球化主张,消除国际话语场域的误解和诋毁。

然而由于"一带一路"营造的巨大契机,同时伴以中国国力的迅速提升,中国在全球传播格局中备受瞩目,从中国国内到国际舞台都在渲染"中式全球化"的氛围。但沿袭了英美模式的全球化路径是否能引领中国传媒的全球传播面向?中国的全球化实践理论如何生成,又遵循哪些哲学逻辑?中国传媒的全球传播进路应如何呼应以"共商、共建、共享"为精神内涵的人类命运共同体的思想?这些问题是本章重点探讨的内容。

第二节 全球传播中呈现的"中心主义"

一、以英、美为传播中心的单极全球化视角

以民族国家为分析视角的全球化过程,其催生、发展逻辑似乎是由英美等令人瞩目的帝国相继承接的单一直线,即当英、美等强大中心国家对周边及殖民、附属国施以经济、政治、文化上的趋同政策,新的世界体系渐以成形。

美媒:报告显示世界人民相信中国比美更具领导力[N]. 参考消息,2019-06-13.

② Thussu, D. K. De-americanising media studies and the rise of "Chindia"[J]. *Javnost-The Public*, 2013,20(4):31-44.

③ Callahan, W. A. Tianxia empire and the world:Soft power and China's foreign policy discourse in the 21 st Century[P]. British Inter-university China Centre working papers series,2008.

④ Thornton, W. H. Sino-globalization:Politics of the CCP/TNC symbiosis[J]. *New Political Science*,2007,29(2):211-235.

⑤ Nye, J. S. How sharp power threatens soft power[J/OL]. *Foreign Affairs*. https://www.foreignaffairs. com/articles/china/2018-01-24/how-sharp-power-threatens-soft-power,2018-02-24.

以民族国家为全球化叙事中心的单极化主线逻辑契合了沃伦斯坦提出的"中心—边缘"现代世界体系理论①,是一种基于帝国视维的自上而下的全球化模式。而以英、美传播中心构成的全球北方传播体系,一度被视为全球媒介内容不平等流动的高地。

(一)英式全球化

1648 年,威斯特伐利亚条约的签署标志着以民族国家为主要行为主体的现代国际制度的开始②,该条约确立世界由主权国家组成,立法与司法权以及解决争端的权力通常掌握在各个国家手中。威斯特伐利亚条约所规定的国际法,被批判仅适用于维护欧洲民族国家间领土与主权的合法性。欧洲对非欧洲国家或采取"条约制度"(capitulation system),或采取殖民制度,均建立在极不平等的制度体系下。③ 这种"受欧洲唯一性和优越性思想灌输而形成的价值观、态度、观点及思想导向"④,催生了"欧洲中心主义"(Eurocentralism)的全球秩序的萌芽,也奠定了大英帝国的殖民扩张模式。新航路的开辟及造船航海技术的发展,使得欧洲在海权扩张中急剧积累资本,亦为大英帝国的全球扩张积蓄了足够的能量。大英帝国一方面继承了欧洲殖民的传统,同时以工业革命推动资本、技术、人力等移民风潮,并趁势实施降低关税壁垒、提倡自由贸易、提增海外投资等一系列举措,实质性地推动了全球化发展,开创了英式全球化(anglobalization)局面。弗格森(Ferguson)认为英式全球化的盛行是建立在大英帝国殖民统治制度下的经济繁荣,从两方面可体现:一是一战后全球自由贸易的复苏或多或少受到了英国模式的影响,二是英国在殖民地的机构推动了原被殖民的经济发展,因此"英国主导的全球化对全球经济总的来说是有利的"⑤。虽然,弗格森因其在分析后殖民时代的全球经济基于大英帝国(British Empire)的立场而备受批判⑥,不可否认,欧洲帝国在殖

① 伊曼努尔·沃勒斯坦. 现代世界体系:第一卷[M]. 罗荣渠,译. 北京:高等教育出版社,1998:12-13.

② Held, D., McGrew, A. *The Global Transformations Reader*[M]. Oxford : Polity Press, 2000:105 .

③ Cassese, A. *International Law in A Divided World*[M]. Oxford: Clarendon Press, 1986:41.

④ Alatas, S. F. Eurocentrism and the role of the human sciences in the dialogue among civilizations[J]. *The European Legacy* ,2020,7(6):759-770.

⑤ Ferguson, N. British imperialism revisited: The costs and benefits of "anglobalization"[J]. *Historically Speaking* ,2003,4(4):21-27.

⑥ Lucas E. R, Jr Colonialism and growth[J]. *Historically Speaking* ,2003,4(4):29-31.

民地推行英语等通用语的移民政策带动了语言和文化由殖民地向全球传播的效应①,而英式全球化带动的自由贸易市场,也为报纸的跨境报道、无线电的跨境传播、跨国机构的国际传播以及电子殖民主义(Electronic Colonism Theory)②的兴起奠定了基础。

(二)美式全球化

自英国开启全球自由贸易市场后,接下来的帝国主义竞争成为20世纪世界秩序的主旋律,资本主义政治经济的不均衡发展导致世界战祸连连,美国最终凭借二战中积蓄的经济实力,通过掌控国际货币基金组织和世界贸易组织,打开了国际市场,实力迅速膨胀。美国于20世纪下半叶逐渐成为世界秩序的中心,并主导了近半个世纪的"美国式和平"(the age of Pax Americana)③。凭借在全球经济中的主导地位,美国逐步替代英国成为全球传播的中心。一战前,英国在国际电缆业务的垄断地位,加之路透社在全球新闻业务的大额比重,一度也使得伦敦成为国际新闻中心。而一战后,美资企业开始挑战英国公司在全球电缆的主控地位,并通过对无线电的商业竞争,削减英国垄断国际电缆的优势,确立美国在全球信息传播新秩序的中心地位。美联社等美国通讯社也依托美帝的强大而变得愈加国际化;在大众流行文化领域,美国凭借好莱坞、国际唱片工业的垄断,以及现代广告业的领军地位,牢牢控制了20世纪的世界流行文化。④

美国在统领世界的进程中逐步开创以经济、科技、军事等硬实力为基,以文化、制度、传媒等软实力为固的新帝国主义全球化时代。赫伯特·席勒(Herbert Schiller)关于美国对发展中世界从媒体所有制到文化产业的控制论随后发展成文化帝国主义理论,即"一个社会被带入到现代世界体制中的整个过程,以及其统治阶层如何被吸引、压制、强迫甚至某些时候被贿赂,以建立社会机构来适应甚至推广这一体制最中心的价值和结构"⑤。该论断形象

① Smith, A. *The Geopolitics of Information*[M]. New York: Oxford University Press,1980.
② McPhail, T. L. *Global Communication: Theories Stakeholders and Trends*[M]. 3rd ed. New Jersey: Wiley Blackwell, 2014:11-17.
③ Sparks, C. Media and cultural imperialism reconsidered[J]. *Chinese Journal of Communication*, 2012,5(3):281-299.
④ Thussu, D. K. *International Communication: Continuity and Change*[M]. 2nd ed. London: Bloomsbury Publishing,2006:1-31.
⑤ Schiller, H. *Communication and Cultural Domination White Plains*[M]. New York: International Arts and Sciences Press,1976:9.

地诠释出美国引领的全球化附有延续大英帝国全球化的殖民本质。美帝一方面借用传媒、文化制度、意识形态等文化软实力工具包装美国跨国机构,带动全球"麦当劳效应""迪士尼效应""CNN 效应"等美国化(Americanization)同质效应,实现"传播空间的殖民化"(Colonization of Communication Space)①;另一方面如同赫伯特·席勒预言,"电子技术的每一种进步都会扩展美国的影响力范围,而在背后支持的军事和商业活动更是加速了这种扩张,"美国利用电子科技的优势推进国际并购、节目出口和广告交易,实现帝国主义的"全球电子侵略"。②

如果说资本全球化的自由竞争开拓了全球传播的市场,20 世纪 80 年代以后,美国主导的电信传播、通信卫星领域的体制调整则加速了全球传播体制的革新③,宝莱坞(Bollywood)、拉美电视剧(Telenovela)、半岛电视台(Al Jazeera)等隶属于全球南方的媒介力量实现了向传统北方(发达国家)的内容逆流(contra-flow)④,以英、美为权力中心的全球传播叙事传统遭遇了滑铁卢。

二、反思"中式全球化"

随着上合组织、"一带一路"倡议在全球治理中获得的不菲成绩,中国在全球的影响力显著提升,全球化话语场域中的"中式全球化"呼声愈发强烈,殊不知此番助推不仅不利于清除"中国威胁论"的阴影,还会为中国传媒的全球传播打上"中国中心主义"的标签。

(一)"中国威胁论"的多重变体

2017 年 11 月,美国民主基金会发布了一份报告,将中国、俄罗斯近年来在媒体、文化、学术等多领域实施的影响力称为"锐实力"(sharp power),即相对于民主国家对外宣传的软实力,威权国家对外系统性的压制更像"匕首的尖端或注射器的针头"。报告还指出中俄两国在对外提升影响力的过程中并

① Barrett,B. Media imperialism reformulated[C]// Thussu, D. K. *Electronic Empires Global Media and Local Resistance*. London:Arnold Publishers,1998:157-176.
② [英]科林·斯巴克斯. 全球化、社会发展与大众媒体[M]. 刘舸,常怡如,译. 北京:社会科学文献出版社,2009:94.
③ 阿芒·马特拉,陈卫星. 传播全球化思想的由来[J]. 国际新闻界,2000(4).
④ Thussu, D. K. *Media on the Move :Global Flow and Contra-flow*[M]:London:Routledge, 2006.

非旨在用"吸引或说服"手段"赢得人心",而惯于用"转移注意和操控"来推进威权专制,报告还强调威权政府推动下的对外交流活动应当受到质疑。^① "锐实力"的提出为进一步固化国际舆论场中的"中国威胁论"新增了说辞。"中国威胁论"的生成与传播溯源已久,对于其理论根基,吴飞曾指出两点:一是"文明冲突"论,认为儒教文明和伊斯兰文明的结合将是西方文明的天敌,而具有悠久文化传统的中华文明将恢复东亚的霸主地位,并最终对西方民主制度和价值观构成威胁;二是"修昔底德陷阱"论,即"新崛起的大国必然要挑战现存大国,而现存大国也必然来回应这种威胁,这样战争变得不可避免",本着国强必霸的理念,一些美国学者坚持对中国实施制衡战略。^② 回归到历史层面,"中国威胁论"可追溯至 19 世纪兴起的"黄祸"恐慌。西方最初对中国人肤色的描绘并不使用黄色,最早入访清朝的欧洲使节称中国人具有和欧洲人相似的白皮肤,但在西方达尔文进化理论与人种论的影响下,西方开始对东方施加种族偏见。中日甲午战争过后,威廉二世在与俄国皇帝尼古拉二世通信中大肆宣扬"黄祸论",编造中国等亚洲黄种人联合进攻欧洲的谎言^③,此后英国历史学家皮尔逊在《民族生活与民族性:一个预测》一书中,预言有色人种(特别指代中国人)将最终吞噬白色人种的势力范围乃至生存空间,为"黄祸论"提供了理论依据。^④ 也几乎在同一时期,美国的一些历史学家[有人称之为"加利福尼亚学派"(the School of California)]发展出"中国中心主义"(Sinocentrism)的理念,用以批判当时盛行的"欧洲中心主义"理论。^⑤ 尽管安德烈·贡德·弗兰克对狭隘的"中国中心主义"^⑥持批判态度,其亦认为,"直到 1800 年为止,亚洲,尤其是中国一直在世界经济中居于支配地位……中国正再次准备占据它直到 1800 年以后一段时间为止",历来"在世界经济中占据

---

① Anonymous. Documents on democracy[J]. *Journal of Democracy*,2018,29(1):180-184.

② 吴飞.流动的中国国家形象:"中国威胁论"的缘起与演变[J].南京社会科学,2015(9):7-17.

③ 薛衔天."黄祸论"或"中国威胁论"的历史与实质[J].百年潮,2007(1).

④ 葛桂录."黄祸"恐惧与萨克斯·罗默笔下的傅满楚形象[J].贵州师范大学学报(哲学社会科学版),2005(4).

⑤ Duchesne,R. Between sinocentrism and eurocentrism:Debating Andre Gunder Frank's re-orient:Global economy in the Asian age[J]. *Science & Society* ,2001,65(4):428-463.

⑥ 安德烈·贡德·弗兰克认为:"中国史学者,尤其是哈佛的中国史学者,确实往往会倾向于强烈的'中国中心论'。但是他们的中国中心观主要表现为专注于中国研究或某些具体方面。他们根本看不见树林,至少看不见有一个全球世界的树林的存在。"见:安德烈·贡德·弗兰克.白银资本:重视经济全球化中的东方[M].刘北成,译.北京:中央编译出版社,2000:19.

的支配地位,即使不是'中心'地位"①。弗兰克还企图推翻沃伦斯坦认为世界现代体系理论从欧洲起源的学说,认为欧洲的中心地位不过是从5000年前长期以亚洲为中心的前世界体系承接而来。这一全球化理论的早期观点,加固了民族国家为全球化叙事中心的单极化主线逻辑,即西方担忧世界的中心将最终归于亚洲,而亚洲的中心在中国,全球化的主导地位将由中国延续的论说。这一言论极可能引发"黄祸论"到"中国威胁论"的过渡②,亦成为后者理论来源的重要依据之一。

(二)"中式全球化"的陷阱

尽管有学者从内涵上解释"中式全球化"秉承"中华传统文化中'和''仁''天下'等传统理念,强调'团结合作、共生共荣'的新型国际关系,以'对话、合作、调适'——而不是西方强势媒体所奉行的'对抗、征服、垄断'——为基本理念"③,"中式全球化"(Chiglobalization)的命名却承接了弗格森对于英式全球化、美式全球化的命名传统④,而后两者的殖民霸权本质与"中式全球化"的内涵诠释构成了矛盾。学者赵月枝也曾敏锐地感知,中国领导人在世界经济论坛以及"一带一路"语境下捍卫的全球化,"与500年来西方所主导的基于工业资本主义和金融资本主义扩张的全球化是不同的"⑤。因此,"中式全球化"(Chiglobalization or Sino-globalization)概念的提出,在国际话语场域中容易引发如下争议:(1)延续自上而下全球化的视维,带有中国主导的意涵,易被攻击为帝国的崛起。斯帕克斯(Sparks)认为当下的文化帝国主义范式已由中心—边缘式的旧依附模式转向帝国之间的新竞争模式,并将中国列为与美国进行帝国竞争的主要对手国之一,甚至暗示中国有取代美国全球化领头羊

---

① 安德烈·贡德·弗兰克.白银资本:重视经济全球化中的东方[M].刘北成,译.北京:中央编译出版社,2000:20-21.

② 一项研究表明,《华尔街日报》正式启用"中国威胁论"的言论出现于2000年,该研究可见:李松蕾.1981—2010年《纽约时报》关于钓鱼岛问题的论调变化分析——从"民族主义"到"中国威胁论"[J].新闻与传播研究,2014(9).而安德烈·弗兰克的《白银资本》发表于1998年,事实证明美国学界引发的对"中国中心主义"的探讨极有可能引发了"中国威胁论"。

③ 史安斌,张卓.西方媒体的"中式全球化"[J].青年记者,2015(16):85-86.

④ Jia, W. Sh. Now globalization with Chinese characteristics-analysis[EB/OL]. (2017-06-07)[2019-04-15]. Yale Global Online. http://www. eurasiareview. com/07062017-now-globalization-with-chinese-characteristics-analysis/.

⑤ 赵月枝.中国与全球传播:新地球村的想象[J].国际传播,2017(3):28-37.

的倾向。① 而"中式全球化"与英、美式全球化命名的呼应,酿成的效应一如当初"华盛顿共识"与"北京共识"之争,从而加剧中国崛起的帝国基调,中国将沦为全球化阴谋论的靶点。(2)坐实"中国威胁论"的"中国中心主义"论调。"中式全球化"的倡议者过于强调中国在经济发展、科技进步、国际合作等方面取得的成效,即便是事实,却易沦为西方学者取证"中国威胁论"的把柄。威廉·H. 桑顿(William H. Thornton)就曾指出,虽然约书亚·拉莫(Joshua Ramo)在"北京共识"(Beijing Consensus)中提出的"中式全球化"模式(Sino-globalization)在对新自由主义全球化(Neo-liberal Globalization)持抵制态度的拉美等第三世界国家中引起了共鸣,但事实上"中式全球化"模式不过是中国政府与跨国机构的政治协作幻想,后者(指跨国机构)并不代表西方政府的真实政治意愿,"中式全球化"是当前新自由主义全球化的最大威胁。②

据统计,2016 年中国传媒产业总规模达 16078.1 亿元人民币,较上年同期增长了 19.1%,并有望在 2018 年突破 2 万亿元。③ 体量巨大的中国传媒产业亟须开拓国际市场,而"一带一路"拓展出的全新海陆联通的地理版图,为中国传媒搭建了庞大的全球传播网络渠道,亦为中国传媒"走出去"创造了无限的空间想象和现实机遇。然而,中国传媒"走出去"工程繁荣的背后仍暗藏危机,根据《中央新闻网站海外传播能力报告(2016)》分析,网信办列出的 14 家"中央重点新闻网站"在海外网络传播力、国外新闻提及率、海外英文资料编辑及媒介文化交流互动性、社交媒体账号建设等方面皆不尽如人意。研究指出,中央级新闻网站"重国内、亲国外"的宣传偏向,阻碍了网站海外知名度的提升,也传递出海外传播意识薄弱、缺乏传播技巧的普遍问题。④ 在传统影视行业,电影产业的海外发展远远落后于国内市场的强劲增长,2017 年国产电影海外收入(42.53 亿元)仅为国内电影票房总量(559.11 亿元)的 8%。⑤ "英美的国内电影票房市场通常只占电影总收入 30% 左右,70% 以上的收

① Colin Sparks, C. *Globalization Development and the Mass Media* [M]. Thousand Oaks: Sage, 2007.

② Thornton, W. H. Sino-globalization: Politics of the CCP/TNC symbiosis[J]. *New Political Science*, 2007, 29(2): 211-235.

③ 邵培仁,李思屈. 2018 年中国娱乐与创意产业发展报告[R]. 北京:中国传媒报告杂志社, 2018:1.

④ 胡正荣,李继东,姬德强. 中央新闻网站海外传播能力报告(2016)[R]. 北京:社会科学文献出版社, 2016:95-113.

⑤ 尹鸿,孙俨斌. 2017 年中国电影产业发展报告[R]. 北京:社会科学文献出版社, 2018:58.

入都来自国际市场、电视和网络版权、音像产品、衍生品授权、版权转让等多窗口市场。"①而中国影视行业的后影院市场、影院外市场的收益甚微,电影产业盈利结构单一,票房收入为其主要盈利来源。电视出口方面严重失衡,国际市场基本立足于亚洲,2016 年亚洲的出口额占整体出口额的 88%,而对欧美主流市场的出口额仅占 10%。中国传统出版业顺差显著,然而在数字出版物领域远远不足,2016 年整年出口额仅为 156.43 万美元,而数字出版物进口额高达 25869.38 万美元。②

在传统的传媒全球市场中,中国传媒产品的国际输出存在极大的不均衡,对主流市场的贸易逆差显著;在新兴的数字经济领域,中国传媒又缺乏体系连贯的有效政策支持,同时还面临着过度依赖低工资型装备流水线模式、依赖外资、缺乏核心技术支撑等风险。③ 中国传媒的全球传播实景足以为当下"中式全球化"的热潮所警戒。

第三节　整体全球化范式的建构

如果说全球化的开始是帝国资本扩张、推动的后果,当下的全球化已深刻改变了民族国家内部的社会结构和外部的全球合作机制,强调全球化的领导地位已经不合时宜。不论是英美帝国主义范式的全球化,还是"中式全球化"以偏概全的全球传播理念,"都是在'化全球'"④,始终限于世界经济政治的中心—边缘式的桎梏,忽视文化多元而倾向全球文化同质化。从理论范式上来说,全球化理论与帝国主义理论显然有较为清晰的界限,而"中心主义"式的全球化概念模糊了双方的理论边界,用带有帝国主义范式的指向性,破坏了全球化理论关于民族国家的全球治理能力式微的有效解释力,亦否定了全球化范式突破"国家文化"⑤而保护弱势文化模式的平等权利的可取性。

科林·斯巴克斯在构建充分全球化理论时提及,当学术思潮愈加关注

---

① 尹鸿,孙俨斌.2016 年中国电影产业的发展与风险[M].北京:社会科学文献出版社,2017:209-242.

② 中华人民共和国国家统计局.2017 年中国统计年鉴[M].北京:中国统计出版社,2017.

③ Yu, H. Pivot to internet plus: Molding china's digital economy for economic restructuring? [J]. *International Journal of Communication*,2017(11):1-21.

④ 史安斌.从"跨文化传播"到"转文化传播"[J].国际传播,2018(5):1-5.

⑤ [英]科林·斯巴克斯.全球化、社会发展与大众媒体[M].刘舸,常怡如,译.北京:社会科学文献出版社,2009:215.

"信息社会、软经济和虚拟平台"等方面,作为全球化特殊的社会动力,"媒体和传播是构成社会真实现状的重要组织组成部分",因为当下的"全球化是在网络内并通过网络构建而成的,它通过字符而非实物进行传播的特征,使非物质的媒体产品成为全球化过程的标志"。① 这种产品经济转为符号经济的特性,为草根阶层接入全球化传播网络提供了极大的便利,新兴的全球化模式赋予个人极大层面的参与性与话语权,具有赋权弱势个人、群体、文化的时代特征。由此看来,新的全球化时代不仅仅是国与国之间的博弈游戏时代,更是人人参与的大众共享时代。

联系中国国情,由"一带一路"倡议铺展开的互联互通的基础设施和全球供应链交织成一张传播网络,任何"柏林墙""铁幕"皆无法真正阻隔信息、文化的跨国传播和流通,世界应该深刻清醒地认识到,任何国家、组织、机构和个人都无法孤立于世界之隅,全球化的发生、发展是伴随着人类命运生生不息、不可逆转的潮流,任何去全球化、逆全球化的口号和行动,本身皆归因于全球化的深入推进。习近平总书记在十九大报告中再次强调新时代正处于"世界多极化、经济全球化、社会信息化、文化多样化深入发展"的变革时期,要"坚持和平发展道路,推动构建人类命运共同体"。在全球变革时期,不论是发达国家与发展中国家对于利益权衡的对话,还是人们对全球共同问题意识的增强,或是社会行动者利用现代性技术打破不同文化间的时空隔阂的沟通行为,皆是世界各民族纳入普遍交往体系的见证,而这些争论、冲突与重构的基础正建立于"整体世界的概念之上"②。

事实上,全球化理论先驱罗伯逊(Robertson)也曾指出"全球化既指世界的压缩,又指世界作为一个整体意识的加强"③,这种将全球化种种现象及各种组成要素、单元、结构的生成机理、现实格局、未来发展看作不可分割的整体的全球化哲学逻辑即为整体全球化。整体全球化不仅突破了聚焦于世界体系之间政治经济权力不平等的帝国主义范式,又修补了全球化理论仅作为描述性的工具解释经济、市场的自由化、社会结构的时空压缩、文化的杂糅性等全球化现象的局限性。整体全球化不仅是基于"共商、共建、共享"的人类

---

① [英]科林·斯巴克斯.全球化、社会发展与大众媒体[M].刘舸,常怡如,译.北京:社会科学文献出版社,2009:144-145.

② 陈力丹.马克思恩格斯论证传播的视角:"世界交往"[J].新闻前哨,2018(3).

③ Robertson, R. Globalization: Social theory and global culture [J]. *England Sage Publications*,1992,69(3):134-136.

命运共同体内涵之上的普遍的超民族的认同,亦用一种"整体主义"的方法论兼顾世界结构和国内社会结构,在淡化国家参与全球化进程的主权意识的同时,保留作为世界多极化令人瞩目的一支的中国性。将"主权的中国"身份切换为"主体性"的中国,实现中国"主体间性""文化间性"或"文明间性"与世界结构的共进共演。① 整体全球化平衡自上而下的精英全球主义和自下而上的草根全球主义,处理全球各种流动、分散的要素和单位,从而解决全球因各种权力的不对等和不对称性结构而引发的矛盾和问题。

第四节 整体全球化的哲学逻辑

要实际解决全球化现实语境中生成的中心主义、分裂主义、民粹主义等一系列问题,只有从元认知的角度,从成因而非后果辨明全球化机制的哲学认知谬误,才能从根本上破除当下世界的危机。世界纷争的根本建立在价值观的对立、文明的冲突之上,人类的意识是行为实践的本源。一个国家、民族的哲学元认知将引导其对待其他国家、民族的观念价值与交往准则。西方以资本扩张、资源掠夺为根本的全球化机制,建立于主客二元对立的哲学逻辑之上,以"他者"的认知视角排挤一切干预自我利益的因素。而整体全球化观念的建构,旨在吸纳西方"自由民主""公平正义"与东方"天人合一""万物一体"②的哲学精髓,指导中国在维护全球秩序中做出正确的主张和决策。具体来说,整体全球化的概念生成遵从以下三种哲学话语逻辑。

一、整体互动论逻辑:整体意识

整体互动论指出,"始终把各种要素有意识地归并到整体之中,努力找出各种传播因素之间的内在结构和外在联系,同时再进一步'认识它'、支配它,而绝不人为地割断它们之间的复杂联系而去孤立地看待和分析一些要素。因为,被割断联系的孤立的传播要素是无法认识、无法把握、无法支配的"③。承接这一整体主义哲学观点的整体全球化既承认自上而下的强大权力中心对世界经济、政治、文化的引导作用,亦关注普遍世俗化社会中因社会

---

① 邓正来.序言:全球化时代的发展传播学[C]//[英]科林·斯巴克斯.全球化、社会发展与大众媒体[M].刘舸,常怡如,译.北京:社会科学文献出版社,2009:12.
② 东方哲学可溯源中国古代哲学思想,如《庄子·齐物论》:"天地与我并生而万物与我为一。"
③ 邵培仁.政治传播学[M].南京:江苏人民出版社,1991:377.

结构、互动关系的改变而发生的自下而上的全民参与的政治、经济、文化运动,将离散于世界、国家、区域、地方的信息涌流与景观断裂相互连接,凝聚为整体意象。整体全球化是中国对全球化进程论述的升华,始终基于世界是不可分割的整体的元认知,将世界的多极化、经济的共享化、文化的杂糅化、信息的多元化等多重元素糅合成万物和合共生的姿态呈现于世人面前,针对全球化进程中显现的中心化、区域化、分裂化病症,"需要用一种内外结合、上下互动、左右联通、多方呼应的统筹协调、包容互动、互利共赢的原则或理念处理和应对"①,从而开出全面、系统、智慧的全球治理药方。

整体全球化从横向连接二元对立的东西文化,勾连中外断裂的文明沟壑,消除南北发展的不平衡差异;从纵向串联起过去、现在、未来的人类历史文明记忆,从竖向整合官方与民间全球化话语场域的政治沟通,合理利用传统媒体与新兴媒体的融合传播力推进世界一体化进程,采用"一种内外结合、上下互动、左右联通、多方呼应"②的整体学理意识,合理定位全球化的角色分工,冷静处理纷繁复杂的全球化问题与矛盾,破除以"中国中心主义"为单极化论调的"中国威胁论",从而更有效地推进国家倡议下的共商、共建、共享的人类命运共同体事业。

二、伦理学逻辑:整体伦理

从柏拉图的《理想国》从个人经验层面的伦理规范上升到国家理性层面的和谐与秩序③,到阿皮亚对于构建全球化时代伦理道德的世界主义考量④,再到一些学者对于数字化时代新生的传播伦理问题的探讨⑤⑥,人们对于伦理的哲学讨论逐步从理想趋于现实,从宏观分解到微观多元,但并不曾脱离方法论上的整体主义。贝克曾指出责任是"普遍性的伦理原则",因为"每一个个体、团体、政府、组织都应该为它们的所作所为承担相应的后果……在'责

---

① 邵培仁,王军伟.传播学研究需要新世界主义的理念和视维[J].教育传媒研究,2018(2):29-32.
② 邵培仁.共同构建人类整体传播学[J].中国传媒报告,2017(4):1.
③ 柏拉图.理想国[M].郭斌和,张竹明,译.北京:商务印书馆,1986.
④ [美]奎迈·安东尼·阿皮亚.世界主义:陌生人世界里的道德规范[M].苗华建,译.北京:中央编译出版社,2012.
⑤ O'Neill, O. Intelligent trust in a digital world[J]. *New Perspectives Quarterly*, 2017:34.
⑥ Eberwein, T., Porlezza, C. Both sides of the story: Communication ethics in mediatized worlds[J]. *Journal of Communication*,2016,66(2):15.

任原则'之下，没有人能够逃避彼此休戚与共的责任要求"①，个人的责任伦理原则与国家、世界的伦理秩序相融相生。正如涂尔干指出，不同于传统社会的个体机械地追求集体的特征(traits of the collective type)，道德伦理赋予个人以整体意识(an integral part of a whole)，是工业社会有机团结的基本前提。② 全球化消解了时空壁垒及民族国家的社会边界，将全球视阈下的"极端天气气候事件、自然灾害、网络攻击、数据欺诈与窃取及应对气候变化的调整措施失败"③等风险裸露在媒介化的地球社会中，成为不分国籍、不同肤色的世界公民共同面临的问题，为民族国家各司其政的现代世界体系带来挑战。由个人，到各组织、各民族，乃至国家的基本伦理准则将突破界域，凝结成有机的伦理秩序规训世界公民去改善和解决人类共同面对的风险和挑战。因此，整体全球化倡导的全球伦理秩序从个人伦理基本原则出发，基于人类道德制高点，关注涉及人类福祉的基本哲学思考，以期唤起人类责任感的元认知而主观能动地维护全球化机制的良性运作，同时用一种超越个体与自我的眼光，突破"美国式人权主义"以"自我合法的权利"取代世界主义的民主合法性的"中心主义"和"利己主义"本质，摒弃国际关系中的"零和博弈""强权独霸"，呼吁建立以人类命运共同体为基的全球伦理秩序。

三、生态学逻辑：整体生态

马克思将资本创造世界市场、生产相对剩余价值的过程描述为："第一，要求扩大现有的消费量；第二，要求把现有的消费推广到更大的范围，以便造成新的需要；第三，要求生产出新的需要，发现和创造出新的使用价值。"④资本天然追求繁殖性和效用性的利益至上的本质，与自然环境的有限性和非可再生性自然相悖，这使得内嵌于此种资本逻辑机理的西方帝国主导的全球化无可规避地落入生态危机的泥淖。丹·席勒在研究美国互联网发展历史的过程中发现，美国国家权力往往在与资本协作过程中存有妥协，国家政策总是让步于跨国公司等资本巨头而支持互联网产业的垄断发展，国家制度的失

① 薛晓源,刘国良.全球风险世界:现在与未来——德国著名社会学家、风险社会理论创始人乌尔里希·贝克教授访谈录[J].马克思主义与现实,2005(1).

② Emile,D. *The Division of Labor in Society*[M]. Simpson, G. trans. New York: Free Press,1964:59-62.

③ 引自 World Economic forum: The global risks report 2018[EB/OL]. 13th ed.（2018-01-17）[2019-04-15]. https://www.weforum.org/reports/the-global-risks-report-2018.

④ 马克思恩格斯.马克思恩格斯全集:第46卷(上册)[M].北京:人民出版社,1979:391.

衡会导致对于资源的过度开发而引发生态失衡。一个更好的例子是,特朗普政府宣布退出《巴黎协定》,并施行以"能源优势"出口国为目标的"高碳化、去管制化"的气候能源政策导向①,表面上是国家利益驱动的反自然生态行为,本质上更是破坏全球治理生态的帝国霸权行径。

整体全球化从中国传统文化的生态学思想中撷取精华,为全球化勾勒出可持续发展的动力机制。一方面,根据西周末年伯阳父提出的"和实生物,同则不继"(意为"只要相异的事物相互协调并进,就能发展;但是,让相同的无差别的东西叠加,'以同裨同',就会因缺乏竞争而窒息生机")的生态观念②,整体全球化认为全球治理机制应以维护全球生态的立场制定全球化方略,而不是遵从以国家资本为先,一味追求资本最大化而导致全球治理的生态失衡,国家与资本的协作应保持适度的张力,坚持可持续发展的生态原则。另一方面,整体全球化主张"'兼容多端而相互和谐''兼赅众异而得其平衡'的'兼和'生态理念",尊重全球要素的差异性和多样性,拒绝殖民思维的文化、媒介帝国主义。

第五节 整体全球化视角下的中国传媒的全球传播

在人类命运共同体思想的指引下,中国传媒更应该以联通中西、整体互动的整体全球化哲学观念为行动指南,开启全球传播新格局,针对全球传播场域的片面性、失范性与失衡性,力求打通以下三重脉络。

一、建立全球传播的整体性意识

胡正荣等曾指出,早在 2011 年,新华社社长提出要构建"媒体联合国"式的全球媒体新秩序,这一思维呼应了联合国教科文组织在 20 世纪 70 年代提出的"新世界信息秩序"。新华社并非志在打造成第二个美联社或路透社,这种思维超越了英美单极化的发展主义现代化(developmentalist modernisation)和全球化③,也表现出中国传媒全球传播的多元主体性意识。随着"一带一路"蓝图的铺展,"'一带一路'新闻合作联盟""丝路电视国际合

---

① 李巍,宋亦明.特朗普政府的能源与气候政策及其影响[J].现代国际关系,2017(11).
② 邵培仁.中国古代的生态平衡和生态循环思想[J].嘉兴学院学报(哲学社会科学版),2008(2).
③ Hu, Z., Ji, D. Retrospection prospection and the pursuit of an integrated approach for China's communication and journalism studies[J]. *Javnost-The Public*, 2013, 20(4):5-16.

作共同体""'一带一路'记者组织联盟""丝路国际卫视联盟""丝路城市广播电视协作体"等媒体联盟纷纷涌现,共同体成员之间在"节目联播联采""海外本土化中国时段、频道""视频国际合拍"等多方面实现了渠道、内容的互联互通。① 整体全球化视角下的中国传媒进路应秉持参与性而非主导性的整体多边合作观念,提倡多元传播主体的联动协作,开拓立体多维的传播渠道,注重合拍片等国际化内容合作,整合差异化的受众市场。中国传媒应学习西方媒介体系公正为大众服务、善尽社会职责的正义感,发挥东方媒介体系步调一致、团结协作的高效率,调动南方媒介体系推进社会经济变革的积极性。② 通过有机整合所有分散、断裂、孤立的传播要素和传播体系,中国传媒应以推进构建资源互惠、技术共通、人员共作、渠道共享的全球传媒共同体事业为目标,共同打造分工协作、优势互补、合作共赢的新型传播美好世界。

二、维护全球传播的伦理秩序

施拉姆等人曾指出,报刊的社会责任之一,在于"启发公众使其能够实行自治"③。传媒不仅对国家内部的民主法治建设起到舆论监督的作用,更是传播道德规范的社会公器,对超越国界的风险与灾难、不公与欺凌,同样能给予关怀及援助,国家需要传媒监督机制清洁社会不良风气,以道德伦理宣传推进法治文化建设,而全球范围内的普世伦理,更需要全球媒体共同体的引导和监督,维护世界范围内的道义与公正。

从传媒唤起个人层面的伦理自觉,到建构媒介化社会的伦理自治,整体全球化构想的传媒与全球伦理秩序的有机联结成为全球治理机制的凝合剂。整体全球化倡导的全球伦理秩序,需要各国传媒体系协同担负起基本社会责任,以启发世界公民的普世道德伦理观念,实现个体媒介伦理准则与全球媒介伦理规范的共进共演。整体全球化要求中国传媒在参与全球伦理建设事业中,提升传媒人员的职业伦理及专业媒介素养,协调民族的、区域的媒介法规与道德规范,基于人类道德高点建立传媒共同体的普世伦理规则,为全球

---

① 唐世鼎.构建"一带一路"媒体国际合作新格局——以"丝路电视国际合作共同体"为例[J].中国广播电视学刊,2018(9).

② [美]J.赫伯特·阿特休尔.权力的媒介:新闻媒介在人类事务中的作用[M].黄煜,裘志康,译.北京:华夏出版社,1989:315-336.

③ [美]韦尔伯·斯拉姆,等.报刊的四种理论[M].中国人民大学新闻系,译.北京:新华出版社,1980:85.

营造兼具人文关怀与法治公正的整体伦理秩序。

三、构建全球传播的绿色生态环境

为了实现资本累积,全球大型传媒公司在 20 世纪八九十年代掀起一股兼并(mergers and acquisitions)热潮,如传统娱乐集团迪士尼并购了美国广播公司(包括旗下 10 家电视台、21 家广播台),开始涉足广播网络业务[①];以澳洲本土报纸起家的默多克公司收购了英美主流报纸、电视、网站而最终成为全球传媒巨鳄——新闻集团[②]。全球传媒公司经营的领域逐步从专业化向多元化发展,而全球传媒的生态环境,却因此种产业链的融合与集中化生成多重危害:一是全球媒介文化的同质化,二是全球议程设置的失衡,三是信息与传播资源的不平衡而导致的全球数字鸿沟。整体全球化倡导构建传播绿色生态环境,呼吁抵制传媒资本垄断而引发的全球传媒语境的失衡现象,中国传媒应充分利用"一带一路"搭建的交流平台,与全球分享具有本土特色兼合世界情怀的媒介产品,尊重并维护全球文化的多样性;培养训练有素、专业性强的国际新闻团队,用世界通用的话语体系诉说中国故事,在国际话语场域中及时、高效地传递中国声音;维护现有的多边(multilateral)全球网络治理组织的有效运行,同时积极配合联合国多利益相关方(multistakeholder)机制[③],拥护全球网络信息社会的公平公正。

---

① Chan-Olmsted,S. M. Mergers acquisitions and convergence:The strategic alliances of broadcasting cable television and telephone services[J]. *Journal of Media Economics* ,1998,11(3):33-46.

② 邵鹏.论默多克新闻集团的全球化战略[J].山东理工大学学报(哲学社会科学版),2009(3):56-61.

③ 相对于现有的全球多边治理模式,联合国国际电信联盟(International Telecommunication Union ,以下简称为 ITU)主导的"信息社会世界峰会"(World Summit on the Information Society),提出"多利益相关方"的全球新型治理模式,见:Dutton,W. H. Multistakeholder internet governance? [J]. *Social Science Electronic Publishing* ,2015(1);郭良. 聚焦多利益相关方模式:以联合国互联网治理论坛为例[J].汕头大学学报(哲学社会科学版),2017(9):25-36.

第十八章 整体全球化："一带一路"的话语重构与历史超越

　　"世界普遍交往"已成为全球化的历史事实与基本特征。"世界从来没有像今天这样互联互通、唇齿相依、水乳交融。"①全球化实现了世界的时空压缩,强化了"世界作为一个整体"②和人类命运共同体的意识,并"将所有国家和民族纳入到一个休戚与共、相互依存的'风险共同体'当中"③。当前,全球性风险持续扩散,资本主义国家深陷世界性经济衰退泥潭,"逆全球化"暗流涌动,西方中心主义的传统全球化在重重危机中走向衰落。与此同时,以中国为代表的发展中国家的国际影响力与日俱增,世界格局面临重大调整和转型。站在全球化的十字路口,习近平总书记提出"同心打造人类命运共同体",全面推进"一带一路"倡议,引领和重塑新一轮全球化,这符合时代潮流,契合世界期待。然而,"一带一路"倡议赢得国际社会广泛赞誉的同时也遭遇了全球传播的话语困境,迫切需要"在世界话语权的争夺中打破西方中心主义的话语霸权"④,建构既有全球视野又体现中国智慧的全球话语体系,回应国际社会质疑,增进广泛认同与全球共识,为"一带一路"倡议的进一步拓展扫清传播障碍。

　　为深化对"一带一路"倡议的基本认知,本章尝试回答以下问题:"一带一路"将打造怎样的全球化范式?其理论资源与核心理念是什么?怎样的价值范式能够化解全球化的现实危机与矛盾?什么样的话语体系能够引领并建构人类的世界想象和全球化实践?我们认为,伴随"一带一路"倡议的实施和推进,一个植根于中华文明、融通西方智慧、顺应全球发展潮流并且更容易被

---

　　① 邵培仁. 共同构建人类整体传播学[J]. 中国传媒报告,2017(4):1.

　　② Robertson, R. *Globalization: Social Theory and Global Culture*[M]. London: Verso,1992:8.

　　③ [德]乌尔里希·贝克,[德]约翰内斯·威尔姆斯. 自由与资本主义——与著名社会学家乌尔里希·贝克对话[M]. 路国林,译. 杭州:浙江人民出版社,2001:104.

　　④ 邵鹏,陶陶. 新世界主义图景下的国际话语权——话语体系框架下中国国际传播的路径研究[J]. 新疆师范大学学报(哲学社会科学版),2018,39(2):105-110.

世界接受和认可的新全球化模式——"整体全球化"正呼之欲出。在新世界主义理念指引下,"整体全球化"是以"构建人类命运共同体、共同建设美好世界"为价值追求,以"共商、共建、共享"为基本原则,以"一带一路"倡议为实践路径,以全球传播为助推力量,不论东西,无论南北,不分中外,古今联通,坚持走和平发展、共同繁荣之路,着力构建相互尊重、公平正义、合作共赢、整体互动的新型国际关系。[①]

第一节 危机与悖论:全球化的迷思

作为人类社会发展的显著特征,全球化是不断进化的,经历了地理大发现、英式全球化、美式全球化的历史性进程。英式全球化发端于19世纪末20世纪初,以直接的军事征服和殖民掠夺为主要手段,不断扩大大英帝国版图,建构了帝国主义的全球化模式:英镑成为资本流通的中介;自由主义成为人类交往的基本准则;英语成为全球性语言,并借助媒介网络渗透到全球生活世界。相较于英式全球化在空间向度的扩张,美式全球化兴起于第二次世界大战之后,推行更为隐蔽的文化和价值观的无形渗透,建构了一种类似"大熔炉"的同质化、标准化的全球化模式。无论是发达国家还是发展中国家,无一不被卷入"全球美国化"当中。尽管在侧重点和实施手段上有所差异,但二者的要旨基本相同,都在全球范围内建构了"强权即公理""赢家通吃""弱肉强食"的丛林法则,归根结底都是一种竞争性的行为逻辑,形成了以对抗、征服、垄断为主要特征的不平等的全球化秩序。

不可否认,英美式全球化的确实现了整个世界的"普遍联结","具备了形式上的'你来我往',却没有真正实现交往过程中既要'手拉手'又要'心连心'的理想状况"[②]。无论是英式全球化,还是美式全球化,都未能解决反例加深了全球化的矛盾与困境。放眼当下,世界政治经济和文化生态正面临重重危机。近年来,全球贸易额停止增长、动能等多项指标已经表明,从2008年国际金融危机开始,逆全球化浪潮正在袭击世界经济政治体系。进入2016年,英国脱欧,美国总统特朗普宣扬"美国主义而非全球主义"的"美国优先"论,

① 邵培仁,王军伟.传播学研究需要新世界主义的理念和思维[J].教育传媒研究,2018(2):30.
② 邵培仁,许咏喻.人类命运共同体思想的历史超越性及实践张力——以新世界主义为分析视角[J].中国出版,2018(1):5-9.

民粹民族主义空前高涨，大力推行逆全球化（如"贸易战""退群"），以邻为壑，损人利己，美国国家信誉面临危机，致使全球化进程遭遇重大挫折。另外，气候变暖、国际难民、恐怖主义、贫富极化、资源匮乏及掠夺等多个领域的全球性风险持续扩散，"这些危机不仅事关经济生存、政治民主和社会正义等重大议题，更涉及人与自然之间的和谐以及族群与族群之间的包容这样的根本性问题"①。

　　冰冻三尺非一日之寒。全球化危机的背后隐藏着不可化约的内在悖论，酿成今日打击和抛弃全球化的反全球化、逆全球化恶果。第一，不平等秩序背离可持续发展要求。全球化实现了资源、信息、文化、资本和人员在全世界范围内进行自由流通。然而，由于世界政治经济体系被少数发达资本主义国家所主导，资本和核心技术为少数国家所掌握，资本主义国家攫取了大量的非对称利益，加上资源本身的有限性，全球分配长期以来处于不公正状态，造成了全球经济的不均衡发展。西方主导的"部分全球化"（partial globalization），本质上形成了一种"单向度全球化"②和不平等的世界秩序，有悖于全球化的可持续发展要求。第二，市场私有化背离共同利益的价值目标。全球化强调以人类的共同利益作为价值追求，体现一种对人类共同命运的终极关怀。事实上，随着世界市场的形成，私有化机制倍受推崇，各国间、国家内部之间的贫富两极分化愈来愈大，利益矛盾越来越多。作为全球化的两大主体，跨国公司和民族国家"把世界的人、财、物纳入到同一个舞台，把人类的不同利益追求及实现方式聚拢到同一空间，也使私人利益与公共利益的矛盾深化，使跨国公司的私人利益超越民族国家的利益，民族国家利益超越于人类的共同利益"③。最终，人类私欲泛滥的社会现实与共同利益的价值目标渐行渐远。第三，碎片化格局背离全球整体化趋势。全球化意味着整个世界的整体化日益加深，互动性日益加强，各国家、民族之间你中有我，我中有你，万物相通，水乳交融。在全球化的初级阶段，以跨国性国际合作组织为主体形成了区域一体化，强化了国家、民族之间的相互依存度。然而，随着区域性行为主体的日益多元化，整个世界被切割成一个个交错纵横的"碎片化"孤岛。换言之，区域一体化天然自带的"圈子化"和"内卷化"，最终阻碍了全球

---

①　赵月枝.向东走 向南走：开拓后危机时代传播研究新视野[J].中华传播学刊,2010(12):4.

②　王义桅."一带一路"能否开创中式全球化[J].新疆师范大学学报（哲学社会科学版）,2017(5):7.

③　宋世昌,李荣海.全球化：利益矛盾的展示过程[J].哲学研究,2001(1):10.

整体化的真正实现。美国对内收紧、日本以邻为壑、英国脱欧等反全球化事实已然警示:全球化正在走向碎片化,未来将面临一个更加支离破碎、四分五裂的世界格局。

全球化的现实危机和多重悖论充分表明,持续将近一个世纪的传统全球化已经积重难返。整个世界面临重要关口,把所有人团结在一起的可能正是"我们面临失去一切的险境"①。葛兰西曾指出,"危机为某些思想的传播和某些问题及其解决方案的提出提供了契机"②。因此,在全球化危机时代,迫切需要一种新的价值观念和思维方式来认识和处理人类与世界的关系,为全球化寻求新的出路、创造新的可能正当其时。

第二节 话语重构:打造"整体全球化"的再阐释

一、"一带一路"的话语困境

中国提出"一带一路"倡议,是对全球化危机现实和内在悖论的反思与回应,以一种既非"英式"亦非"美式"的新型全球化模式刷新了国际社会对当今世界格局的认知。然而,当前国际社会对"一带一路"的支持与质疑、争议并存,特别是美国热衷于打"口水战"、舆论战、贸易战和科技战,倘若无法达成共识,再美好的构想终究也是一场空谈。"智者追求善良与和平,愚者才醉心争吵与战争。"(塔吉克民族诗人鲁基达诗句)因此,建构"一带一路"的全球话语体系,精准传播"一带一路"的核心要义,促成全球认同与共识,显得尤为重要。遗憾的是,当前"一带一路"的政治话语、媒介话语大多聚焦于战略规划、实施路径等操作层面的讨论,缺乏鲜明的概念界定和系统的理论阐释,容易造成国内国际社会的认知困惑和文化误读。而"一带一路"的学术话语则显得零散而无法凝聚共识,"和合主义""包容性全球化""新全球化""中式全球化"等一系列中国式表达和修辞方式,"往往让外人很难看懂到底说的是什么

---

① Žižek, S. How to begin from the beginning[J]. *New Left Review*, 2009(5):53-54.

② Gramsci, A. Analysis of situations relations of force[C]// Mattelart, A. & Siegelaub, S. *Communication and Class Struggle: An Anthology in 2 Volumes*. New York: International General, 1979:111.

意思"①,这为理解和传播"一带一路"增加了难度。例如,"中式全球化"②话语强调"一带一路"是对"和""仁""天下""大同"等中国传统文化价值的传承,其"中式"表述本身即意味着对西方中心主义的不平等全球化的反抗,是一种"反西方中心论"的诉求。然而,过于强调中国风色彩和中国智慧,加上中文修辞的内生模糊性,"中式全球化"传递出一种以中国为中心的全球观,不免落入东方中心主义的窠臼,在某种程度上反而成为东西方文化二元论的俘虏与合谋者。不可否认的是,当前全球传播话语体系仍然被西方主导,东西方之间的信息传播与交往仍然处于非对称状态。在"西强东弱"的国际舆论格局之下,西方主流媒体往往别有用心地采用简单类比的方式,对"中国方案""中国道路""中式全球化"等具有鲜明的中国特色的政治话语进行故意误读,甚至炮制"中国威胁论"议题。例如,将"一带一路"等同于"马歇尔计划"的中国版。因此,"中式全球化"话语不仅无法准确传递"同心打造人类命运共同体"的理念,反而容易造成国际社会对"一带一路"的政策误读和信息误导,最终陷入"事与愿违"的话语困境。显然,"一带一路"的全面推进要特别警惕在东西方二元论的层面和狭隘民族主义的框架内加入"中国崛起""中华文明复兴"之类的话语大合唱,迫切需要建构一个更为鲜明、更具阐释力的价值范式和更有传播效力的全球话语体系。

二、整体全球化:"一带一路"话语的再阐释

"同心打造人类命运共同体"的理念和"一带一路"倡议是中国对"人类社会走向何方"这一终极之问交出的答卷。"迄今为止,人类历史从未真正见证过一个力量超强的国家真心实意为全人类的共同繁荣而努力。"③那么,在"同心打造人类命运共同体"的理念指引下,"一带一路"究竟将打造一个怎样的新型全球化? 其理论资源与核心思想是什么? 如何走出当前全球传播的话语困境? 对这些问题的回答需要追溯至人类文明当中的整体论哲学传统,主动融通东西方文明智慧,增进"同心打造人类命运共同体"和"一带一路"话语的价值共识。

---

① Du, M. M. China's "One Belt One Road" Initiative: Context focus institutions and implications[J]. *The Chinese Journal of Global Governance*, 2016(2):35.

② Jia, W. Sh. Chiglobalization? A cultural argument[C]// Guo, S. J. & Guo, B. G. Greater China in an Era of Globalization. Lanham:Rowan&Littlefield Publisher,2010:18

③ 李展. "一带一路"倡议与康德"永久和平论":对话与超越[J]. 国际传播,2017(6):28.

　　西方哲学中的整体论思想由来已久,把世界视为一个发展变化的混沌整体是古希腊哲学的基本观念。亚里士多德曾提出"整体对于部分是第一性的""部分不能离开整体而存在""整体大于部分而存在"①等观点。近代哲学家如斯宾诺莎、黑格尔、奎因等人逐渐丰富了整体论的理论内涵。当代量子物理学家玻姆借助非定域性来阐明宇宙的不可分割性,从多个维度论证了宇宙是一个完整统一的整体。② 当然,整体论思想并非西方文明的独特创造,中华文化历来就有整体性哲学传统。"整体论是中国古代自然哲学的基干……中国人重直觉、悟性,整体性地把握事物。"③中国哲学的整体性思想集中体现于对"道"的终极追求。《道德经》有言:"道生一,一生二,二生三,三生万物。"金岳霖认为:"中国思想中最崇高的概念似乎是道。所谓行道、修道、得道,都是以道为最终目标。"④"道"有多重含义,其本意是"路",意味着事物之间的"联通"和"抵达"。因此,"道""路"本身即蕴涵着一种万物互联互通的整体性目标及结果。万物一体,乃是万物相通的最终根据。⑤ 事物相互贯通的主要根据不是因为它们是同类、具有共性或者普遍性,而是因为它们共处于一个整体之中。⑥《礼记·乐记》中所谓"流而不息,合同而化",意指处在同一空间的不同事物之间,即使不具有"类同",只要同属于一个整体,也能够发生关联、相互融通,甚至相互影响、彼此成就。因此,实现"道""路"的互联互通,正是中国哲学对整体性的强调。在整体性哲学视野中,天人合一,万物一体,世界万事万物之间皆可跨越障碍而实现交流沟通。这就是中国人的整体性思维方式。从整体观出发,不同文明之间相互尊重、平等交流、彼此包容,也就不存在不可逾越的障碍、没有不可化约的矛盾了。

　　作为人类共同的智慧成果,整体论思想为重新阐释"一带一路"倡议、重新定义全球化提供了理论资源。在全球化时代,"世界普遍交往"已经成为人类共识和历史事实。马克思曾高瞻远瞩地预见了世界整体化和全球化的社

---

① 亚里士多德全集:第 7 卷[M].苗力田,等编译.北京:中国人民大学出版社,1993:139-170.
② 戴维·玻姆.整体性与隐缠序:卷展中的宇宙与意识[M].上海:上海科学教育出版社,2004:导言.
③ 金吾伦.整体论哲学在中国的复兴[J].自然辩证法研究,1994(8):3.
④ 金岳霖.论道[M].北京:商务印书馆,1987:16.
⑤ 张世英.相同相似相通——关于"共相"的本体论地位问题新论[J].北京大学学报(哲学社会科学版),2004(3):52.
⑥ 刘静芳.如何在中国哲学中安顿"普遍性"?[J].哲学研究,2014(10):37.

会发展趋势,强调"世界普遍交往"的形成是社会发展的重要条件。① 随着全球化的推进,借助于信息技术、交通网络和世界市场,人类的普遍交往发展到一个新的阶段,世界整体化和一体化达到了前所未有的高度。这要求人类文明在"普遍交往"的基础上实现整体互动与深度融合,达到一种平衡、和谐、可持续的整体性发展目标。因此,作为整体的全球化体现出一种"全球性"内涵,即"人类作为一个类主体所具有的整体性、共同性、公共性新质"②。换而言之,"整体全球化"标明了人类的普遍交往追求一种互动互助、深度融合、共进共演的立体维度与和谐状态,引领人类携手走向共生共荣的"美好世界"。

中国提出"同心打造人类命运共同体",倡导"一带一路"的全球治理方案,正是对整体性哲学思想的现代传承和创新转化。习近平总书记强调:"要坚定不移推进经济全球化,引导好经济全球化走向,打造富有活力的增长模式、开放共赢的合作模式、公正合理的治理模式、平衡普惠的发展模式,牢固树立人类命运共同体意识,共同担当,同舟共济,共促全球发展","中国开放的大门不会关闭,只会越开越大。要以'一带一路'建设为重点,坚持引进来和走出去并重,遵循共商共建共享原则,加强创新能力开放合作,形成陆海内外联动、东西双向互济的开放格局"。③

第三节　范式创新:打造"整体全球化"的现实正当性

一、基于整体性原则的"一带一路"范式创新

"一带一路"倡议是人类历史上第一次由发展中国家提出的全球治理方案,被国际社会普遍视为全球化范式的综合创新。贝塔朗菲指出,"在一切知识领域中运用'整体'或'系统'概念来处理复杂性问题就意味着科学思维基本方向的转变"④,因此,基于整体论思想来理解和阐释"一带一路",并非是一种乌托邦式的理论想象与期待。系统哲学的整体性原则与整体论思想一脉相承。"整体性是系统哲学的基本特点,整体性原则是系统哲学的核心原则

---

① 马克思恩格斯选集:第1卷[M].北京:人民出版社,1995:276.
② 蔡拓.全球学导论[M].北京:北京大学出版社,2015:487.
③ 习近平.决胜全面建成小康社会夺取新时代中国特色社会主义伟大胜利[R].中国共产党第十九次全国代表大会报告,2017-10-18.
④ 贝塔朗菲.一般系统论:基础、发展、应用[M].秋同,等译.北京:科学文献出版社,1987:37.

与出发点。"①20 世纪 80 年代,钱学森等学者提出"开放的复杂巨系统"的观点,着重于"从整体上考虑并解决问题"。在此基础上,乌杰开创了系统哲学的研究领域,主张"用整体思维认识世界"②,即强调运用整体性原则来认识和处理中国建设和改革中的重大现实问题。其中,自组织涌现律、差异协同律、结构功能律与层次转化律和整体优化律等基本规律构成了乌杰系统哲学的核心内容,形成了具有实践性和可操作性的整体分析方法。因此,将系统哲学的整体性原则引入"一带一路"的理论建设中来,分析整体全球化的合作模式和共生机制的创新演进,指导"一带一路"建设过程中的实际问题和实践路径的探索,不仅具有高度的理论适用性,亦有重要的实践价值。

从系统哲学的角度来看,"一带一路"倡议形成了一个开放的复杂巨系统,它的建设必须统筹全局,致力于推动沿线参与主体的整体互动与深度融合,从而越来越具有系统性和全球性。通过系统综合达到人类命运共同体的整体创新,这是"一带一路"的主旨要义,其机理在于通过建立人类历史上最为宏大的复杂巨系统,达成作为整体的全球化综合,体现系统整体的非加和性。换言之,"一带一路"巨系统产生一种综合的整体效应,呈现出以往全球化模式所不具备的新质、新结构功能和新规律性,从而体现出系统综合的创新性。因此,"一带一路"倡议构建了综合创新发挥主导作用的整体全球化范式,必将推进人类文明的整体前进与发展(见图 18-1)。

二、"一带一路"打造整体全球化的现实正当性

毋庸置疑,"一带一路"倡议既是历史发展的必然,也具备现实可能性与正当性。运用系统哲学的整体性原则及其基本规律来考量"一带一路"打造整体全球化的现实正当性,具有方法论意义。

(一)"一带一路"形成了以"开放包容"为主要特征的自组织演化过程

自组织是"系统自我组织的差异协同的过程,是系统结构与功能在时空中的有序演化"③,描述的是一个物质系统经过自我运动、自我发展逐渐从混沌无序状态到复杂多样世界的演化过程。开放性,是自组织发挥作用的前提。它要求一个系统时刻保持开放状态,不断地与环境展开交互,才能达到

---

① 李诗和.系统哲学与整体性思维[J].系统科学学报,2005(2):26.
② 乌杰.系统辩证法[M].呼和浩特:内蒙古出版社,1988:340.
③ 乌杰.系统哲学[M].北京:人民出版社,2008:78.

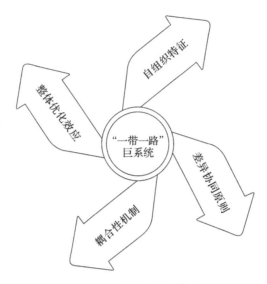

图 18-1 整体全球化模型

整体涌现的结果。"一带一路"倡议无疑搭建了当今世界最具开放性和包容性的国际合作平台,形成了世界上迄今最为宏大、最错综复杂和最高层次的巨系统。作为倡议者,中国以一种全面开放、求同存异的姿态,拥抱沿线所有志同道合的国家和地区,尊重和鼓励各个国家走符合自身国情的自主发展道路,推进全球化由一个混沌无序的复杂巨系统朝着和谐有序的自组织状态发展。2017 年,俄罗斯加入"一带一路"倡议合作,中俄双方开启北极航道合作,共同打造"冰上丝绸之路"。2018 年,北极和拉美被纳入"一带一路"倡议版图。短短 5 年时间,从"丝绸之路经济带"到"21 世纪海上丝绸之路"再到"冰上丝绸之路","一带一路"倡议已经涵盖了除美国、加拿大和日本之外的所有地区。"一带一路"的自组织演化过程,以一种呈现"中国风"色彩但不由中国包揽天下的包容性品格,推动"南方"与"北方"的经济互动、内陆与海洋的空间连通以及"东方"与"西方"的文明对话,从而构建一个全面开放、公平正义的整体全球化模式。因此,整体全球化首先是开放包容的新型全球化,本质上区别于英式全球化、美式全球化甚至中式全球化的单向度全球化。

(二)坚持贯彻"共商、共建、共享"的差异协同原则

差异是系统存在和发展的源泉与动因,任何系统都是一个差异与协同的整体、统一体。差异协同,强调事物的系统性、整体性、非线性的耦合循环,

"保持这种差异协同地发展,可以破解零和博弈的难题,让差异各方的发展取得双赢的非零和博弈结果"①。"一带一路"沿线横跨亚欧非、辐射北极和拉美的多个国家和地区,呈现出民族众多、文化多样、宗教复杂的多重复合性和经济社会发展的结构差异性。中国秉持共商、共建、共享的合作原则,强调对差异性的承认、尊重和相互包容,并致力于差异与协同的相互转化。"共商"意味着平等、友善的合作姿态,与沿线国家和地区、民族共同营造和平共处、交流互动的良好环境;"共建"强调一种差异协同、责任共担的具体行动,构筑了国际合作的基础,是实现全球互利互惠、"共享"成果的保证。同时,中国坚持将共商、共建、共享原则贯彻到国际合作的每一项实践当中。比如,创造性地运用"能源换基础设施"的共建双赢模式,对安哥拉进行援助。再如中非之间的经贸合作,没有任何附加条件,以超过 50% 的对非直接投资增长率支持非洲国家渡过 2009 年国际金融危机。随着"一带一路"沿线国家和地区的参与程度不断深化,截至 2017 年 12 月,中国已同 80 个国家和组织签署合作协议,实现了整体全球化范式的"同频共振":欧洲的"容克计划"、俄罗斯的"欧亚经济联盟"战略、哈萨克斯坦的"光明大道"计划、蒙古国的"发展之路"倡议、印尼的"全球海上支点"战略等,纷纷加速对接"一带一路"倡议和方案。事实表明,"一带一路"打造整体全球化,正在推动世界从单极化向多极化发展,真正实现全人类共享文明成果。

(三)构建以"合作共赢"为目标的耦合机制

每一个系统都是系统结构和功能的统一体,存在着复杂多样、层层叠叠的子系统。系统的运动与发展总是表现为不同的系统层次之间结构和功能的相互转化。作为一个内外部联系复杂的巨系统,"一带一路"倡议承载了多层次、多领域、多样化的合作愿景:"既是国际的,又是区域的;既是双边的,又是多边的;既是陆上的,又是海上的;既是跨国的,又是跨洲的,还是跨文明的。"②然而,国家体系与社会体系在更广的全球化进程中交织在一起并不等于全球整合。③ 为了深化沿线国家和地区在不同层次和领域的合作,"一带一路"倡导"合作共赢"的发展目标,以"政策沟通、设施联通、贸易畅通、资金融

---

① 彭冰冰,单智伟,张建琴.习近平新时代中国特色社会主义思想的系统哲学解读[J].系统科学学报,2018(1):44.

② 余潇枫,张泰琦."和合主义":建构"国家间认同"的价值范式——以"一带一路"沿线国家为例[J].西北师范大学学报(哲学社会科学版),2015(6):5.

③ 戴维·赫尔德.全球大变革:三种全球化理论的分析与比较[J].马克思主义与现实,2000(1):67.

通、民心相通"为五大抓手,探索政府、市场、社会等多元参与主体的有机结合,构建国家、地区和全球等不同系统层次之间的耦合机制。有学者研究表明,"从全球 188 个经济体看,现在世界呈现出一个全球价值双循环的经济模式……在整个循环体系当中,中国处于一个枢纽平台的位置"①(见图 18-2)。换言之,中国能够充分发挥中介和桥梁作用,将发达国家和发展中国家整合到同一个合作平台,推动资源要素在欧亚大陆乃至整个世界的自由流通和优化配置,力图拉平传统全球化体系形成的"贫困陷阱"和"贫富差距"。因此,"一带一路"打造整体全球化,构筑了具有多重复合性的整体协同框架,推动各国各地区实现互利共赢、联动发展。

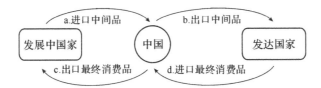

图 18-2　全球价值双环流模式

(四)实现"共生共荣"的整体优化效应②

整体优化,强调系统整体内在要素构成的相互作用和自我完善的过程,是系统运动的总体趋势和方向,也是人类持之以恒的价值追求。乌杰认为:"系统整体总要在内部结构的作用下,在其环境因素的选择下,向整体大于部分之和的优化阶段发展。"③恩格斯指出:"这样就有无数相互交错的力量,有无数个力的平行四边形,而由此产生出一个合力,即历史结果……一个总的合力。"④由此看来,人类的一切活动最终都将趋向整体优化的目标,产生一种非加和性的综合创新效应。而我们要做的是,寻求最合理的优化结构,实现整体效应的最大化,推动系统朝着稳定、和谐、可持续的方向发展。当前世界正处于大发展、大变革、大调整的关键时期,"一带一路"沿线国家和地区及民族在宏观上形成了风险共担、休戚与共的系统关联。习近平多次强调:"人类

---

① 张辉,易天,唐毓璇."一带一路"背景下的新型全球化格局[J].政治经济学评论,2018(5):207.

② 张辉等学者提出了"全球价值双环流"模型,从全球价值链角度论证了"一带一路"的经济内涵与运行逻辑:全球经济越来越变为以中国为枢纽点的"双环流"体系,其中一个环流位于中国与北美和西欧等发达经济体之间,另一个环流位于中国与亚非拉等发展中经济体之间。

③ 乌杰.系统哲学[M].北京:人民出版社,2008:115.

④ 马克思恩格斯选集:第 4 卷[M].北京:人民出版社,1995:697.

已经成为你中有我、我中有你的命运共同体，利益高度融合，彼此相互依存。"①

因此，中国提出"一带一路"倡议，正是基于对人类共同命运的关切，以"共商、共建、共享"的实际行动夯实利益共同体的物质基础和责任共同体的价值承诺，以命运共同体作为精神指引寻求不同文明之间的"共同基准点"，不断扩大人类与日俱增的相遇、理解和对话，最终产生了国家、地区、民族等单个要素在各自孤立的状态下所不具备的历史性"合力"，进而引领人类共同迈向和平相处、共同繁荣的未来。

第四节 "第三种可能"：打造"整体全球化"的历史超越

总之，"一带一路"打造整体全球化，特别指向一种对全球化现实危机与内在悖论的反身性思考，指向一种"另一个可能世界"的期待和信心。整体全球化为人类超越当前传统全球化的非对称秩序提供新的选项，引领人们重新审视人类与世界、"全球"和"在地"之间的角力关系。作为一种超越性的理论构想与实践路径，整体全球化以其富有前瞻性、挑战性和创新性的价值范式，开拓了全球化危机时代的新视野、新秩序和新格局。

一、超越"中心论"的文明等级秩序，构建人类文明多样性的"和合共生"

传统全球化理论素有"中心论"和"反中心论"之争。"中心论"认为，"全球化进程源于一个中心，是这个中心模式在全球的扩展，全球化的结果就是这个模式的全球普遍化"。② 人类历史发展的过程"一直带有很强的以自我为中心的痕迹，不管是古代中国的天下观，还是西方现代性通过古今之争、东西之辩所确立的西方中心主义，都不可避免地将自我视为全球的中心，而将其他一切文明、文化视为他者"③。只是在不同的"中心论"那里所确立的"中心"各有差异而已，"西方""欧洲""美国"乃至"中国"都曾被视为全球化的"中心"

① 习近平.共担时代责任 共促全球发展——在世界经济论坛 2017 年年会开幕式上的主旨演讲（2017 年 1 月 17 日，达沃斯）[R].新华社，2017-01-18.
② 杨雪冬.西方全球化理论：概念、历史和使命[J].国外社会科学，1999(3)：59.
③ 邵培仁，许咏喻.人类命运共同体思想的历史超越性及实践张力——以新世界主义为分析视角[J].中国出版，2018(1)：5-9.

所在。因此,"中心论"实际上用静止、割裂的眼光将人类文明进行机械切割,从而形成西方霸权主义意识形态和文明等级秩序。然而,在"普遍联结"的全球化时代,人类文明早已是东西方、南北方的在地文化与全球化实践不断交融的结果。某种看似源自西方或者东方的文明样态,实际上源自全球的思维贡献和全人类共同的文明成果。正如森(Sen)所言,"从人类文明相互交融的角度来看,东西方文明的分野本身就是有问题的命题。我们要强调的不是对文明的割裂,而是文明间的交融和不同区域的文明对人类共同体的贡献"①。"一带一路"倡导尊重世界文明多样性,"以文明交流超越文明隔阂、文明互鉴超越文明冲突、文明共存超越文明优越",正是对以多样性和交融性为总体特征的人类文明发展规律的根本遵循。因此,"一带一路"打造整体全球化,超越了"中心论"的文明等级秩序,向世界传递了"交流、互鉴、共存"的价值选择,诠释了人类文明多样性如何交融协调、"和合共生"的真谛。

二、超越民族国家的地缘政治,构建全球性交往的"国家间认同"

迄今为止,民族国家依然在人类社会生活中发挥主体作用。"民族国家既是全球化的动力,又是它的障碍。"②民族国家意味着政治意识形态共同体和民族文化共同体的双重建构。而前者的异质性与后者的地方性认同,使得民族国家之间难以达成理解和共识。这无益于全球化的可持续发展,甚至加剧了世界进一步四分五裂的可能。欧盟曾经被视为一种超越民族国家的全球化模式,试图建立地区治理机制,加强国际合作。然而,英国脱欧意味着欧盟模式持续近半个世纪的全球化努力被彻底粉碎,而这种反全球化倾向正是民族国家与全球化之间不可调和矛盾的产物。可以说,民族国家框架已经不能缓解和消除当前人类社会面临的全球性风险,而关键在于"建立一种超越民族国家模式的社会和政治治理的新形式,这种治理形式既建立在历史生长出来的民族国家的基础上,又是对这一形式的开放和扩展;既要照顾到民族利益,又要对其进行合理的平衡与限制;既要反对狭隘的民族主义情绪,又要抵制霸权主义的行为方式"③。吉登斯认为,我们的时代成为确实的"全球时

① Sen, A. What clash of civilizations? Why religious identity isn't destiny[EB/OL]. (2016-04-30) [2010-08-07]. http://www.slate.com/id/2138731.
② 章国锋.全球风险社会的困境与出路:贝克的世界主义构想[J].马克思主义与现实,2008(2):49.
③ 乌尔里希·贝克.风险社会:走向另一种现代性[M].南京:译林出版社,2004:117.

代"①,"'全球性'(globality)是 20 世纪结束时人类交往的不可规避的条件"②。要言之,全球性交往成为全球时代人类社会的新坐标。"一带一路"倡议力图突破民族国家制度和威斯特伐利亚体系,着眼于沿线参与主体之间的全球性交往,致力于利益共同体、责任共同体、命运共同体三位一体的范式重构,进而构建一种关系主义的"国家间认同",从而化解全球化与民族国家之间的矛盾和冲突。因此,"一带一路"打造整体全球化是对地缘政治和狭隘民族主义的纠偏,实现一种超越国家和民族身份的"跨地域团结",共同描绘人类整体共进共演、共生共荣的世界新图景。

三、超越零和博弈的斗争哲学,构建合作共赢的人类命运共同体

全球化的历史进程蕴含着内在的价值取向。传统全球化是基于一种识别敌友而永远准备斗争的霸权逻辑,建构了以征服、支配和剥削为主要特征的全球秩序。霍布斯的丛林法则、马克思的阶级斗争理论、亨廷顿的文明冲突论等均指出冲突与斗争是人类文明的基本事实,揭示了传统全球化将外部性的一切他者视为征服对象的斗争哲学本质。然而,零和博弈的竞争性逻辑仅仅制造和重复了全球化的危机现实而没有化解深层的矛盾。"研究如何把斗争进行到底,就无法解决冲突的问题,反而是冲突的继续和强化。"③因此,斗争哲学的局限性使得传统全球化陷入不可持续的困境而走向衰落。对此,齐泽克·S.(Žižek S.)曾尖锐地指出,生态灾难、财产权私有化的不合适性、新科技发展导致的社会伦理影响、新形式的社会隔离所导致的矛盾使得资本主义全球化体系无法实现可持续发展。④ 相较之下,"一带一路"打造整体全球化,强调合作共赢的价值目标,倡导一种能够与任何他者互动互助、共进共演的全球秩序,任何来自外部的力量都是可以沟通、合作的对象,而不是去征服、镇压、控制或者垄断。"道德是指引人类历史进程的'北极星'"⑤,合作共赢的价值框架源于对人类之善的道德追求,亦是对中华文明"己立立人,己达达人""先天下之忧而忧,后天下之乐而乐"的道义坚守。整体全球化超越了零和博弈的斗争哲学,用合作共赢之"善"来约束和调整传统全球化所制造的

① Lloyd, J. Interview: Anthony Giddens[J]. *New Statesman*,1997(1):11.
② Beck, U. Beyond the nation state[J]. *New Statesman*,1999(11):30.
③ 赵汀阳.天下的当代性:世界秩序的实践与想象[M].北京:中信出版集团,2016:6.
④ Žižek, S. *First as Tragedy then as Farce*[M]. London:Verso,2009:77.
⑤ 彼得·诺兰.资本主义全球化是一把双刃剑[J].北京大学学报(哲学社会科学版),2018(1):95.

冲突对抗之"恶",倡导人们超越自己的利益,约束一己私欲,实现"同心打造人类命运共同体"的理想。换而言之,无论处于什么发展水平、拥有什么利益、持有哪种文化,处在"世界普遍交往"之中的任何国家、民族、个体都应秉持向善之心,以水乳交融的姿态凝聚成一个整体,共同面对人类当前的严峻挑战。

总之,从 20 世纪 90 年代开启的"走出去"路线,到新时代的"中国梦"和"一带一路"倡议,"当代中国的世界话语正在国家顶层战略决策的不断调试之中重新确认路径和方向"①。作为一种价值范式和话语标识,整体全球化是对"一带一路"倡议的再阐释,也是对当前全球化格局的重新定义。作为塑造国际共识和全球认同的"先锋、向导和助产士",传媒应当成为"一带一路"打造整体全球化的题中之意,成为在国际上传播和助推整体全球化的舆论平台和"世界大脑"(world brain)。因此,我们主张,基于"同心打造人类命运共同体"理念和整体性哲学,塑造和建构一种能够"兼容世界主义理念和民族主义诉求的全球媒介伦理"②,重新建构"一带一路"的全球话语体系和全球传播策略,重新阐释中国与世界的关系,既讲好"我的中国故事",也要讲好"我们的人类故事",共同缔造属于全人类的美丽新世界。

---

① 邵培仁,王昀.新世界主义视野下的中国传媒发展[J].编辑之友,2017(1):5-12.
② 牛静.世界主义、民族主义与全球媒介伦理的建构[J].新闻与传播研究,2016(2):37.

第十九章　人类整体传播学:人类命运共同体视域下的传播研究

　　无论你是否意识到,整个人类社会图景已发生了深刻改变。一方面,世界的整体性日益加强,全球化进程面临重大调整,世界从来没有像今天这样互联互通、唇齿相依、水乳交融;另一方面,传播技术革命风起云涌,麦克卢汉预言的"地球村"正在卷入一个由互联网编织起来的无比巨大而又错综复杂的人类传播系统当中。回望人类社会发展的历史进程,传播和科学、技术这些动力性因素共同构成了推动社会结构形态发生重大变革的基本动因。正如我们所看到的那样,在传播领域当中出现的重大变化往往能够促发人类社会的结构性变革。随着人工智能、移动互联网、社交媒体等新型信息生产方式在全球普及,"移动或流动成为社会生活的常态"①,由此改写了人类社会的交流方式与传播形态,形成了非结构化的"生活政治",进而型塑了全球化时代以整体性、流动性、复杂性为基本特征的"网络化社会"。

　　不言而喻,世界正处于大发展、大变革、大调整的关键时期,面临着一系列前所未有的新挑战和新形势。那么,在新的时代语境下,传播研究面临怎样的机遇和挑战? 如何实现传播研究的范式转型和学科发展? 在多元文明共生共存、价值冲突愈演愈烈的全球化时代,人类命运共同体思想的出场,不仅为应对与日俱增的全球性问题、引领人类未来命运走向提供了一种新的价值共识,同时也赋予了传播研究一种新思维、新视野和新使命。对于传播研究而言,人类命运共同体思想究竟意味着什么? 基于这些问题,本章试图阐明人类命运共同体视域中传播研究的范式转型和未来进路。我们认为,无论是积极布局,还是被动回应,构建人类整体传播学将为全球化时代的传播研究提供一种可能的行动策略与学科路径。

---

　　①　李立峯.流动的人,流动的传播[J].传播与社会学刊,2019(47):V-X.

第一节 成长的烦恼:传播研究的阈限焦虑

作为一门年轻的人文社会科学,传播研究长期以来面临学科合法性的阐释困惑和学术共同体的认同危机。在整个学科化进程中,无论是在西方还是在中国,传播研究的反思活动频繁发生,传播学者对学科尊严与主体性地位的向往与追求日趋强烈。20世纪60年代,威尔伯·施拉姆指出,传播学面临"十字路口"的生存危机,"许多人穿过,很少人逗留",引发西方传播学者对传播学未来发展的忧思。20世纪八九十年代,《传播学刊》(*Journal of Communication*)先后以"领域的酵母"和"领域的未来"为主题,两次在传播学领域发起围绕传播学科的身份定位、研究范式以及发展取径等问题的热烈讨论。2008年,该刊以"交叉口"为主题,又一次组织了关于传播学的多学科传统、多元认识论以及"后学科"状态等问题的探讨。2018年,该刊策划出版专刊《田间发酵》(*Ferments of the Field*),旨在对传播学学科化进程展开回顾,同时对传播研究的未来发展方向进行展望。与此同时,中国传播学者倡导"重构传播""传播学重建""传播学转型"的呼声此起彼伏。一方面,随着信息生产方式的变革,"传播""媒介""信息"等基本概念逐渐分崩离析,学者们殚精竭虑地呼吁要展开"重建式反思",竞相提出五花八门的理论创见,试图规范传播研究的知识体系,划定明确清晰的学科界线;另一方面,基本理论以及研究范式的多样性和竞争性最终导致学科发展共识的丧失,传播学领域的价值坐标和知识版图因而更加模糊不清。由于在学科边界、碎片化趋势以及学科自主性等诸多问题上始终无法达成共识,整个传播学术共同体陷入一种瞻前顾后、无所适从、自相矛盾的集体焦虑当中。

首先,跨学科悖论困扰已久,如何跨越学科边界成为谜题。作为一门交叉学科,传播学诞生并成长于多种知识传统和多学科环境之中,早已成为传播研究领域的常识。尤其在当前"流动的现代性"[①]语境的激荡之下,传播研究的跨学科特性日益彰显。然而,作为一种古老的结构形式,学科形成的显著特征就在于"内部的一致性与外部的差异性"[②]。因此,传统的学科划分在

---

① Bauman, Z. *Liquid Modernity*[M]. Cambridge:Polity,2000.
② Zelizer, B. Communication in the fan of disciplines[J]. *Communication Theory*,2016,26(3):
213-235.

对知识领域进行专业化、专门化切割的同时,也形成了明确的知识范畴和学科界限。就在这一点上,传播学日益走向开放、多元、对话的跨学科趋势与传统的结构性、封闭性的学科体系之间,形成了一体两面而又冲突对立的悖论关系。有学者直言,"从学术传统的多元性、研究问题的开放性、研究方法的多样性上来说,传播学都具备'反学科'的特征"①。这种跨学科悖论往往导致传播学者在"跨还是不跨""怎么跨""跨什么"的困惑与迷茫中犹疑不决。学者们时而主张传播学研究需要吸纳所有与传播相关的对象;时而又提出"对融入学科传统的内容进行筛选和剔除"②;时而强调传播理论的自主性并隔绝与其他学科展开对话;时而"罔顾理论概念的学术脉络,随意拿来其他学科的理论,嫁接到传播学研究中,传播领域于是成为各种学科理论、概念的演练场,传播学因此陷入学术研究的下游、末端、工具性的命运"③。

其次,研究领域趋向碎片化,迫切希望建立中心理论和主流范式。长期以来,传播理论繁多庞杂、多种学术传统竞相争斗、知识版图支离破碎,构成了传播研究碎片化的常态。罗伯特·克雷格(Robert Craig)曾梳理并区分了修辞学、符号学、现象学、控制论、社会心理学、社会文化学和批判学派等7种传播理论的主要研究传统,并尖锐地指出,"传播学研究的基本学理支离且缺乏理论传统的连贯性"④。在《传播学新趋势》一书中,洪俊浩将传播学的研究范围划分成了38个分支领域,其中包括老人学传播研究这类新兴的学术热点。梅琼林则形象地把诸多学派林立的传播学领域比作庞大复杂的"弥诺斯迷宫"⑤。部分学者分析认为,造成这种碎片化的成因在于数据来源的广泛性,"认识论的多元性"⑥以及"对跨学科性质的强调"⑦。李金铨借用"内卷化"概念来形容传播研究走向碎片化的危险境地,"主流研究变成'变项分析'的技术活,方法精细,但视野偏狭窄,不啻是'精致的平庸'"⑧。在传播学领域,

① 胡菡菡."反学科"的传播学:告别"范式"想象,回归研究问题[J].新闻记者,2017(1):81.
② Stanfill, M. Finding birds of a feather: Multiple memberships and diversity without divisiveness in communication research[J]. *Communication Theory*,2012,22(1):1-24.
③ 孙玮.为了重建的反思:传播研究的范式创新[J].新闻记者,2014(12):50-58.
④ Craig, R. Communication as a field[J]. *Communication Theory*,1999(5):119-161.
⑤ 梅琼林.透视传播学"范式之惑"——基于对"范式"概念的反思[J].现代传播(中国传媒大学学报),2010(9):45.
⑥ Kane, O. Communication studies disciplination and the ontological stakes of interdisciplinarity: A critical review[J]. *Communication & Society*,2016,29(3):87-102.
⑦ 龙强,吴飞.认同危机与范式之惑:传播研究反思之反思[J].国际新闻界,2018(2):75.
⑧ 李金铨.美国主流传播文献的两大真空[N].中国社会科学报,2015-12-03(3).

我们司空见惯的现象是,学者们抱守几个学术碎片自给自足、孤芳自赏,致使不同的分支领域之间缺乏对话和交流,无法碰撞出知识的火花,难以形成整个学科的核心共识。传播学者一方面迫切希望构建主流范式和中心理论以巩固岌岌可危的学科地位,另一方面又陷入对范式概念的认知混乱和滥用基本理论的漩涡,造成了"多种不同的研究传统杂烩式地拼贴于传播学科核心范式的版图当中"[①],使得施拉姆所倡导的建立中心理论和主流范式的传播学科目标变得更加遥遥无期。

最后,学科地位走向边缘化,学术共同体缺乏归属感和认同感。传播学科建制以来,已历经大半个世纪,其跨学科性质已成为理论创新的生长点和学科进化的重要驱动力。事实上,施拉姆将信息论引入传播研究之后,美国源流的逻辑实证主义研究范式一度引领传播学科走向繁荣发展的喜人景象,取得了令人瞩目的学术成就。然而,传播学科建制的扩张并不意味着传播研究的学术繁荣。传播学科一派欣欣向荣的背后,传播研究理论贫瘠的危机正在逼近。随着新媒介形态和信息传播技术的日新月异,议程设置、使用与满足,知识鸿沟,创新的扩散,沉默的螺旋,框架理论,涵化理论等基本传播理论的应用早已呈现疲态,而新的核心共识和主流范式却迟迟无法建立起来,以至于"急吼吼地发展出各种学术体制,结果建好了楼宇,却发现无人居住,成了'鬼城'"[②]。理论匮乏、学术羸弱、根基不稳,加上多种学术传统和学科理论的融合、激荡,使得传播学科本身"更容易受到外力的扰动而缺乏与之相对抗的内在自主性"[③]。传播研究甚至难以界定清楚本学科的基本概念、研究对象和研究方法,亦无法完成对学科内部一致性的自我确认,更谈不上对学科核心范式的根本遵循。因此,在人文社科场域当中,传播研究逐渐丧失了学科自主性,走向被边缘化的学科困境,甚至受到其他传统学科的轻视和怠慢,严重伤害和削弱了传播学术共同体的归属感和认同感。

毫无疑问,传播研究的集体焦虑状态势必阻碍其学科发展与学术创新,只有探明产生焦虑的根本原因才能找到破解困局的方法。张涛甫曾将传播研究的学科焦虑视为一种由于缺失主体性而导致的"影响的焦虑",认为传播学长期以来依附于强势学科发展,存在着显著的"他者""他律"特性,"正因被

① 陈蕾.传播学学科核心范式的演化进路:一种新的学科史解读视角[J].国际新闻界,2013(7):73.

② 邓建国.传播学的反思与重建:再读 J. D.彼得斯的《对空言说:传播的观念史》[J].国际新闻界,2017(2):161.

③ 胡翼青.中国传播学 40 年:基于学科化进程的反思[J].国际新闻界,2018(1):74.

幽灵般的'影响的焦虑'所笼罩,难以获得自主性"①。事实上,这种"影响的焦虑"本质上还是根源于在整个人类知识生产体系中由于自身学科定位模糊不清,而产生的一种"阈限焦虑"。何谓"阈限"? 这是一个来自文化人类学的概念,主要是指"非此非彼、既此又彼的中间性状态"②。阿诺尔德·范热内普最早通过仪式研究指出了阈限的过渡特性,维克多·特纳则发现了阈限的结构间特征及其临界性的"交融"价值,认为在居间的阈限时期,仪式主体的状态含糊不清,"它既不是这个又不是那个,但又二者兼而有之"③。对于当前的传播研究而言,阈限现象不容忽视。潘忠党、于红梅等多位学者指出,阈限概念构成重新想象传播学的一个维度。④ 作为阈限实体,传播研究的学科合法性问题一直混沌不清、悬而未决。边缘学科、交叉学科、后学科、实践性学科……多种基于不同理论传统的学科身份论争各执一词,在传播研究领域引发了紧张、冲突甚至分裂。作为阈限人,传播学者常常游走于社会学、心理学、政治学、信息科学等多个学科的交汇之处,学科边界的模糊性、研究范畴的不确定性致使学者们常常面临"我是谁""我在哪""我去往何方"的身份困惑,迷失了前进的方向。而作为阈限学科,传播学的发展正处于一个从较低的位置到较高的位置之间所经历的"无地位"过程和处境当中,居于人类知识生产体系的边缘并且被夹击在强势学科的缝隙之间生存。这种"非此非彼"同时又"亦此亦彼"的阈限焦虑状态,最终导致传播研究徘徊在多重学术性困境之中停滞不前。

第二节　人类命运共同体:传播研究的价值坐标

在马歇尔·德·赛都看来,"所有的知识都要被定位,不管探究的空间是日常的、实践的,还是协商的、竞争的"⑤。传播研究的多重困境和阈限焦虑充

---

① 张涛甫.影响的焦虑——关于中国传播学主体性的思考[J].国际新闻界,2018(2):123-132.

② [英]维克多·特纳.仪式过程:结构与反结构[M].黄剑波,柳博赟,译.北京:中国人民大学出版社,2006:11.

③ [英]维克多·特纳.象征之林:恩登布人仪式散论[M].赵玉燕,欧阳敏,徐洪峰,译.北京:商务印书馆,2006:93-99.

④ 潘忠党,于红梅.阈限性与城市空间的潜能:一个重新想象传播的维度[J].开放时代,2015(3):140-158.

⑤ [美]朱丽·汤普森·克莱恩.跨越边界:知识、学科、学科互涉[M].姜智芹,译.南京:南京大学出版社,2005:17.

分表明,尽管自学科建制以来围绕传播研究的反思从未停歇,但却始终未能厘清传播研究在整个人类知识生产体系当中的学科定位及其内在的学理逻辑。因此,传播研究迫切需要找准自身的价值坐标,才能真正消除阈限焦虑,走出学术性困境。正如汉诺·哈特所言,"传播学必须要根据历史社会学或社会历史发展中的观念来确定自己的身份,只有这样的观念可能会提供共同的研究领域和共同的理论问题"①。这意味着需要从更宏观的理论视野去重新审视传播研究的运行轨迹,重新思考传播研究在人类知识生产场域当中所处的相对位置,并凝结成一种核心共识来吸纳、整合传播研究领域当中形形色色的理论想象和学科论断。

那么,传播研究的学科定位究竟是什么呢?有没有一种普适性的价值共识能够指导和引领传播研究的未来发展?对于这个问题,传播学界至今未有定论。罗伯特·克雷格、辛迪·威尔士(Cindy Gallois)等多位学者共同指出,实践是传播学未来的发展方向,应当发展出一套适应社会实践需求的知识生产体系。② 邱林川认为,传播研究应当以有机化为归趋,与社会需求、现实问题进一步融合。③ 陈力丹、李欣人等学者提出构建一种以交往、互动为核心的"大传播"理念,展开跨学科研究。④ 黄旦提出以媒介为支点,打通人文、社科和自然科学,重构新闻传播学科的知识版图。⑤ 胡翼青认为,数字媒体给传播研究的范式重塑提供了新的契机,要重新理解传播及其技术与人类存在之间的关系。⑥ 不难发现,不管是对传播实践属性的强调,或是对传播关系维度的观照,还是对媒介技术面向的宣扬,这些理论视角和立场或多或少地共同忽略了传播研究当中"人"的本质维度。"传播学是在具体的文化、政治经济环境中研究人和制度的学问,也是在变化的条件下研究人和制度的学问。"⑦从

① [美]汉诺·哈特.传播学批判研究:美国的传播、历史和理论[M].何道宽,译.北京:北京大学出版社,2008:4.

② Gregory, J., Shepherd Jeffrey St. John Ted Striphas. *Communication as*:*Perspectives on Theory*[M]. Thousand Oaks:Sage Publications,2006:38.

③ 邱林川.多元、对话与有机的传播研究:基于2018年Joc新酵母专刊的反思[J].国际新闻界,2018(2):61.

④ 陈力丹,宋晓雯,邵楠.传播学面临的危机与出路[J].新闻记者,2016(8):7.

⑤ 黄旦.新闻传播学科化历程:媒介史角度[J].新闻与传播研究,2018(10):73.

⑥ 胡翼青.重塑传播研究范式:何以可能与何以可为[J].现代传播(中国传媒大学学报),2018(1):53.

⑦ [美]汉诺·哈特.传播学批判研究——美国的传播、历史和理论[M].何道宽,译.北京:北京大学出版社,2008:3-4.

人际传播、组织传播到大众传播,再到当下瞬息万变的网络传播,传播研究始终面临着一个根本问题,那就是"传播如何影响人类社会"。尤其是在技术理性日益凸显的今天,传播研究应当突出"人"的价值本位,重新审视鲜活的人类传播活动,重新阐释传播与人、共同体、社会之间千丝万缕的联结和缠绕。

回望当今世界,人类社会正处于世界多极化、经济全球化、社会信息化、文化多样化的大发展、大变革、大调整时期,"人类交往的世界性比过去任何时候都更深入、更广泛,各国相互联系和彼此依存比过去任何时候都更频繁、更紧密"①。随着人工智能、移动互联网等新型信息技术在全球范围内普及,人类社会出现了比以往任何时候都更为复杂、更加多元的传播新格局、新形态,"引发了信息生产方式的变革,催生出一个'人人都能生产信息'的互联网群体传播时代,开启了将社会资源配置给普通人的历史"②。不言而喻,这种新的世界体系和人类传播图景需要传播研究回到"人"的价值维度,形成与之契合的知识理论体系。2017 年 1 月 18 日,习近平主席在瑞士日内瓦万国宫发表演讲,提出"共同构建人类命运共同体"理念,引起全世界瞩目。在全球一体化、世界整体化趋势日益显著的今天,人类命运共同体理念的出场,正是基于应对与日俱增的全球性问题、引领人类未来命运走向而做出的深刻判断,是对"人类到底以什么样的方式生存"这一终极追问而提出的理论创新,具有划时代的普遍意义。因此,在新的时代语境之中,传播研究以人类命运共同体理念作为新的价值坐标和行动准星,将为重构传播研究的核心共识与学科定位指明方向。

首先,人类命运共同体理念重塑了传播研究的新视野。当今世界正处于一种历史性转向当中,即从一个结构化的国家、社会模式转向全球性的"非结构化"状态③,人类社会生活当中处处充满着高度的不可预见性、流动性和复杂性,以至于格瑞·J.(Gray J.)将这种四处流动的全球化进程视为"一个无法驾驭的无序化世界"④。裹挟在全球流动的时代潮流当中,我们已然充分感受到了吉登斯所描述的"全球性风险景象"⑤,环境污染、资源枯竭、国际难民、

---

① 习近平在纪念马克思诞辰 200 周年大会上的讲话[N].人民日报,2018-05-05(2).
② 隋岩.群体传播时代:信息生产方式的变革与影响[J].中国社会科学,2018(11):114.
③ Lash, S., Urry, J. *The End of Organized Capitalism*[M]. Cambridge: Polity. 1987; Lash, S., Urry, J. *Economies of Signs and Space*[M]. London: Sage,1994.
④ Gray, J. The era of globalization is over[J]. *New Statesman*, 2001(9):24.
⑤ Giddens, A. *The Consequences of Modernity*[M]. Stanford: Stanford University Press, 1990.

恐怖主义、贫富极化、局部战争、文化霸权等全球性问题无一不威胁着人类共同的家园。尼采指出"上帝死了""一切价值需要重估"①,海德格尔认为"现代人已处于无家可归状态"②,都表达出对"风险社会"当中焦虑不安的人类生存状态的忧思。传播是人类社会的神经系统,感知着全人类的思想和时代的脉搏,人类社会的焦虑状态不可避免地在传播研究领域渗透、蔓延。某种程度上,传播研究的阈限焦虑恰恰体现了人类的存在性焦虑在知识生产场域当中的缩影。在这个"没有安全感的时代",人类命运共同体理念强调世界各国各族人民彼此之间抱团取暖,形成命运相济、风险共担、利益共享的共同体生活,寄托了人类社会共同的心灵期许和价值诉求。因此,对于传播研究而言,人类命运共同体理念的重要意义在于,以一种全新的视野来看待人类与世界的关系,在新的价值框架下培育人类社会的共同体意识,不断跨越知识疆域、融合学科界限,发现和创造新的理论,从而真正形成传播研究的想象力。

其次,人类命运共同体理念标定了传播研究的新使命。在多元文明共生共存的全球化时代,由于"哲学假定、基本价值、社会关系、习俗以及全面的生活观在各文明之间有重大的差异"③,不同文明体系之间的价值冲突此起彼伏。深层次的人类文明交流与对话往往是在价值层面展开。只有在尊重差异、求同存异的基础上,寻求不同文明之间的"共同价值",方能达成人类的共识和认同,进而携手面对人类当前愈演愈烈的全球性问题。人类命运共同体理念并非仅仅基于人类现存固有的价值观念进行简单调适,而是着眼于世界发展和人类未来命运主动、自觉地构建一种共同价值体系,进而形成一种强大动力朝着实现人类幸福的终极目标推动人类的重新整合。作为人类社会相互渗透、融合、交叉、互动的催化剂和黏合剂,传播无疑是人类文明交往与文化交流的桥梁和纽带。因此,人类命运共同体理念赋予传播研究一种新的使命,那就是,充分挖掘人类多元文明体系当中被普遍认同的共同价值,激发能够产生全人类共鸣的朴素情感,推动"文明交流超越文明隔阂、文明互鉴超越文明冲突、文明共存超越文明优越",诠释好人类文明多样性交融协调、和合共生的真谛。

① [德]尼采.快乐的知识[M].黄明嘉,译.北京:中央编译出版社,1999:127.
② Heidegger, M. *Band q*, *wegmarken*[M]. Frankfurt: Vittorio Klostermann, 1978:339.
③ [美]塞缪尔·亨廷顿.文明的冲突与世界秩序的重建[M].周琪,等译.北京:新华出版社,2010:7.

第三节　生成的整体：传播研究的范式重塑

　　传播研究立足于人类命运共同体理念，突出"人"的价值向度，致力于共同体意识和共同价值体系的构建，无疑是对以整体性为基本特征的马克思哲学"类思维"的根本遵循。马克思指出，"一个种的整体特性、种的类特性就在于生命活动的性质，而自由的有意识的活动恰恰就是人的类特性"[①]。"类"，是马克思用以描述人的本质属性、理解人的存在及其与世界的关系的重要概念。贺来认为，人的"类本质"就在于，通过自由自觉的实践活动，使人与自然、人与他人的关系"呈现出一种特殊的一体性关系"[②]。这意味着人的存在应该向整个世界保持开放的姿态，充分施展人之为人的自由个性，并与他人、与社会"在根本利益上实现内在的统一"，人与人之间最终结成休戚与共、命运相依的共同体。人类命运共同体理念正是对马克思哲学"类思维"的继承与发展，"倡导一种整体性思维、价值和生活方式，构建类主体的新关系，引领人类开创相互依存的全球性新文明"[③]，呼唤着人的整体觉醒和"存在的革命"的到来。因此，以人类命运共同体理念为价值坐标，意味着要以一种整体性思维来看待和认识当前的人类传播图景，将传播研究的多种研究方法、研究范式以及理论成果整合起来，形成一种更具社会历史感的研究路径和更加有机融合的研究领域，重新阐释人类存在及其与传播之间的关系。这是一种整体主义的研究范式，强调传播研究领域的各个环节和组成部分之间相互作用、相互依存，缠绕成一种具有内在一致性的有机整体。换而言之，在人类命运共同体视域下，传播研究将迎来一种不断生成的整合创新动力，朝着整体主义的研究范式和路径向前进化。

　　首先，走出"唯学科化"误区，构建有机整合的知识理论体系。在现代性风险持续扩散的当下，资本逻辑的全球性扩张致使"功利性、市侩性、工具理性、科技理性的垄断性日益突出"[④]，最终造成人类价值体系的坍塌，人与人之间逐渐走向自我封闭、彼此孤立甚至相互隔离。这种人的分裂状态亦蔓延、渗透到传播研究领域当中，学科建制过程中的"跑马圈地"，学术研究的"内卷

---

①　马克思恩格斯选集：第3卷[M].北京：人民出版社，2002：273.
②　贺来.马克思主义的"类"概念与人类命运共同体[J].哲学研究，2016(8)：4.
③　蔡拓.世界主义与人类命运共同体的比较分析[J].国际政治研究，2018(6)：10.
④　田旭明."人类命运共同体"的伦理之维[J].伦理学研究，2017(2)：7.

化""碎片化"等弊病,很大程度上体现了人类存在的根本价值走向分裂、虚无的结果。邓正来曾将这种"唯学科化"倾向视为人文社会科学的一大障碍,"原本作为整体的某一研究对象,经由学科化的裁剪,则被肢解为一个个孤立的'专业性'问题"①。

人类命运共同体理念倡导构建一种开放、包容、有机整合的知识理论体系,要求传播研究走出封闭、僵化的"唯学科化"误区,突破传播学科建制的自我设限、画地为牢,面向他人、面向社会、面向自然,保持包容开放的姿态,构建一种具有包容性、渗透性、交叉性、多样性的多学科知识理论体系,从根本上消除困扰已久的学科边界纷争。正如施拉姆早在 1959 年所指出的,"构成传播学的知识领域具有跨学科性质,不能称其为一个学科,而是一个研究领域"②。在斯蒂文·小约翰看来,作为研究领域的传播是"许多学科用各种方法进行调查研究的一个题目,也吸引了不同哲学观点的学者的注意。其结果是,这就像一颗宝石在七彩灯光的照耀下慢慢转动时更显得光彩夺目一样"③。因此,构建传播研究的整体主义范式,意味着其基本立足点不能仅仅局限于传播学科内部,而应放眼于古往今来的人类交往与传播实践活动以及贯穿其中的人类传播思想。

其次,消解"中心—边缘"结构,构建平等自主的知识生产格局。在全球化时代,整个世界呈现出一种结构化特征,其运行机制并非完全能够遵循自由平等的游戏规则,而是有着明确的"中心"与"边缘"之分,从而形成一种非对称的"世界结构"④。传播研究亦毫不例外地被编织到这种"中心—边缘"结构的知识生产体系当中。就人文社会科学知识场域而言,哲学、社会学、政治学、心理学等较先发展起来的传统学科长期处于中心地位,而传播学与其他较为年轻的学科则被置于边缘位置,因而形成了由中心学科主导并对边缘学科进行结构性支配的知识生产格局。在传播学科内部,"中心—边缘"结构的学术实践对传播研究的整体进路与未来前景产生了深远影响。从传播学的运行轨迹来看,以美国为中心的西方传播学长期处于"霸主"地位,一定程度

① 邓正来.全球化时代与中国理想图景的建构[C]//北京师范大学,北京社会科学界联合会.前沿 创新 发展——学术前沿论坛十周年纪念文集(2001—2010 年)北京:北京师范大学出版社,2011.
② Schramm, W., Riesman, D., Bauer, R. The state of communication research:Comments[J]. *The Public Opinion Qualiterly* ,1959(spring):8.
③ [美]斯蒂文·小约翰.传播理论[M].陈德民,译.北京:中国社会科学出版社,1999:序言.
④ 邓正来.全球化与中国社会科学的"知识转型"[J].东吴学术,2011(1):19.

上制造了新的"依附文化"。中国传播学在学科建制上脱胎于西方传播学,无论是研究范式、学科规范标准还是知识理论体系,都依赖西方传播学为自己的学术行为提供合法性。在具体研究中,部分传播学者在思维方式与价值导向上的"过度西方化"倾向更是让人担忧。"他们用的传播理论和方法是西方的,思维是西方的,甚至表达也是西方的,论著的参考文献都是西方的,有的几十个注释中看不到一个中文文献"①,最终沦为了被其他强势学科和西方中心主义共同挟持的分析工具。

在实现"普遍联结"的全球化时代,"人类文明早已是东西方、南北方的在地文化与全球化实践不断交融的结果"②。显而易见,"中心—边缘"结构已成为人类文明的桎梏,无疑也制约了传播研究的未来发展。因此,构建传播研究的整体主义范式,关键在于消解"中心—边缘"结构本身,重建一个"平""整"的知识生产体系和去中心化的传播研究新秩序,从而保障传播研究的学科自主性。只有破除"中心—边缘"结构的束缚,才能确保不同的研究主体平等自主地参与到知识创新的进程中来,真正实现多元化、多学科的学术研究与合作。同时,只有主动跳出"过度西方化"的陷阱,努力建构富有学科个性、本土特色和全球视野的知识理论体系,才能真正释放传播研究的综合创新活力。诚如翟学伟所言,"回到自己的社会文化中,建立自己的学科视角和理论架构,或许是 21 世纪本土学者的学术使命"③。

最后,超越主体性维度的阈限焦虑,构建多元对话的学术共同体。传播研究长期处于一种阈限焦虑当中,迫切希望构建"主流范式"和"中心理论",摆脱对强势学科的依附性关系,完成传播研究作为一门"显学"的主体性体认。事实上,对"主流"和"中心"的向往源于一种主体性维度的外在追求,将主体和客体置于二元对立的对象性关系当中,引发"我"与"他"两者之间的紧张和冲突。对主体性的追寻往往造成"主体对客体最大限度地征服和占有"④,导致个体、社会、国家、民族、自然等多元主体之间的关系逐渐走向分裂甚至对立,人类中心论、国家中心主义、民族主义、原教旨主义等主体性思潮

---

① 邵培仁.携手共同构建人类整体传播学[J].国际新闻界,2018(2):32-35.
② 邵培仁,陈江柳.整体全球化:"一带一路"的话语范式与创新路径——基于新世界主义视角的再阐释[J].暨南学报(哲学社会科学版),2018(11):13-23.
③ 翟学伟.中国人的关系向度及其在互联网中的可能性表达[C]//黄旦,沈国麟.理论与经验——中国传播研究的问题及路径.上海:复旦大学出版社,2013:63.
④ 洪晓楠,蔡后奇.文化自觉的主体间性维度:对文化自觉"空间轴"的哲学反思[J].哲学研究,2015(8):117.

即为例证。显然,在多元文化主体并存的全球化时代,这种强调一切"为我所用"的主体性文化无法真正引领人类社会的未来。对于传播研究而言,"身处多学科交汇处,受到多学科话语的影响,受到自然科学、人文科学、社会科学的多重影响"①,一味地执着于"主流""中心"的主体性维度,不仅于事无补,而且徒增烦恼。

走出主体性误区,建构一种主体间性的文化自觉,为全球化时代的人类认知提供了一种深刻洞见。胡塞尔、海德格尔、伽达默尔等多位思想家不约而同地转向对主体间性的强调。这意味着,"我"的存在是在多元主体间的交往和对话当中内在地生成,侧重的是"我""你""他"之间的相互沟通、彼此理解,进而达到一种"我们"的"视域融合"。正如伽达默尔所言,"理解其实总是这样一些被误认为是独自存在的视域的融合过程"②。要言之,构建一种主体间性的价值视域,为推动人类多元主体间的对话和交往提供了无限的可能。人类命运共同体理念蕴含了一种主体间性向度上"我们"的共同价值,超越了主体性维度之下"为我所用"造成的分裂和冲突。人类命运共同体理念尊重多元文明主体彼此之间的差异,倡导主体间的平等交往和对话,构筑浑然一体、有机融合的人类命运共同体,进而达到"我"与他者共存、与世界共在的和谐状态。因此,构建传播研究的整体主义范式,要求传播学者超越主体性维度的外在追求,转向主体间性的内在觉醒,守护好多元、对话的学术生态,成为"一个有着争辩传统的交谈共同体"③。正如潘忠党所言,"对谈也是传播实践之一部分,既体现了人类传播活动的自我反身性,也践行着传播学科这个学术共同体的自我反思"④。

第四节 人类整体传播学:传播研究的学科进路

如前所述,"'流动的'现代性的到来,以一种激进的方式改变了人类的状况"⑤,致使当前的人类社会处于一种"信息的、影像的、移动的全球网络和流

---

① 张涛甫.影响的焦虑——关于中国传播学主体性的思考[J].国际新闻界,2018(2):123-132.

② [德]汉斯·格奥尔格·伽达默尔.真理与方法[M].洪汉鼎,译.北京:商务印书馆,2013:433.

③ Craig, R. Communication as a field[J]. *Communication Theory* ,1999(5):124.

④ 潘忠党.走向反思、多元、对谈的传播学[J].国际新闻界,2018(2):50.

⑤ [英]齐格蒙特·鲍曼.流动的现代性[M].欧阳景根,译.北京:中国人民大学出版社,2018:33-34.

动当中"①。这种"全球流动"导致日益多元化的人类主体之间出现"越来越多的重叠和整合",加上互联网、虚拟技术、大数据、人工智能等新型信息生产方式的出现,推动着人类传播形态的整体化进程迈出了关键性一步,为传播研究的综合创新与传播学科的融合转型创造了新的契机。正如黄旦所说:"当前的确是讨论新闻传播研究的一个上好时机,但要有新的基点和思路。我们不是再爬从前的那座山,修葺从前的那座庙,而是需要新的想象力。"②因此,本章提出,以人类命运共同体理念为价值指引,传播研究将实现一种整体主义范式的重大转变,与此同时,也面临着新的学科使命,那就是构建一种人类整体传播学的学科进路。"这不是'常规科学'的渐进式叠加发展,而是'革命性科学'的颠覆式跃进。"③

传播研究正在走向整体,成长为一门"世界性学问",建构人类整体传播学已水到渠成。一方面传播研究正以极强的扩张性姿态向其他学科迅速渗透,另一方面又以宽广的开放性势态接受其他学科的新知识输入,造就了融合性、整体性、适应性和扩张性的秉性,从而建构、开拓了许多新兴交叉学科,如政治传播、经济传播、艺术传播、媒介生态、媒介地理、媒介记忆、媒介恐怖、媒介身份等,取得了一系列开创性学术成果,并从不同角度和层面为建构人类整体传播学提供了养分和材料。如果说在许多年前学科之间的界限分明、清晰可辨,那么当前各学科之间的边界已经模糊不清,而传播学则是学科渗透、融合、交叉、互动的催化剂和黏合剂,并正在迅速发展成为一门走向统一、走向整体的社会科学——人类整体传播学。人类整体传播学是以共同构建人类命运共同体为核心出发点,综合运用多学科知识和方法,以多角度、多层面和宏观、中观、微观相结合以及古今中外相融通的分析视维,研究世界各民族的一切传播行为和传播过程发生、发展的规律以及信息与人、社会、世界的复杂互动关系的学问和学科,目的在于共同建构一个和谐包容、开放合作、共进共演、共赢共享、良性发展的新型传播世界。④

首先,构建全球传播共同体。人类整体传播学积极培育一种共同体意

---

① [美]约翰·厄里.全球复杂性[M].李冠福,译,朱红文,校.北京:北京师范大学出版社,2009:159.

② 黄旦.对传播研究反思的反思——读吴飞、杜骏飞和张涛甫三位学友文章杂感[J].新闻记者,2014(12):40-49.

③ 克劳斯·布鲁恩·延森.媒介融合:网络传播、大众传播和人际传播的三重维度[M].刘君,译.上海:复旦大学出版社,2012:22.

④ 邵培仁.共同构建人类整体传播学[J].中国传媒报告,2017(4):1.

识,唤醒和构建学术实践的"类思维",推动多元主体间的对话与交往。一方面,坚持文明对话、文化平等的思想,鼓励跨文化对话和批评,致力于打造一种不分高低贵贱、社会成员相互尊重、开放共享、平等交流的传播氛围和社会环境;另一方面,搭建资源互惠、技术共通、人员共作、渠道共享的全球传播共同体,携手发展中国家媒体共同推进国际新闻的生态平衡,携手世界各国传媒集团或机构进行新闻联合报道,实现分工协作、优势互补、合作共赢的传播模式,更高效、客观、全面地报道世界,推动全球传播秩序朝着更加公正合理的方向迈进,建构一种第一二三世界融通、东西南北各方兼顾、宏观中观微观结合的良性互动、和谐发展的世界传播新格局。

其次,搭建多学科的全球合作平台。生活在"一个所有文化边界的总体削弱、取消等级、混淆范畴、日趋模糊结构界线的全球化时代"①,"异质性、杂糅性、复合性、学科互涉等成为知识的显著特征"②,因此,构建人类整体传播学不仅需要专业化技能,同时也需要一种整合的能力。"人类整体传播学"不是"整体"与"传播"的机械组合,也不是所谓传播学与其他学科领域的简单"交叉",而是一种传播学与其他学科之间的深度整合和学科内部的有机融合。因此,用单纯的传播学或其他任何一个学科都无法准确地诠释人类整体传播学,而需要从人类的"类主体"特征和整体性发展的角度来审视人类传播研究。这要求我们基于人类的共同价值、共同利益和需求,建构一种多学科的全球合作平台,将传播研究重新语境化,真正实现多个学科的边界融合,进而"承认多元主义和多样性,整合多重传播视角来研究真实世界的现象"③。因此,人类整体传播学将采用一种内外结合、上下互动、左右联通、多方呼应的统筹协调、包容互动、互利共赢的原则或理念,处理和应对人类传播实践的变化和挑战。同时,致力于与世界各国媒体、各国际组织和区域组织及高校传播学术组织开展全方位合作与交流,共同推进人类整体传播学走向健康、良性的发展轨道。

最后,构建兼容本土性和全球视野的学科话语体系。迄今为止,中国传

---

① Johan, M., Taylor, N. The gilded calabash: Schooling and everyday life [P]. Paper presented at the Kenton-at-Olwandle Conference University of Natal Durban, 1993.

② [美]朱丽·汤普森·克莱恩. 跨越边界——知识、学科、学科互涉[M]. 姜智芹,译. 南京:南京大学出版社,2005:4.

③ Waisbord, S. 后学科状况下,我们应该如何继续研究? 与 Silvio Waisbord 对谈[J]. 国际新闻界,2018(2):167.

播学研究基于本体论、认识论、价值论和方法论来进行本土化探索的努力依然不见起色,尚未发展出具有本土特色的知识理论体系,亟待从社会语境和日常生活实践的基础上生发出兼具本土特色与国际视野的问题意识和话语标识。人类整体传播学致力于推崇世界的多极化、经济的全球化、文化的多样化,使人类传播中的世界性与地方性、全球性与民族性、普遍性与特殊性、整体性与个体性等各种对立关系得到有机化解、协调融合和重新升华。因此,人类整体传播学倡导构建一种兼容本土性和全球视野的新话语体系,这既不是西方中心主义,也不是东方中心主义,而是共赢主义,是以跨文化交流为基础的世界各国都能接受的包容性和开放性体系。

"任何一门科学都从现象的整体或者所经历的直接性引申出一个系列或一个方面的现象,并把它置于一个特定的概念的指引之下。"[①]以人类命运共同体理念为行动准星,构建人类整体传播学,无疑为未来的传播研究提供了一种新的范式想象和学科进路。人类整体传播学不仅体现了人类存在与世界关系的重新整合,也是新传播图景的表征与呈现,还将成为全球性的人与人、人与物、人与天地勾连互动的神经和大脑,成为千门学科、万种行业互联互通的桥梁与纽带。可以预期,人类整体传播学将在服务于构建人类命运共同体的进程中发展成为世界传播学研究的重要领域。一言以蔽之,在人类命运共同体视域下,传播研究应回到"人"的本质维度,坚守对马克思哲学"类思维"的根本遵循,实现整体主义范式的重大转型,同时构建一种人类整体传播学的学科进路,讲好"我们"的人类故事,于是"'新的人类'将在我们始料未及处'返回'自身,在其脆弱处和能力极限内生发出意义"[②]。

---

① [德]齐美尔.社会学的研究领域[C]//社会是如何可能的:齐美尔社会学文选.林荣远,编译.桂林:广西师范大学出版社,2002:4.

② Judith, B. *Precarious Life: The Powers of Mourning and Violence*[M]. London: Verso, 2004:151.

参考文献

中文文献

[德]滕尼斯. 共同体与社会[M]. 林荣远,译. 北京:商务印书馆,1999.

[德]乌尔里希·贝克. 风险社会:新的现代性之路[M]. 张文杰,何博闻,译. 上海:译林出版社,2004.

[德]乌尔里希·贝克. 世界主义的观点:战争即和平[M]. 杨祖群,译. 上海:华东师范大学出版社,2008.

[德]伊曼努尔·康德. 永久和平论[M]. 何兆武,译. 上海:上海世纪出版集团,2005.

[法]伊夫—夏尔·扎尔卡. 重建世界主义[M]. 赵靓,译. 福州:福建教育出版社,2015.

[美]阿尔君·阿帕杜莱. 消散的现代性——全球化的文化维度[M]. 刘冉,译. 上海:上海三联书店,2012.

[美]爱德华·萨义德. 东方学[M]. 王宇根,译. 北京:生活·读书·新知三联书店,1999.

[美]爱德华·萨义德. 文化与帝国主义[M]. 李琨,译. 北京:生活·读书·新知三联书店,2003.

[美]本尼迪克特·安德森. 想象的共同体:民族主义的起源与散布[M]. 吴叡人,译. 上海:上海世纪出版集团,2005.

[美]查尔斯·P. 金德尔伯格. 世界经济霸权:1500—1990[M]. 北京:商务印书馆,2003.

[美]陈国明,论全球传播能力模式[J]. 赵晶晶,译. 浙江社会科学,2006(4).

[美]亨利·基辛格. 世界秩序[M]. 胡利平,林华,曹爱菊,译. 北京:中信出版社,2015.

[美]奎迈·安东尼·阿皮亚. 世界主义:陌生人世界里的道德规范[M]. 苗华建,译. 北京:中央编译出版社,2012.

[美]罗伯特·吉尔平.全球政治经济学:解读国际经济秩序[M].杨宇光,等译.上海:上海人民出版社,2006.

[美]门罗·E.普莱斯.媒介与主权:全球信息革命及其对国家权力的挑战[M].麻争旗,等译.北京:中国传媒大学出版社,2008.

[美]帕拉格·康纳.超级版图:全球供应链、超级城市与新商业文明的崛起[M].崔传刚,周大昕,译.北京:中信出版集团,2016.

[美]塞缪尔·亨廷顿.文明的冲突与世界秩序的重建[M].周琪,等译.北京:新华出版社,2010.

[美]托马斯·博格.康德、罗尔斯与全球正义[M].刘莘,徐向东,译.上海:上海译文出版社,2010.

[新西兰]吉莉安·布洛克.全球正义:世界主义的视角[M].王珀,丁祎伟,译.重庆:重庆出版社,2014.

[英]安东尼·吉登斯.社会学[M].李康,译.北京:北京大学出版社,2009.

[英]戴维·赫尔德,安东尼·麦克格鲁.治理全球化:权力、权威与全球治理[M].曹荣湘,等译.北京:社会科学文献出版社,2004.

[英]杰拉德·德兰迪,郭忠华."世界主义"共同体如何形成——关于重大社会变迁问题的对话[J].学术月刊,2011(7).

[英]科林·斯巴克斯.全球化、社会发展与大众媒体[M].刘舸,常怡如,译.北京:社会科学文献出版社,2009.

[英]马林诺夫斯基.文化论[M].北京:中国民间文艺出版社,1987.

[英]特希·兰塔能.媒介与全球化[M].章宏,译.北京:中国传媒大学出版社,2013.

[英]约翰·汤姆林森.全球化与文化[M].郭英剑,译.南京:南京大学出版社,2002.

[英]约翰·厄里.全球复杂性[M].李冠福,译.朱红文,校.北京:北京师范大学出版社,2009.

阿芒·马特拉,陈卫星.传播全球化思想的由来[J].国际新闻界,2000(4).

彼得·诺兰.资本主义全球化是一把双刃剑[J].北京大学学报(哲学社会科学版),2018(1).

蔡翠红.网络空间命运共同体:内在逻辑与践行路径[J].人民论坛·学术前沿,2017(24).

蔡拓.全球学导论[M].北京:北京大学出版社,2015.

蔡拓.世界主义与人类命运共同体的比较分析[J].国际政治研究,2018(6).

蔡拓.世界主义与人类命运共同体的比较分析[J].国际政治研究,2018(6).

陈蕾.传播学学科核心范式的演化进路:一种新的学科史解读视角[J].国际新闻界,2013(7).

陈力丹,宋晓雯,邵楠.传播学面临的危机与出路[J].新闻记者,2016(8).

陈正良,王宁宁,薛秀霞.新中国成立以来中国国际话语权的演变[J].浙江社会科学,2016(6).

仇喜雪.浅析国际信息传播新秩序:问题与思考[J].现代传播(中国传媒大学学报),2015(1).

崔保国,何丹媚.世界传播体系重构下的中国传媒发展战略机遇[J].传媒,2017(6).

崔保国,孙平.从世界信息与传播旧格局到网络空间新秩序[J].当代传播,2015(6).

崔远航."国际传播"与"全球传播"概念使用变迁:回应"国际传播过时论"[J].国际新闻界,2013(6).

崔兆玉,张晓忠.学术界关于"全球化"阶段划分的若干观点[J].当代世界与社会主义,2002(3).

戴维·赫尔德.全球大变革:三种全球化理论的分析与比较[J].马克思主义与现实,2000(1).

邓正来.全球化与中国社会科学的"知识转型"[J].东吴学术,2011(1).

董晓彤."讲好中国故事"[J].思想政治工作研究,2016(11).

冯峰.美国官方话语的对外传播战略[J].红旗文摘,2014(6).

甘丽华,克利福德·克里斯琴斯.全球媒介伦理及技术化时代的挑战——克利福德·克里斯琴斯学术访谈[J].新闻记者,2015(7).

郭小春.媒介尺度论:媒介全球化背景下的地理尺度与中国国际传播战略[D].杭州:浙江大学,2017.

贺来.马克思主义的"类"概念与人类命运共同体[J].哲学研究,2016(8).

侯云灏,凤翔.网络空间的全球治理及其"中国方案"[J].新闻与写作,2017(1).

胡鞍钢.国家生命周期与中国崛起[J].教学与研究,2006(1).

胡蔷蔷."反学科"的传播学:告别"范式"想象,回归研究问题[J].新闻记者,2017(1).

胡翼青.中国传播学40年:基于学科化进程的反思[J].国际新闻界,2018(1).

胡正荣,李继东,唐晓芬.全球传媒发展报告(2015)[M].北京:社会科学文献出版社,2015.

黄旦.对传播研究反思的反思——读吴飞、杜骏飞和张涛甫三位学友文章杂感[J].新闻记者,2014(12).

贾文山,江灏锋,赵立敏.跨文明交流、对话式文明与人类命运共同体的构建[J].中国人民大学学报(哲学社会科学版),2017(5).

金苗.基于新世界主义的"一带一路"对外话语体系构建路径[J].出版发行研究,2018(11).

金苗.媒介霸权论:理论溯源、权力构成与现实向度[J].当代传播,2010(5).

金吾伦.整体论哲学在中国的复兴[J].自然辨证法研究,1994(8).

李金铨.在地经验,全球视野:国际传播研究的文化性[J].开放时代,2014(2).

李立峯.流动的人,流动的传播[J].传播与社会学刊,2019(47).

李琪.历史记忆与现实侧观:中亚研究[M].北京:中国社会科学出版社,2016.

李希光.妖魔化中国的背后[M].北京:中国社会科学出版社,1996.

李艳艳,朱继东.西方文明中心论的演变、本质和应对[J].国外社会科学,2012(4).

李永晶.新世界主义:破解民族精神的时代困境[J].探索与争鸣,2016(2).

李玉贵,李婧.习近平的政治人格特点[J].中国党政干部论坛,2015(6).

李展."一带一路"倡议与康德"永久和平论":对话与超越[J].国际传播,2017(6).

廖卫民.地方认同与全球传播:城市如何成为国家的秀场——新世界主义视野下"人—地—媒"的理论框架与实践路径[J].中国传媒报告,2018(3).

廖卫民.国家兴衰的传播动力机制研究[M].北京:中国传媒大学出版社,2011.

廖卫民.新世界主义与对外传播战略:基于"传播与人类命运共同体"穹顶模型的理论思考[J].浙江社会科学,2017(5).

刘静芳.如何在中国哲学中安顿"普遍性"?[J].哲学研究,2014(10).

刘擎.重建全球想象:从"天下"理想走向新世界主义[J].学术月刊,2015(8).

龙强,吴飞.认同危机与范式之惑:传播研究反思之反思[J].国际新闻界,

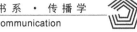

2018(2).

梅朝阳.人类命运共同体的国际传播[J].中国传媒报告,2020(1).

梅琼林.透视传播学"范式之惑"——基于对"范式"概念的反思[J].现代传播(中国传媒大学学报),2010(9).

聂绛雯.国际传播力的提升需要双向平衡——《新闻联播》国际新闻内容分析[J].新闻战线,2014(6).

牛静.世界主义、民族主义与全球媒介伦理的建构[J].新闻与传播研究,2016(2).

秦琼,彭涛.共同体传播:一种被忽视的传播形态[J].现代传播(中国传媒大学学报),2016(8).

邱林川.多元、对话与有机的传播研究:基于2018年JoC新酵母专刊的反思[J].国际新闻界,2018(2).

全球治理委员会.我们的全球伙伴关系[M].香港:牛津大学出版社,1995.

任孟山.中国国际传播的全球政治与经济象征身份建构[J].现代传播(中国传媒大学学报),2016(9).

阮宗泽.人类命运共同体:中国的"世界梦[J].国际问题研究,2016(1).

邵超琦,张梦晗."美丽中国"理念下中国电影的国际传播[J].电影市场,2019(2).

邵培仁,陈江柳.人类整体传播学:人类命运共同体视域下的传播研究[J].现代传播(中国传媒大学学报),2019(7).

邵培仁,陈江柳.整体全球化:"一带一路"的话语范式与创新路径——基于新世界主义的分析视角[J].暨南学报(哲学社会科学版),2018(11).

邵培仁,林群.中华文化基因抽取与特征建模探索[J].徐州师范大学学报(哲学社会科学版),2012(2).

邵培仁,沈珺.构建基于新世界主义的媒介尺度与传播张力[J].现代传播(中国传媒大学学报),2017(10).

邵培仁,沈珺.新世界主义视野下中国国家安全话语的演变研究——以中亚为对象的研究[J].新闻大学,2018(3).

邵培仁,沈珺.新世界主义语境下国际传播新视维[J].新疆师范大学学报(哲学社会科学版),2018(2).

邵培仁,沈珺.中国中亚国际传播议题的拓展与深化——基于新世界主义分析框架[J].当代传播,2017(6).

邵培仁,王军伟.传播学研究需要新世界主义的理念和视维[J].教育传媒研究,2018(2).

邵培仁,王昀.线上新闻的全球地理想象:新华网国际新闻之检视[J].当代传播,2016(5).

邵培仁,王昀.新世界主义视野下的中国传媒发展[J].编辑之友,2017(1).

邵培仁,夏源.媒介尺度论:对传播本土性与全球性的考察[J].当代传播,2010(6).

邵培仁,许咏喻.人类命运共同体思想的历史超越性及实践张力——以新世界主义为分析视角[J].中国出版,2018(1).

邵培仁,许咏喻.新世界主义和全球传播视域中的"网络安全命运共同体"理念[J].浙江大学学报(哲学社会科学版),2019(3).

邵培仁,杨丽萍.媒介地理学:媒介作为文化图景的研究[M].北京:中国传媒大学出版社,2010.

邵培仁,姚锦云.华夏传播理论[M].杭州:浙江大学出版社,2020.

邵培仁,周颖.媒体视域中的新世界主义:"命运共同体"理念的流变过程及动力机制研究[J].浙江社会科学,2017(5).

邵培仁.信息公平论:追求建立世界信息传播新秩序[J].浙江传媒学院学报(哲学社会科学版),2008(2).

邵培仁.传播的魅力:邵培仁谈传播的未来[M].北京:首都经济贸易大学出版社,2014.

邵培仁.传播学:第3版[M].北京:高等教育出版社,2015.

邵培仁.打造中国文化全球传播新景观[J].现代视听,2019(2).

邵培仁.共同建构人类整体传播学[J].中国传媒报告,2017(4).

邵培仁.共同建设美好的传播世界[J].中国出版,2018(1).

邵培仁.媒介理论前线[M].杭州:浙江大学出版社,2015.

邵培仁.媒介舆论学:通向和谐社会的舆论传播研究[M].北京:中国传媒大学出版社,2009.

邵培仁.面向新世界主义的传媒发展与愿景[J].中国传媒报告,2017(3).

邵培仁.携手共同构建人类整体传播学[J].国际新闻界,2018(2).

邵培仁.亚洲传播理论:国际传播研究中的亚洲主张[M].杭州:浙江大学出版社,2017.

邵培仁.政治传播学[M].南京:江苏人民出版社,1991.

邵培仁.走向整体的传播学[J].中国传媒报告,2013(1).

邵培仁.作为全球战略和现实考量的新世界主义[J].当代传播,2017(3).

邵鹏,陶陶.新世界主义图景下的国际话语权——话语体系框架下中国国际传播的路径研究[J].新疆师范大学学报(哲学社会科学版),2018(2).

邵鹏,童禹婷.构建"智能+"立体传播新格局——媒体融合发展的现状与趋势[J].中国传媒产业发展报告,2019.

邵鹏,张盈.新世界主义推动华莱坞电影"出海"的新方略[J].新闻爱好者,2018(10).

邵鹏,朱钰嘉.传播格局重建背景下新闻从业者的角色与能力重构[J].传媒评论,2018(7).

邵鹏,朱钰嘉.中国军事题材影片在中美电影市场的认知差异[J].中国电影市场,2019(2).

邵鹏,左蒙.新世界主义视域下的华莱坞电影国际化[J].当代电影,2017(8).

邵鹏.媒介记忆理论:人类一切记忆研究的核心与纽带[M].杭州:浙江大学出版社,2016.

邵鹏.媒介融合语境下的新闻生产[M].杭州:浙江大学出版社,2013.

邵鹏.人类命运共同体:全球传播新秩序的中国方向[J].浙江工业大学学报(哲学社会科学版),2019(3).

邵鹏.新世界主义视域下的国际传播新视野与新策略[J].中国出版,2018(1).

邵鹏.重建全球传播新秩序的机遇与愿景[J].中国传媒报告,2020(1).

沈珺,邵培仁.整体全球化与中国传媒的全球传播[J].当代传播,2019(1).

施旭,郭海婷.学术话语与国家安全——西方安全研究是如何制造"中国威胁论"的[J].学术界,2017(5).

史安斌,张耀钟.建构全球传播新秩序:解析"中国方案"的历史溯源和现实考量[J].新闻爱好者,2016(5).

史安斌,张耀钟.建构全球传播新秩序:解析"中国方案"的历史溯源和现实考量[J].新闻爱好者,2016(5).

史安斌,张卓.西方媒体的"中式全球化"[J].青年记者,2015(16).

史安斌.从"跨文化传播"到"转文化传播"[J].国际传播,2018(5).

隋岩.群体传播时代:信息生产方式的变革与影响[J].中国社会科学,2018(11).

孙玮.为了重建的反思:传播研究的范式创新[J].新闻记者,2014(12).

唐世鼎.构建"一带一路"媒体国际合作新格局——以"丝路电视国际合作共同体"为例[J].中国广播电视学刊,2018(9).

田龙过.全媒体时代中国国际传播战略布局反思[J].西部学刊,2016(5).

田龙过.全媒体时代中国国际传播战略布局反思[J].西部学刊,2016(5).

田旭明."人类命运共同体"的伦理之维[J].伦理学研究,2017(2).

王军伟.现实的期许,传播学的担当——2017中国传播学论坛暨"新世界主义视野下的传播与人类命运共同体"学术研讨会会议综述[J].新闻爱好者,2018(4).

王蔚蔚,邵培仁."一带一路"新闻传播研究的现状与突围路径[J].中国出版,2019(6).

王怡红.认识西方"媒介权力"研究的历史与方法[J].新闻与传播研究,1997(2).

王义桅."一带一路"能否开创中式全球化[J].新疆师范大学学报(哲学社会科学版),2017(5).

王泽应.命运共同体的伦理精义和价值特质论[J].北京大学学报(哲学社会科学版),2016(9).

吴飞.以和平的理念重塑国际传播秩序[J].南京社会科学,2013(4).

许倬云.说中国:一个不断变化的复杂共同体[M].桂林:广西师范大学出版社,2015.

杨雪冬.西方全球化理论:概念、历史和使命[J].国外社会科学,1999(3).

郁建兴,刘涛.全球化逆转中的中国角色——中德教授的对话[N].南方周末,2017-02-23(2).

袁靖华.中国的"新世界主义":"人类命运共同体"议题的国际传播[J].浙江社会科学,2017(5).

张辉,易天,唐毓璇." 一带一路"背景下的新型全球化格局[J].政治经济学评论,2018(5).

张侃侃.展望传播学研究的未来——2017中国传播学论坛暨"新世界主义视野下的传播与人类命运共同体"学术研讨会会议综述[J].东南传播,2017(12).

张梦晗,邵超琦.新世界主义语境下华莱坞电影对外传播的理念与路径[J].电影评介,2018(12).

张世英.相同相似相通——关于"共相"的本体论地位问题新论[J].北京

大学学报(哲学社会科学版),2004(3).

张晓君.构建人类命运共同体的中国方案[N].光明日报,2018-01-17(12).

章国锋.全球风险社会的困境与出路:贝克的世界主义构想[J].马克思主义与现实,2008(2).

赵可金.人类命运共同体与中国公共外交的方向[J].公共外交季刊,2016(4).

赵良英,徐晓林.加快构建中国国家战略公共传播体系[J].中国行政管理,2016(9).

赵启正.向世界传播"和主义"[J].公共外交季刊,2015(2).

赵汀阳.天下的当代性:世界秩序的实践与想象[M].上海:中信出版集团,2016.

赵月枝.向东走 向南走:开拓后危机时代传播研究新视野[J].中华传播学刊,2010(12).

赵月枝.中国与全球传播:新地球村的想象[J].国际传播,2017(3).

周宁.世界是一座桥:中西文化的交流与建构[M].桂林:广西师范大学出版社,2007.

周琼,魏丽丽.新世界主义视阈下的全球传播人才培养探析[J].中国传媒报告,2018(2).

外文文献

Greel G. *How We Advertised America:The First Telling of the Amazing Story of the Committee on Public Information That Carried the Gospel of Americanism to Every Corner of the Globe*[M]. New York:Harper & Brothers Publishers,1920:237.

Aalberg,T. et al. International TV news,foreign affairs interest and public knowledge:A comparative study of foreign news coverage and public opinion in 11 countries[J]. *Journalism Studies*,2013,14(3):387-406.

Alatas,S. F. Eurocentrism and the role of the human sciences in the dialogue among civilizations[J]. *The European Legacy*,2002,7(6):759-770.

Anderson B. *Imagined Comunication:Reflections on the Origin and Spread of Nationalism*[M]. London:Verso,1991.

Anderson B. *Imagined Comunication:Reflections on the Origin and Spread of Nationalism*[M]. London:Verso,1991.

Anonymous. Documents on democracy[J]. *Journal of Democracy*, 2018,29(1):180-184.

Appadurai, A. Disjuncture and difference in the global cultural economy[J]. *Theory, Culture & Society*, 1990(7): 295-310.

Appiah K. A. *Cosmopolitanism: Ethics in a World of Strangers*[M]. New York: W. W. Norton & Company, 2016:xiv.

Appiah, K. A. Cosmopolitan patriots[J]. *Critical Inquiry*, 1997,23(3):617-639.

Assche, K. V. & Teamău, P. *Local Cosmopolitanism Imagining and (Re-)Making Privileged Places*[M]. New York: Springer,2015: 3-6.

Ba A. D. Is China leading? China, Southeast Asia and East Asian integration[J]. *Political Science*, 2014,66(2): 143-165.

Balmas, M. & Sheafer, T. Leaders first, countries after: Mediated political personalization in the international Arena [J]. *Journal of Communication*,2013(63):454-475.

Bauman,Z. *Liquid Modernity*[M]. Cambridge:Polity,2000.

Beck U. & Sznaider N. A literature on cosmopolitanism: An overview [J]. *The British Journal of Sociology*, 2006, 57(1):153-164.

Beck U. Beyond the nation state[J]. *New Statesman*,1999(11):30.

Beck, U. *Cosmopolitan Vision*[M]. Cambridge: Polity,2006.

Beck, U. & Grande, E. Varieties of second modernity: The cosmopolitan turn in social and political theory and research[J]. *British Journal of Sociology*, 2010,61(3): 409-443.

Beck, U. & Sznaider, N. Unpacking cosmopolitanism for the social sciences: A research agenda[J]. *British Journal of Sociology*,2010,57(1): 1-23.

Beck, U. *Cosmopolitan Vision*[M]. Cambridge: Polity,2006.

Beits C. Cosmopolitanism and global justice [J]. *The Journal of Ethics*, 2005(9):11-27.

Bendrath, R. The cyberwar debate: Perception and politics in US critical infrastructure protection [J]. *Information & Security: An International Journal*,2001(7):80-103.

Bokayev, B. , Zharkynbekova, S. , Nurseitova, K. , et al. Ethnolinguistic identification and adaptation of repatriates in polycultural kazakhstan[J]. *Journal of Language, Identity & Education*, 2012,11(5): 333-343.

Borgatti, S. P. Centrality and network flow[J]. *Social Networks*, 2005,27(1): 55-71.

Boyd-Barrett, O. "Global" news agencies[C]// Boyd-Barrett O., Rantanen T. *The Globalization of News*. London: Sage,1998:19-34.

Boyd-Barrett, O. Media imperialism: Towards an international framework for the analysis of media systems[C]// Curran, J. & Gurevitch, M. *Mass Communication and Society*. London: Edward Arnold,1977.

Boyd-Barrett. Media imperialism reformulated [C]// Thussu, Daya Kishan. *Electronic Empires, Global Media and Local Resistance*. London: Arnold Publishers, 1998:157-176.

Brant P. One Belt, One Road? China's community of common destiny (2015-03-13)[2016-11-28]. Retrieved from https://www.lowyinstitute. org/the-interpreter/one-belt-one-road-chinas-community-common-destiny.

Callahan, W. A. *China Dreams: 20 Visions of the Future*[M]. New York: Oxford University Press,2013:98-123.

Callahan, W. A. Tianxia, empire and the world: Soft power and China's foreign policy discourse in the 21st Century[P]. British Inter-university China Centre working papers series, 2008.

Candela, A. M. Qiaoxiang on the Silk Road: Cultural imaginaries as structures of feeling in the making of a global China[J]. *Critical Asian Studies*,2013,45(3):431-458.

Carlson A. A flawed perspective: The limitations inherent within the study of chinese nationalism[J]. *Nations and Nationalism*, 2009,15(1):20-35.

Cassese A. *International Law in a Divided World* [M]. Oxford : Clarendon Press, 1986:41.

Chalaby, J. K. From internationalization to transnationalization[J]. *Global Media and Communication*, 2005(1): 28-33.

Chalaby, J. K. From internationalization to transnationalization[J]. *Global Mdia & Communication*, 2005,1(1).

Chan J. M. Global media and dialectics of the global[J]. *Global Media and Communication*, 2005:27.

Chan, J. M., Lee, F. L. F. & Pan, Zh. D. Online news meets established journalism: How China's journalists evaluate the credibility of news websites[J]. New Media & Society, 2006,8(6): 925-947.

Chang, T. K & Lin F. Review from propaganda to public diplomacy: Assessing China's international practice and its image, 1950—2009 [J]. *Public Relations Review*, 2014(40):450-458.

Cohen, A. A. Globalization Ltd: Domestication at the boundaries of foreign television news[C]// *Chan, J. M. & McIntyre, B. T. In Search of Boundaries: Communication, Nation-states and Cultural Identities*. Westport: Ablex,2002:167-180.

Couldry, N. & McCarthy, A. *Media Space: Place, Scale and Culture in a Media Age*[M]. New York: Routledge,2004.

Craig R. Communication as a field[J]. *Communication Theory*, 1999 (5): 119-161.

Craig R. Communication as a field[J]. *Communication Theory*, 1999 (5): 124.

Curran J. & Park M. J. *De-Westernizing Media Studies* [M]. London: Routledge,2002:21-34.

Curran, J. P. & Gurevitch, M. *Mass Media and Society*[M]. 4th ed. London: Hodder Arnold,2005: 93-119.

Dahlberg, L. The Internet and democratic discourse: Exploring the prospects of online deliberative forums extending the public sphere[J]. *Information, Communication & Society*,2001,4(4):615-633.

Dalby, & Simon. Security, modernity, ecology: The dilemmas of post-cold war security discourse[J]. *Alternatives: Global, Local, Political*, 1992,17(1): 95-134.

Dalby, S. American security discourse: The persistence of geopolitics [J]. *Political Geography Quarterly*, 1990,9(2): 171-188.

Dalby, S. Gender and critical geopolitics: Reading security discourse in the new world disorder[J]. *Environment & Planning D Society & Space*, 1994, 12(5):595-612.

Delanty G. Cultural diversity, democracy and the prospects of cosmopolitanism: T heory of cultural encounters[J]. *British Journal of Sociology*, 2011,62(4):636-642.

Delanty G. The cosmopolitan imagination: Critical cosmopolitanism and social theory[J]. *The British Journal of Sociology*, 2006,57(1):26.

Dirlik A. Place-based imagination: Globalism and the politics of place [J]. *Review*,1999, 22(2): 151-187.

Du, M. M. China's "One Belt, One Road" Initiative: Context, focus, institutions, and implications [J]. *The Chinese Journal of Global Governance*, 2016(2):35.

Durkheim, E. *The Division of Labor in Society* [M]. Simpson G. trans. New York: Free Press, 1964:59-62.

Döring, J. & Thielmann, T. *Mediengeographie: Theorie-Analyse-Diskussion*[M]. Bielefeld: Transcript Verlag,2009.

Eberwein, T. ,Porlezza, C. Both sides of the story: Communication ethics in mediatized worlds[J]. *Journal of Communication*, 2016,66(2).

Eriksen, T. H. Nationalism and the Internet [J]. *Nations and Nationalism*, 2007, 13(1): 1-17.

Eynon, R. & Malmberg, L. E. A typology of young people's internet use: Implications for education[J]. *Computers & Education*, 2011,56(3): 585-595.

Fallon T. The New Silk Road: Xi Jinping's grand strategy for Eurasia [J]. *American Foreign Policy Interests*,2015,37(3):140-147.

Ferdinand P. Westward Ho—the China dream and "One Belt, One Road": Chinese foreign policy under Xi Jinping[J]. *International Affairs*, 2016,92(4): 941-957.

Ferguson, N. British imperialism revisited: The costs and benefits of "Anglobalization"[J]. *Historically Speaking*, 2003,4(4):21-27.

Finc R. & Smith W. Jürgen Habermas's theory of cosmopolitanism [J]. *Constellations*, 2003, /0(4):469-473.

Frederick, H. H. *Global Communication & International Relations* [M]. Belmont: Wadsworth,1993.

Freedman, E. & Shafer, R. Advancing a comprehensive research agenda for central Asian mass media[J]. *Media Asia*,2012,39(3):119-126.

Freedman, E. & Shafer, R. Advancing a comprehensive research agenda for central asian mass media[J]. *Media Asia*,2012,39(3):119-126.

Fukuyama F. The end of history? [J]. *The National Interest*, 1989(16):3-18.

Fukuyama F. US against the world? Trump and the new global order [J]. *Financial Times*, 2016(11).

Ghosh, B. N. *Dependency Theory Revisited*[M]. Aldershot:Ashgate Pub Ltd, 2001.

Giddens,A. *The Consequences of Modernity*[M]. Cambridge:Polity, 1990:64.

Giddens,A. *The Consequences of Modernity*[M]. Stanford: Stanford University Press,1990.

Gieryn, T. F. A space for place in sociology[J]. *Annual Review of Sociology*, 2000(26):463-496.

Golan, G. J. Determinants of international news coverage[C]// G. Golan G., Johnson T. & Wanta W. *International Media Communication in a Global Age*. New York: Routledge,2010:125-144.

Gramsci, A. Analysis of situations, relations of force[C]// Mattelart, A. & Siegelaub, S. *Communication and Class Struggle: An Anthology in 2 volumes (Vol. 1)*. New York: International General. 1979:111.

Gray, J. The era of globalization is over[J]. *New Statesman*, 2001(24).

Greenwood, K. & Jenkins, J. Visual framing of the Syrian conflict in news and public affairs magazines[J]. *Journalism Studies*, 2013,16(2):207-227.

Gudykunst,W. B. & Mody, B. *Handbook of International and Intercultural Communication* [M]. znd ed. London: Sage Publications Ltd.,2002.

Haas, M. D. War games of the shanghai cooperation organization and the collective security treaty organization: Drills on the move! [J]. *Journal of Slavic Military Studies*, 2016,29(3):378-406.

Haass, R. N. The age of nonpolarity—What will follow us dominance

[J]. *Foreign Affairs*, 2008,87(3): 44-56.

Haggard, S. & Simmons, B. A. Theories of international regimes[J]. *International Organization*, 1987,41(3):491-517.

Hannerz, U. Cosmopolitans and locals in world culture[J]. *Theory Culture & Society*,1990,7(2): 237-251.

Hannerz, U. *Foreign News: Exploring the World of Foreign Correspondents*[M]. Chicago: The University of Chicago Press,2012.

Hassid, J. Four models of the fourth estate: A typology of contemporary Chinese journalists[J]. *The China Quarterly*, 2011(208): 813-831.

Hayden P. *Cosmopolitan Global Politics* [M]. Aldershot: Ashgate, 2005:1.

Haythornthwaite, C. & Kendall, L. Internet and community[J]. *American Behavioral Scientist*, 2010(20):1,10.

Held D. , McGrew A. *The Global Transformations Reader* [M]. Oxford : Polity Press , 2000:105 .

Held, D. *Democracy and the Global Order: From the Modern State to Cosmopolitan Governance*[M]. Stanford: Stanford University Press, 1995: 226-272.

Herz, J. H. Rise and demise of the territorial state [J]. *World Politics*,1957,9(4): 473-493.

Himelboim, I. The international network structure of news media: An analysis of hyperlinks usage in news web sites[J]. *Journal of Broadcasting & Electronic Media*, 2010,54(3):373-390.

Hong Junhao From the world's largest propaganda machine to a multipurposed global news agency: Factors in and implications of Xinhua's transformation since 1978[C]// Tang, W. F. & Iyengar, S. *Political Communication in China: Convergence or Divergence Between the Media and Political System?*. New York: Routledge,2012:117-134.

Hoskins, A. Television and the collapse of memory[J]. *Time Society*, 2004,13(1):109-127.

Howe, S. *Afrocentrism: Mythical Pasts and Imagined Homes*[M].

London: Verso,1998.

Hu, Z. & Ji, D. Ambiguities in communicating with the world: the going-out of China's media and its multilayered contexts[J]. *Chinese Journal of Communication*, 2012,5(1): 32-37.

Hu, Z., Ji, D. Retrospection, prospection and the pursuit of an integrated approach for China's communication and journalism studies[J]. *Javnost-The Public*, 2013(20): 5-16.

Huang Yiping. Understanding China's Belt & Road Initiative: Motivation, framework and assessment[J]. *China Economic Review*,2016 (40):314-321.

International Public Information (IPI). Presidential decision directive PDD 68,30 April 1999[Z]// Barber, B. Group will battle propaganda abroad. Washington Times, July 28, 1999.

Jia. Wenshan Chiglobalization? A cultural argument[C]// Guo, S. J. & Guo,B. G *Greater China in an Era of Globalization*. Lanham:Rowan & Littlefield Publisher,2010: 18.

Judith B. *Precarious Life: The Powers of Mourning and Violence* [M]. London:Verso,2004:151.

Kane, O. Communication studies, disciplination and the ontological stakes of interdisciplinarity: A critical review [J]. *Communication & Society*, 2016,29(3):87-102.

Karin W. J. The ethics of global disaster reporting: Journalistic witnessing and the challenge to objectivity[J]. *Acta Científica Venezolana*, 2013,29(4): 530-534.

Kellner, H. B. & Landau J. *Language Politics in Contemporary Central Asia: National and Ethnic Indentity and the Soviet Lagancy*[M]. Landon:I. B. Tauris, 2012.

Keohane, R. & Nye J. S. Jr. Power and interdependence in the information age[J]. *Foreign Affairs*,1998(9-10).

Kim, H. S. Gatekeeping international news: An attitudinal profile of U. S. television journalists[J]. *Journal of Broadcasting & Electronic Media*, 2002,46(3): 431-452.

Krasner,S. D. Global communications and national power: Life on the Pareto Frontier[J]. *World Politics*,1991,43(3):336-366.

Kuhn R. L. Xi's grand vision for new diplomacy[N]. *China Daily*, 2015-01-12.

Laruelle M. The US Silk Road: Geopolitical imaginary or the repackaging of strategic interests? [J]. *Eurasian Geography and Economics*, 2015,56(4): 360-375.

Lash, S. & Lury, C. *Global Culture Industry: The mediation of Things*[M]. Malden: Polity, 2007: 56.

Lash,S. & Urry,J. *Economies of Signs and Space*[M]. London: Sage,1994.

Lash, S. & Urry, J. *The End of Organized Capitalism*[M]. Cambridge: Polity,1987.

Lee, A. Y. L. Between global and local: The glocalization of online news coverage on the trans-regional crisis of SARS[J]. *Asian Journal of Communication*,2005,15(3): 255-273.

Levitt T. The globalization of markets[J]. *Harvard Business Review*, 1983(5).

Lim, T. W. , Chan H. H. L. , Tseng K. H. & Lim W. X. *China's One Belt One Road Initiative*[M]. London: Imperial College Press,2016:1-3.

Lin C. *China and Global Capitalism* [M]. New York: Palgrave Macmillan, 2013:64.

Lin, W. Y. , Lo, V. H. & Wang, T. L. Bias in television foreign news in China, Hong Kong and Taiwan [J]. *Chinese Journal of Communication*, 2011,4(3): 393-310.

Lloyd J. Interview: Anthony Giddens[J]. *New Statesman*,1997(1):11.

Lublinski, J. , Albrecht, E. , Berner, P. , et al. From the field: Windows of opportunity—The transformation of state media to public service media in Kyrgyzstan, Mongolia, Moldova and Serbia[J]. *Global Media Journal: German Edition*. 2015,4(2):1-30.

Lucas R. E. , Jr. Colonialism and growth[J]. *Historically Speaking*, 2003,4(4):29-31.

Luhmann, N. *The Reality of the Mass Media*[M]. Cross, K. trans. Stanford: Stanford University Press, 2000.

Lukermann, F. E. Geography as a formal intellectual discipline and the way in which it contributes to human knowledge[J]. *Canadian Geographer*, 1964(8):167-172.

Martell, L. Beck's cosmopolitan politics[J]. *Contemporary Politics*, 2008, 14(2):129-143.

McPhail, T. L. *Global Communication: Theories, Stakeholders, and Trends*[M]. 3rd ed. New Jersey: Wiley-Blackwell, 2014:11-17.

Metzger T. A. & Myers R. H. Chinese nationalism and American policy[J]. *Orbis*, 1998 ,42(1):21-36.

Miller D. Cosmopolitanism: A critical review of international[J]. *Social and Political Philosophy*, 2002, 5(3): 80.

Morley, D. & Robins, K. *Spaces of Identity: Global Media, Electronic Landscapes and Cultural Boundaries*[M]. London: Routledge, 1995:87.

Morozov, E. Whither internet control? [J]. *Journal of Democracy*, 2011,22(2):62-74.

Muller, J. & Taylor N. The Gilded Calabash: Schooling and everyday life[P]. Paper presented at the Kenton-at-Olwandle Conference, University of Natal, Durban.

Nussbaum M. C. Patriotism and cosmopolitanism[C]// Cohen J. *For Love of Country?* Boston: Beacon Press, 2002.

Nussbaum M. Kant and cosmopolitanism[C]// Bohman, J. & Lutz-Bachmann, M. *Perpetual Peace, Essays on Kant's Cosmopolitan Ideal*. Cambridge: MIT Press, 1997:43.

Nussbaum, M. Kant and stoic cosmopolitanism[J]. *The Journal of Political Philosophy*, 1997,5(1): 1-25.

Nye J. S. How sharp power threatens soft power[EB/OL](2018-02-24). *Foreign Affairs*. https://www.foreignaffairs.com/articles/china/2018-01-24/how-sharp-power-threatens-soft-power.

Nye J. S. *Soft Power: The Means to Success in World Politics*[M].

New York：Public Affairs，2004；11，25，119.

Oksenberg. China's confident nationalism[J]. *Foreign Affairs*, 1986, 65(3):501-523.

Ong A. & Nonini D. *Ungrounded Empires：The Cultural Politics of Modern Chinese Transnationalism* [M]. New York：Routledge, 1997：287-311.

O'Neill, O. Intelligent trust in a digital world[J]. *New Perspectives Quarterly*, 2017(10):34.

Paterson, C. International news on the internet：Why more is less[J]. *Ethical Space：The International Journal of Communication Ethics*,2007,4 (1/2)：57-66.

Pew Research Center. The state the news media 2009[R]. *Annual Report of American Journalism*. Retrieved from http：／／www. journalism. org／analysis _ report，2014/09/12.

Pieterse J. N. *Globalization or Empire?* [M]. London：Routledge, 2004；122.

Piotr, S. Review essay-Ulrich Beck and cosmopolitanism [J]. *International Journal of Urban and Regional Research*, 2009, 33 (4)：1079-1082.

Platt A. The eleventh annual Central Eurasian studies CEUS conference[J]. *Publication of the Central Eurasian Studies Society*,2005,4(1)：56-57.

Pogge. T. *World Poverty and Human Rights：Cosmopolitan Responsibilities and Reforms*[M]. Cambridge：Polity Press, 2002；169.

Rabiee, H. , Gharehbeygi, M. , Mousavi, S. S. Hegemony of Iran in the Caspian-Central Asia region from the perspective of geopolitical realities [J]. *International Journal of Communication Research*, 2015, 5(1);65.

Rantanen, T. From international communication to global media studies. What next? [J]. *Nordicom Review Nordic Research on Media & Communication*,2008,29(2)；31-34.

Rheingold, H. *Virtual Reality* [M]. London：Secker & Warburg,1991.

Robertson R. *Globalization：Social Theory and Global Culture*[M].

London：Verso，1992：8.

Robertson，R. Globalization：Social theory and global culture［J］. *London England Sage Publications*，1992，69(3)：134-136.

Robertson，R. *Globalization：Social Theory and Global Culture*［M］. London：Sage Publications，1992：134-136.

Rowe，W. & Schelling，V. *Memory and Modernity：Popular Culture in Latin America*［M］. London：Verso，1991：231.

Saunders，R. A. *Ethnopolitics in Cyberspace：The Internet，Minority Nationalism，and the Web of Identity*［M］. Plymouth：Lexington Books，2011.

Schiller，H. *Communication and Cultural Domination*［M］. White Plains：International Arts and Sciences Press，1976：9.

Schiller，H. *Communication and Cultural Domination*［M］. White Plains：ME Sharpe，1976.

Schiller，H. *Communications and Cultural Dorninations*［M］. New York：Sharpe，1976：9.

Schramm，W.，Riesman，D.，Bauer，R. The state of communication research：Comments［J］ *The Public Opinion Qualiterly*，1959(spring)：8.

Schwartz B. I. The Chinese perception of world order［C］// John K. Fairbank. The Chinese World Order：*Tradtional China's Foreign Relations*. Cambridge：Harvard University Press，1968：277

Schwartza，C. "If they're collecting all of this information，they're surely using it，right?" WikiLeaks' impact on post-Soviet Central Asia［J］. *Global Media Journal Australian Edition*，2011，5(1)：1-10.

Segev，E. Visible and invisible countries：News flow theory revised ［J］. *Journalism*，2015，16(3)：412-428.

Sen A. What clash of civilizations? Why religious identity isn't destiny ［EB/OL］(2010-08-07). http://www. slate. com/id/2138731.

Shah H. *The Production of Modernization：Daniel Lerner，Mass Media，and the Passing of Traditional Society*［M］. Philadelphia：Temple University Press，2011：2.

Shea，L. *The Cynic Enlightenment：Diogenes in the Salon*［M］. Baltimore：The Johns Hopkins University Press，2010.

Sherstoboeva, E. Media law reform in Post-Soviet Turkmenistan: The illusion of democratization[J]. *Problems of Post-Communism*, 2014, 61 (5): 32-45.

Shi, X. *A Cultural Approach to Discourse*[M]. Basingstoke: Palgrave Macmillan, 2005.

Skurnik W. A. E. Foreign news coverage in six African newspapers: The potency of national interests[J]. *Gazette*, 1981, 28(2): 117-130.

Smith, A. D. *Nations and Nationalism in A Global Era*[M]. London: Polity Press, 1995.

Smith, A. *The Geopolitics of Information*[M]. New York: Oxford University Press, 1980.

Song G., Lee T. K. "New man" and "new lad" with Chinese characteristics? Cosmopolitanism, cultural hybridity and men's lifestyle magazines in China[J]. *Asian Studies Review*, 2012(36): 345-367.

Song, Y. & Chang, T. K. The news and local production of the global: Regional press revisited in post-WTO China [J]. *International Communication Gazette*, 2013, 75(7): 619-635.

Sparks C. *Globalization, Development and the Mass Media* [M]. Thousand Oaks: Sage, 2007.

Sparks C. Media and cultural imperialism reconsidered[J]. *Chinese Journal of Communication*, 2012, 5(3): 281-299.

Sreberny, A. The global and the local in international communications [C]// James, C. & Michael, G. *Mass Media and Society*. London: Edward Arnold, 1991.

Stanfill, M. Finding birds of a feather: Multiple memberships and diversity without divisiveness in communication research[J]. *Communication Theory*, 2012, 22(1): 1-24.

Staple, G. C. Telegeography and the explosion of place: Why the network that is bringing the world together is pulling it apart[C]// Noam, E. & Wolfson, A. *Globalism and Localism in Telecommunications*. Amsterdam: Elsevier, 1997: 217-228.

Strand, T. The making of a new cosmopolitanism [J]. *Studies in*

Philosophy & Education, 2010,29(2): 229-242.

Strand, T. The making of a new cosmopolitanism[J]. *Studies in Philosophy & Education*, 2010,29(2): 229-242.

Straubhaar, J. D. *World Television: From Global to Local*[M]. Los Angeles: Sage, 2007.

Suarez-Orozco M. M. & Qon-Hilliard D. *Globalization Culture and Education in the New Millennium* [M]. Los Angeles: University of California Press, 2004:114-140.

Summers, T. China's "New Silk Roads": Sub-national regions and networks of global political economy[J]. *Third World Quarterly*,2016,37 (9):1628-1643.

Suárez-Orozco M. M. & Qin-Hilliard D. *Globalization Culture and Education in the New Millennium* [M]. Los Angeles: University of California Press, 2004: 114-140.

Sylvia, M. Chan-Olmsted. Mergers, acquisitions, and convergence: The strategic alliances of broadcasting, cable television, and telephone services[J]. *Journal of Media Economics*,1998,11(3):33-46.

Tan, Y. & Ma Sh.-m. Effect of sports sponsorship on building international media agenda: A study of the international news coverage of the 2009 Kaohsiung World Games[J]. *Chinese Journal of Communication*, 2013,6(12): 240-256.

Tang Wenfang & Lyengar S. *Political Communication in China: Convergence or Divergence between the Media and Political System?* [M] New York: Routledge,2012: 17-134.

Thielmann, T. Locative media and mediated localities: An introduction to media geography[J]. *Aether the Journal of Media Geography*,2010(5): 1. Retrieved from geogdata. csun. edu.

Thorne, S. L. & Black, R. W. Identity and interaction in internet-mediated contests[C]// Higgins C. *Identity Formation in Globalizing Contests*. New York: Mouton de Gruyter,2011:257-278.

Thorsten, M. Silk Road nostalgia and imagined global community[J]. *Comparative American Studies*, 2005, 3(3): 301-317.

Thorsten, M. Silk Road nostalgia and imagined global community[J]. *Comparative American Studies*, 2005,3(3): 301-317.

Thussu, D. K. De-americanising media studies and the rise of "Chindia"[J]. *Javnost-The Public*, 2013, 20(4): 31-44.

Thussu, D. K. *International Communication: Continuity and Change* [M]. 2nd ed. London: Bloomsbury Publishing, 2006: 1-31.

Thussu, D. K. Media on the Move : Global Flow and Contra-Flow [M]. London: Routledge, 2006.

Thussu, D. K. *Media on the Move: Global Flow and Contra-Flow* [M]. New York: Routledge,2007.

Tong Sh. J. Varieties of universalism[J]. *European Journal of Social Theory*, 2009,12 (4): 461.

Tuan, Y. F. Space and place: Humanistic perspective[C]// Gale, S. & Olsson, G. *Philosophy in Geography*. Boston: D. Reidel,1979;387.

Tunstall, J. *The Media are Amercian-Anglo-American Media in the World*[M]. New York: Columbia University Press,1977.

Tunstall, J. *The Media were American: U. S. Mass Media in Decline* [M]. New York: Oxford University Press,2008.

van Atteveldt, W. *Semantic Network Analysis: Techniques for Extracting, Representing, and Querying Media Content*[M]. Charleston: Book Surge Publishers,2008.

van Dijk, T. A. *News Analysis: Case Studies of International and National News in the Press* [M]. Hillsdale: Lawrence Erlbaum Associates,1988.

van Ginneken, J. *Understanding Global News : A Critical Introduction* [M]. London: Sage,1998.

Vertovec S. & Cohen, R. *Conceiving Cosmopolitanism: Theory, Context and Practice*[M]. New York: Oxford University Press, 2002;1-24.

Vertovec, S. & Cohen, R. *Conceiving Cosmopolitanism: Theory, Context and Practice*[M]. New York: Oxford University Press,2002: 1-24.

Vibert F. The new cosmopolitanism[EB/OL] (2003-03). https: //www. opendemocracy. net/ globalization-institutions_government/article_1069. jsp.

Volkmer, I. Journalism and political crises in the global network society[C]// Zelizer, B. & Allan, S. *Journalism after September* 11. New York: Routledge,2002.

Wang, H. , Lee, F. L. F & Wang, B. Y. Foreign news as a marketable power display: Foreign disaster reporting by the Chinese local media[J]. *International Journal of Communication*, 2013(7): 884-902.

Weber,M. The logic of historical explanation[C]// Runciman, W. G. *Weber: Selections in Translation*. Cambridge:Cambridge University Press, 1978:111-131.

Weeks J. *Principle Positions: Postmodernism and the Rediscovery of Value*[M]. London: Lawrence & Wishart, 1993: 192-200.

Wendt A. *Anarchy is What States Makes of It: The Social Construction of Political Power, International Theory: Critical Investigation*[M]. New York: New York University Press, 1995:132-135.

Whitaker, M. P. Tamilnet. com: Some reflections on popular anthropology, nationalism, and the Internet [J]. *Anthropological Quarterly*, 2004,77(3):469-498.

William H. Thornton. Sino-globalization: Politics of the CCP/TNC symbiosis[J]. *New Political Science*, 2007,29(2):211-235.

William H. Thornton. Sino-globalization: Politics of the CCP/TNC symbiosis[J]. New Political Science, 2007,29(2):211-235.

Wu, D. D. & Ng, P. Becoming global, remaining local: The discourses of international news reporting by CCTV and Phoenix TV Hong Kong[J]. *Critical Arts*, 2011,25(1): 73-87.

Wu, D. D. & Ng, P. Becoming global, remaining local: The discourses of international news reporting by CCTV-4 and Phoenix TV Hong Kong[J]. *South-North Cultural and Media Studies*, 2011,25(1): 73-87.

Yang, B. X. Social spaces and new media: Some reflections on the modernization process in China [J]. *Procedia-social and Behavioral Sciences*, 2010(2): 6941-6947.

Yu H. Pivot to internet plus: Molding China's digital economy for economic restructuring? [J]. *International Journal of Communication*,

2017(11):1-21.

Zelizer, B. Communication in the fan of disciplines[J]. *Communication Theory*, 2016,26(3): 213-235.

Zimmermann, S. Media geographies: Always part of the game[J]. *Aether Journal of Media Geography*,2007(1):59-62.

后　记

　　本书是邵培仁主持的浙江省社科基金项目专项课题"习近平人类命运共同体思想研究"(18MYZX02YB)成果之一,是邵鹏主持的国家社科基金一般项目"人类命运共同体理念与全球传播秩序重建研究"(18BXW062)成果之一。

　　具体分工如下:

　　邵培仁、邵鹏负责主持全书策划、组织和统稿,上编、中编、下编的编首语撰写。

上编

　　第一章　人类命运共同体:建构全球传播新秩序的中国愿景　邵鹏

　　第二章　新世界主义:全球传播的新视野、新视维与新进路　邵培仁、王昀

　　第三章　人类命运共同体:理念流变与新世界主义的媒体镜像　邵培仁、周颖

　　第四章　人类命运共同体:超越性构想与共赢主义远景　邵培仁、许咏喻

　　第五章　全球议题:作为新世界主义的人类命运共同体　袁靖华

　　第六章　穹顶模型:新世界主义与对外传播战略　廖卫民

　　第七章　新世界主义:国际传播的战略选择与行动方案　邵培仁、沈珺

　　第八章　适度是美:新世界主义的媒介尺度与传播张力　邵培仁、沈珺

　　第九章　共进共演:全球传播的新视野与新策略　邵鹏

中编

　　第十章　新世界主义与国际话语权　邵鹏、陶陶

　　第十一章　新式路径:"一带一路"倡议全球传播话语构建　金苗

　　第十二章　世界想象:线上新闻报道中的全球地理图景　邵培仁、王昀

　　第十三章　安全话语:中国中亚安全话语体系演变与创新　邵培仁、沈珺

第十四章　面向中亚:国际传播议题的拓展与深化　邵培仁、沈珺

第十五章　网络珍珠港:全球传播视域中的网络安全　邵培仁、许咏喻

第十六章　出海之路:新世界主义视域下的华莱坞电影国际化　邵鹏、左蒙

下编

第十七章　整体全球化与中国传媒的全球传播　沈珺、邵培仁

第十八章　整体全球化"一带一路"的话语重构与历史超越　邵培仁、陈江柳

第十九章　人类整体传播学:人类命运共同体视域下的传播研究　邵培仁、陈江柳

邵鹏　邵培仁

2021 年 9 月

图书在版编目（CIP）数据

全球传播愿景：新世界主义媒介理论研究 / 邵鹏，邵培仁
主编. —杭州：浙江大学出版社，2022.6（2023.5重印）
　（求是书系. 传播学）
　ISBN 978-7-308-20511-5

　Ⅰ. ①全… Ⅱ. ①邵… ②邵… Ⅲ. ①传播学－研究
Ⅳ. ①G206

中国版本图书馆 CIP 数据核字(2020)159753 号

全球传播愿景——新世界主义媒介理论研究

邵鹏　邵培仁　主编

责任编辑	蔡圆圆	
责任校对	郭琳琳	
封面设计	周　灵	
出版发行	浙江大学出版社	
	（杭州天目山路 148 号　邮政编码 310007）	
	（网址：http://www.zjupress.com）	
排　　版	浙江时代出版服务有限公司	
印　　刷	浙江新华数码印务有限公司	
开　　本	787mm×960mm　1/16	
印　　张	19	
字　　数	341 千	
版 印 次	2022 年 6 月第 1 版　2023 年 5 月第 3 次印刷	
书　　号	ISBN 978-7-308-20511-5	
定　　价	68.00 元	